Manual automotriz de Haynes para la Reparación de la carrocería y pintura

por Don Pfeil, Curt Choate y John H Haynes
Miembro del Gremio de Escritores del Automovilismo
Arnaldo Sánchez Jr: Editor técnico

Manual de Haynes para el taller automotriz
de reparación de la carrocería y pintura

 (3D1 - 98903)

ABCDE
FGHIJ
KLMNO
PQ

Grupo de Publicaciones Haynes
Sparkford Nr Yeovil
Somerset BA22 7JJ Inglaterra

Haynes de Norte América, Inc
861 Lawrence Drive
Newbury Park
California 91320 E.E.U.U.

Reconocimientos

Este libro no se podría haber escrito sin la asistencia de muchos individuos o negocios. Nosotros queremos extender nuestra apreciación a las siguientes compañías por su cooperación:

Black & Decker Automotive Products Group, Hunt Valley, Maryland
California Classics Auto Detailing, Newbury Park, California
Chuck's Auto Parts & Salvage, Oxnard, California
D'Angelo & Sons, Inc. Frank Jimenez, Manager, Oxnard, California
Mothers Polishes, Huntington Beach, California
Premier Coach, Thousand Oaks, California
Priority One Car Care Products, Longwood, Florida

Las fotografías de los problemas comunes de la pintura encontrado en el Capítulo Nueve fueron otorgadas por E.I. du Pont de Nemours & Co. (Inc.), Refinish Division.

En adición, las gracias también son rendidas a la Toyota Motor Corporation, Volvo Cars of North America, Chrysler Corporation and Ford Motor Corporation por la provisión de información técnica y ciertas ilustraciones.

De ultimo, pero con la misma cantidad de importancia, nuestras gracias a los instructores de carrocería y pintura George Garnica, Jess Navarro, Roy Sampilo y José Ortega del Condado de Ventura, California, Regional Occupation Program (ROP), dirigido por Jim Compton, quien amablemente nos permitió utilizar sus facilidades para fotografías de muchos de los procedimientos en este manual

© **Haynes de Norte América, Inc. 1996, 2001**
Con permiso de J.H. Haynes & Co. Ltd.

Un libro de la serie de **Manuales Haynes para Reparaciones Automotrices**

Imprimido en U.S.A. (Estados Unidos de Norte América)

ISBN 1 56392 238 x

Biblioteca del Congreso Número de la Tarjeta del Catalogo 96-78646

Contenidos

Capítulo 1   Introducción

Carrocería/chasis y diseño de tipo unibody (unidad compuesta de carrocería/chasis)

Terminología

Cuando usted hable con un chapistero, usted oirá los términos "chasis," "sub - bastidor" y "estructura," también como cacerola, piso, cabezal, conector, riel, final del riel, debajo del vehículo y una variedad de otros términos, todos los cuales se refieren a la estructura básica de un vehículo - las partes que lo refuerzan - que se conocían con el nombre de "chasis."

Lo que puede hacer esto especialmente confuso al chapistero es que muchos de los términos son, a un grado u otro, intercambiables, dependiendo con quien usted esté hablando o a qué clase de vehículo usted se esté refiriendo. Un sub - bastidor es un par de rieles en el chasis en el frente o en la parte trasera del vehículo, generalmente conectado a una estructura del Unibody (unidad compuesta de carrocería/chasis), pero los rieles que componen el sub - bastidor son a menudo referidos como rieles finales. Una estructura puede ser algo como un piso que sirve como un miembro estructural (unibody) a un perímetro convencional del chasis hecho rectangular, de secciones "U" o "L" de acero. Un cabezal puede ser el frente vertical o la sección trasera de una estructura unibody, que lo hace un reforzador principal de la estructura del chasis, o puede ser atornillado en la pared contrafuego del metal laminado (delantero o trasero) conectado al chasis. Un piso (o cacerola) puede ser el piso estampado de metal laminado entre los rieles del chasis, el componente principal de un unibody o la base para un chasis de tipo plataforma tal como una usada en un VW.

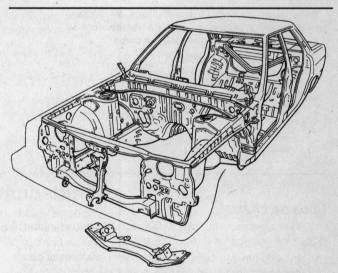

Carrocería de construcción compuesta/estructura del chasis tal como ésta son usadas en la mayoría de los vehículos construidos hoy en día

Diferentes terminologías son usadas por diferentes talleres (y hasta diferentes fabricantes). Esto es también verdadero cuando se trata de vehículos de diferentes países, especialmente la terminología tradicional europea y la nomenclatura de los modelos más modernos japoneses. Así que para aclarar estos términos, nosotros pondremos algunos estándares de terminología para el uso en este libro - y al mismo tiempo explicar un poquito acerca de los diferentes tipos de "construcción de chasis" que puedan encontrarse.

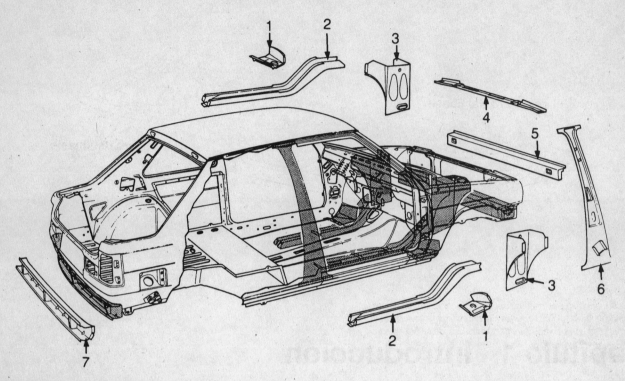

En la carrocería compuesta/estructura del chasis casi todo menos las puertas, el capó y el maletero es una estructura que sostiene carga

1   *Refuerzo del piso delantero*
2   *Miembro trasero de entrada*
3   *Torre para el ensamblaje del puntal*
4   *Miembro transversal delantero superior*
5   *Miembro transversal delantero exterior*
6   *Pilar B interior*
7   *Miembro transversal
    trasero exterior*

Tipos de chasis

Básicamente, hay seis tipos de chasis o diseños de estructura para los vehículo. Ellos son. . .

- Unibody (unidad compuesta de carrocería/chasis) (que es probablemente el diseño más común en producción hoy)
- Chasis compuesto con perno en la estructura(s) del sub - bastidor
- Chasis de tipo perímetro
- Chasis de tipo sección X
- Chasis de tipo escalera
- Chasis de tipo plataforma

Hay unos pocos otros diseños, tales como el chasis de tipo tubo central de elemento principal usado en la mayoría de los automóviles Lotus y el "chasis tubular" hecho de tubería de diámetro pequeño para algunos vehículos alemanes e italianos deportivos, pero esto no es algo que usted encontrará muy a menudo.

Construcción compuesta

Construcción compuesta (también llamado comúnmente construcción unibody) es la forma más común de estructura de chasis usada en los vehículos modernos de pasajero. En este tipo de construcción la cacerola del piso, paneles laterales, ensamblaje delantero del capó, paneles interiores para los guardafangos, pared contrafuego trasera, piso del maletero, pilares laterales y toda forma de techo e estructura integrada que sostiene todo el peso y a la cual el motor y la suspensión están atornillados. Hasta las secciones que se parecen a rieles convencionales de chasis, principalmente en la parte delantera y trasera del motor donde comúnmente los componentes de la suspensión y el motor son atornillados, son hecho de metal laminado doblado y son parte de la estructura completa. Casi que todo menos la línea de trasmitir la potencia, las puertas, el capó y el maletero del vehículo es un panel para sostener la carga, daño a una parte de la estructura a menudo desajusta la otra, las partes

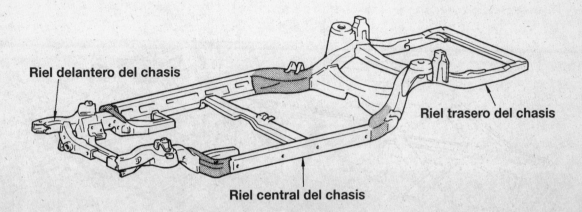

Riel delantero del chasis

Riel trasero del chasis

Riel central del chasis

El chasis de tipo perímetro fue, por muchos años, el método
uniforme de la construcción de chasis para los vehículos
americanos grandes, y es todavía comúnmente usado
en las camionetas y camionetas cerradas

adyacente, y enderezar la estructura doblada es difícil e impor-
tantemente crítico cuando repare el daño del choque.

Chasis compuesto con sub-bastidor

Este tipo de diseño de chasis es muy popular en los vehículos con motores grandes y/o pesados al frente, tal como el
Camaro y el Firebird, y en muchos vehículos de tracción en las
ruedas delanteras. Es, en esencia, el diseño de unibody (vea
encima) desde los parachoques de atrás a la pared contra-
fuego/parte debajo del parabrisas, con un chasis convencional
de Sección de caja cerrado atornillado a esta estructura y
corriente hacia la parte delantera para sostener los componentes de la suspensión y el motor. Debido a que los guardafangos, capó, soporte del radiador, etc. están atornillados al sub-
bastidor, en vez de ser miembros estructurales, un choque en
la parte delantera es generalmente más fácil y/o más rápido
de reparar que los vehículos de construcción totalmente
compuesta.

Chasis de tipo perímetro

El chasis de tipo perímetro fue, por muchos años, el chasis uniforme de tipo usado en los vehículos americanos grandes, y es todavía la estructura preferida de chasis para las
camionetas y camionetas cerradas. Los rieles del chasis,
generalmente construidos de acero de caja o sección de
canal, rodea el compartimiento de pasajero, con la cacerola de
piso agregando refuerzo estructural (especialmente resistencia
a las cargas de torsión) al chasis. Miembros transversales
delanteros y traseros sostienen el motor, los componentes de

la suspensión y la línea de transmitir la potencia. Porque casi
todas las partes de la carrocería son atornilladas o soldadas de
una a la otra, y atornilladas al chasis por calzos aisladores, el
daño al metal laminado es mucho más fácilmente de reparar
que en los vehículos de construcción compuesta, y daño al
chasis puede ser reparado generalmente en un enderezador
de chasis.

Chasis de tipo sección X

El chasis de tipo sección X también se usó comúnmente
en los vehículos americanos grandes. La diferencia principal
entre él y el chasis de tipo perímetro es que no se fía de la
cacerola del piso para su rígidad torsional. En lugar, el tamaño
aumentado del miembro del chasis por el centro de la sección
X y los miembros transversales múltiples le otorgan refuerzo al
chasis. Como el chasis de tipo perímetro, el daño al chasis
mismo que generalmente puede ser reparado fácilmente o en
una máquina de poner recto el chasis o cortando y soldando
una sección nueva de chasis. Los paneles de la carrocería,
debido a que ellos no sostienen ninguna carga, pueden ser
reemplazados y pueden ser reparados mucho más fácilmente
que los miembros estructurales de un chasis de tipo
compuesto.

Chasis de tipo escalera

Estructuralmente, un "chasis de tipo escalera" es casi
idéntico a un "chasis de tipo perímetro," excepto que los rieles
del chasis forman generalmente una sección más recta y el
uso de miembros transversales múltiples agregan rígidad al

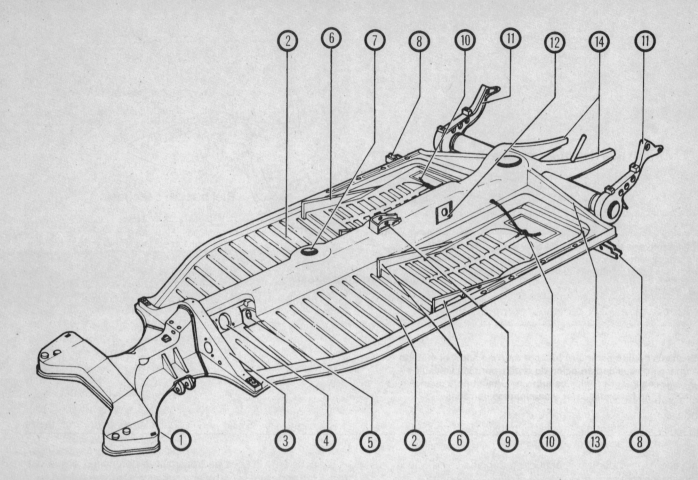

**El chasis de tipo plataforma, tal como el usado en los
Volkswagens (mostrado aquí), tuvo la virtud de la
sencillez, pero no era muy rígido ni fuerte**

1 *Cabeza del chasis*
2 *Cacerola del piso*
3 *Refuerzo delantero de cruz*
4 *Abertura para el eje del aglutinador de los pedales*
5 *Soporte para el pedal del acelerador*
6 *Corredores para el asiento*
7 *Orificio para la palanca de cambio*
8 *Puntos de levantar*
9 *Soporte para la palanca del freno de estacionamiento*
10 *Tubo para el cable del control de la calefacción*
11 *Soportes para el resorte de plato*
12 *Anclas para el cinturón de seguridad*
13 *Refuerzo trasero de cruz*
14 *Tenedor del chasis*

chasis. Los chasis del tipo de escalera eran comúnmente usados en los vehículos americanos construidos anteriormente e inmediatamente después de la II Guerra Mundial, pero fueron reemplazados generalmente por los chasis de tipo perímetro y X durante los años 1950's.

Chasis de tipo plataforma

El chasis de tipo plataforma es comúnmente visto en los Volkswagen, donde una cacerola de piso y túnel central proporcionan la mayoría de la estructura para la carga llevada, con los albergues de la barra de torsión de la suspensión y soportes del motor atornillado a la parte delantera y trasera de la plataforma. La estructura de la carrocería agrega generalmente rígidad al chasis de tipo plataforma, pero solamente como un hecho casual, con el tubo central y la estructura exterior de la cacerola de piso suministrando la estructura mayor.

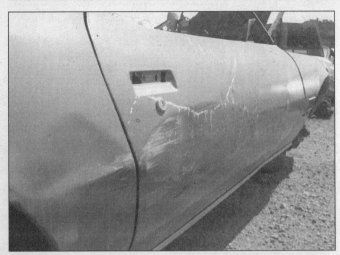

La mayoría de los daños de un vehículo en un accidente es principalmente cosmético - daño al metal laminado exterior no afectando la estructura fundamental interior

Daño tal como este es fácilmente reparado trabajando el metal y aplicando llenador, . . .

Introducción a los paneles reemplazables

La reparación de la carrocería a un precio razonable es posible a causa de un factor de diseño - casi cada panel externo en un vehículo es fácilmente reemplazable. La mayoría del daño de un choque no daña la estructura fundamental (el chasis o unibody), hace daño menor solamente. Esto significa que la reparación de la parte exterior del vehículo (el metal laminado) es la forma primaria del trabajo de chapistería.

Si un pedazo de metal laminado es severamente dañado puede ser golpeado cuidadosamente hacia afuera, o, si está demasiado dañado, un panel nuevo se puede fabricar del metal laminado. Esto es cómo la reparación de la carrocería era hecha en los días de los "automóviles clásicos", cuando cada panel era único, una creación. Ahora, sin embargo, carrocerías idénticas son producida en masa por miles, y miles de paneles individuales de reemplazo adicionales son también fabricados, por los fabricantes de equipo original y por compañías del mercado alternativo. Un guardafango dañado o una lamina de la puerta que quizás le tome a un chapistero cuatro horas para

enderezarla puede ser reemplazada en una media hora por menos costo que el costo del trabajo de un profesional.

Esto no deja de decir que todos los daños a la carrocería de un vehículo deben ser reparados reemplazando el componente de la carrocería. Obviamente, abolladuras pequeñas son reparadas más rápido y más barato con el trabajo de metal y relleno, especialmente donde acceso a ambos lados del panel dañado es disponible. Pero donde daño mayor ha sido hecho al metal laminado, especialmente roturas en el metal o pliegues agudos que quizás sean imposibles de enderezar, reemplazando el panel entero es generalmente la respuesta.

Reemplazo del panel generalmente cae en dos categorías: Secciones que pueden ser reemplazadas simplemente removiendo los pernos e instalando un panel nuevo en su lugar, y ésos que se deben cortar, requiriendo que el de reemplazo sea soldado o remachado en su posición. Generalmente los paneles atornillados incluyen los guardafangos delanteros, el capó y el maletero. En algunos casos, las puertas pueden ser también incluidas en ésta categoría. Mientras que los "paneles" de las puertas están extensamente disponibles, y es virtualmente la única manera que una chapistería reparará una puerta

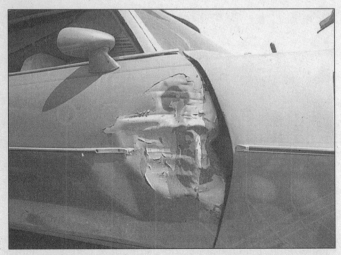

. . . mientras que este tipo de daño es generalmente reparado reemplazando el panel completo

Los paneles de reemplazo "láminas" están extensamente disponible - aquí George Garnica está chequeando el ataque de la lámina en el guardafango del frente

Aveces comprando una puerta completa de un rastro puede ser más barato y más rápido que reparar un panel dañado o reemplazar la lámina de la puerta

Componentes atornillados, tal como este guardafango, son fáciles de reemplazar y corta el tiempo de la reparación de la carrocería y el costo a una fracción de lo que sería original

dañada, el chapistero del hogar puede encontrar que el costo de una puerta entera en un rastro es una razón alternativa a cortar y reemplazar el panel de la puerta.

Los paneles que deben ser cortados para que los reemplazos se puedan soldar incluyen los paneles laterales traseros, sección del techo, paneles laterales inferiores y la sección baja trasera. En casi todos los casos los paneles se pueden obtener en un rastro, un suministrador para el mercado alternativo, o, en el caso de muchos vehículos especiales, del suministrador de especialidad. Y mientras que el proceso de enderezar tradicional y trabajo de relleno de chapistería se requerirán donde los paneles nuevos se conectan con la carrocería original, el trabajo requerido es generalmente mucho menos que sería necesitado para reparar el daño mayor al panel existente.

Decidir si un panel debe ser reparado o debe ser reemplazado no es siempre una decisión fácil. En una chapistería, donde tiempo y dinero son intercambiable, la decisión casi siempre se inclinará hacia el reemplazo total a menos que el daño sea menor. El chapistero del hogar, por otro lado, puede elegir de "invertir el tiempo", que no le cuesta nada de dinero,

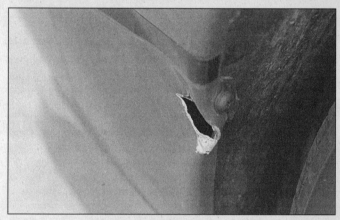

Una rotura en el metal laminado tal como esta es casi siempre requerido que el panel sea reemplazado

en vez de gastar el dinero en un panel de reemplazo. Por supuesto, si el panel está extensamente dañado, pueda que no haya elección - el reemplazo pueda que sea solamente la respuesta práctica.

Metal laminado arrugado o doblado es casi imposible de reparar económicamente - reemplazo es el mejor enfoque

Algunos paneles dañados, tal como este panel lateral trasero, debe ser cortado para que uno nuevo se pueda soldar en su posición

¡Seguridad primero!

¡Sin importar que tan entusiasmado usted esté acerca de entrar en los procedimientos para la reparación de la carrocería, no arriesgue en el proceso su seguridad! No prestar atención a las leyes de seguridad o a lo que usted está haciendo puede girarlo siempre a un accidente y una lesión. Los accidentes acontecen, y los siguientes puntos no se deben considerar una lista comprensiva de todos los peligros. Ellos son, en vez, una intensión de hacer que usted esté consiente de los riesgos implicados en la reparación de la carrocería y los procedimientos de pintar y para alentar una seguridad consciente acerca de todo el trabajo que usted hace.

Seguridad personal
Reglas de seguridad

NO absorba líquidos tóxicos, tales como removedor de pintura, solventes, pinturas, gasolina, anticongelante o flúido de freno con la boca, o permítalos que permanezcan en su piel si se rocía.

NO inhale polvo del forro de los frenos - es potencialmente peligroso (vea peligro para el asbestos más abajo).

NO permita que pintura rociada, removedor de pintura, aceite o grasa permanezca en el piso - límpiela antes de que alguien se resbale.

NO inhale vapores de pinturas, removedor de pintura, solventes o gasolina. Siempre maneje, vierta y mezcle tales flúidos solamente en un área bien ventilada.

NO use herramientas flojas u otras herramientas que se puedan resbalar y causar lesión.

NO empuje en las herramientas cuando esté aflojando o apretando tuercas o pernos. Siempre trate de halar la herramienta hacia usted. Si la situación requiere empujar en una herramienta, empujela con la mano abierta para evitar de rasparse los nudillos de las manos si la herramienta se resbala.

NO atente de levantar componentes pesados usted solo - solicite a alguien para que lo ayude.

NO apresure o tome caminos peligrosos cortos para terminar un trabajo.

NO permita niños o animales adentro o alrededor del vehículo mientras usted está trabajando en el.

NO trabaje con herramientas eléctricas si el piso está mojado o si usted acaba de derramar productos químicos volátiles o pintura, que podrían ser prendidos por chispas de las herramientas eléctricas.

NO suelde, fume o permita llamas abiertas en cualquier área donde productos químicos volátiles, solventes, limpiadores o pinturas se han acabado de usar o donde gasolina se ha rociado.

NUNCA, bajo ninguna circunstancia, use gasolina para limpiar las partes o las herramientas. Use solamente un solvente de seguridad aprobado.

Use protección para los ojos cuando esté trabajando con herramientas de poder tales como una lijadora, un taladro, etc. y cuando esté trabajando debajo de un vehículo.

Mantenga la ropa floja bien afuera del camino de las partes movibles y herramientas.

Asegúrese que las herramientas de halar y empujar tales como los extractores para la estructura del chasis/carrocería y gatos de piso estén apropiadamente anclados antes de usarlos.

Mantenga las líneas de oxígeno y de acetileno afuera del aceite y la grasa. ¡El oxígeno y el aceite se pueden encender espontáneamente!

Apague las válvulas de oxígeno y de acetileno cuando el equipo de soldar y cortar no esté en uso.

Use una máscara de seguridad del tipo correcto cuando esté atomizando pintura, lijando o cortando plástico o fibra de vidrio, especialmente cuando materias tóxicas o fibrosas estén envueltas.

Mezcle pinturas, resinas, llenadores, etc. en un área bien ventilada.

Lea la etiqueta, especialmente los peligros de seguridad, antes de usar cualquier pintura, removedor de pintura, solventes o flúidos para limpiar.

Mantenga el área de trabajo ordenada y limpia - es fácil de tropezar con herramientas o partes olvidadas en el piso.

Recoja los pedazos de metal cortados y deshágase de ellos apropiadamente. Metal cortado con una antorcha puede quemarlo si usted lo toca accidentalmente, y todos los metales cortados tienen orillas agudas que pueden cortar si usted tropieza con ellos o choca con ellos.

Acople la herramienta eléctrica con la corriente disponible (120V con 120V, 220V con 220V) y asegúrese que la herramienta está apropiadamente puesta a tierra usando un enchufe con tres puntas.

Tómese el tiempo de obtener la herramienta correcta para cualquier trabajo que usted esté haciendo, no la herramienta más cercana que quizás trabaje.

Solicite a alguien para que lo chequee a usted periódicamente cuando usted esté trabajando sólo en un vehículo.

Llévese a cabo cualquier trabajo en una secuencia lógica y asegúrese que todo está correctamente armado y apretado.

Mantenga pinturas, removedor de pintura, productos químicos y flúidos herméticamente tapado y fuera del alcance de los niños y animales.

Recuerde que la seguridad de su vehículo afecta a usted mismo y otras personas. Si está dudoso de cualquier paso, obtenga consejo profesional.

Peligro especial para el asbesto

Ciertos aisladores y materiales de sellar, también como otros productos - tales como los forros de los frenos, banda de los frenos, forros del embrague, convertidor de torsión, juntas, etc. - contienen asbestos. ¡Cuidado extremo se debe tener para evitar inhalación del polvo de tales productos que son extremadamente perjudicial para su salud! Si está dudoso, asuma que los componentes contienen asbestos y evite maniobrarlos.

Seguridad ambiental

En el tiempo que se estaba escribiendo este manual, varias regulaciones estatales y Federales gobernando el uso y la disposición de las pinturas, removedores de pinturas, solventes y otras substancias volátiles que se usan durante la reparación de la carrocería y los procedimientos de pintar estaban pendientes (póngase en contacto con la agencia apropiada del gobierno o su tienda local de suministro para la información más moderna). Podría ser que muchas de las materias necesitadas para el trabajo de chapistería y pintura fueran eventualmente limitado para el uso de los profesionales licenciados solamente. Esté seguro de chequear con las agencias locales del gobierno y suministradores de materias usadas para la reparación de la carrocería para estar cierto que todas las materias son apropiadamente almacenadas, operadas y desechas. Nunca vierta materias usadas ni de sobras en el drenaje, ni los tire en la tierra. También, no permita que flúido volátiles se evaporen - manténgalos en recipientes sellados.

Capítulo 2 Mantenimiento y preservando la pintura, carrocería e interior

Cuidado del vehículo

Si usted quiere preservar el final de la pintura original en su vehículo, o si usted acaba de hacerle un trabajo nuevo de pintura y usted quiere protegerla para que dure (y se mire bien) el tiempo más largo posible, la clave es de mantener la pintura limpia. Lávelo antes de que se ponga tan sucio que los niños escriben "lávame" y púlalo, entonces aplíquele cera para mantener un brillo resplandeciente por el período de tiempo posible más largo.

Haga un viaje a su refaccionaría local y usted probablemente encontrará docenas (quizás centenares si es una refaccionaría grande) de líquidos, cremas, mezclas, fórmulas y preparaciones, todos los cuales pretenden decir que es la cosa mejor que se necesita para que su vehículo se mire mejor, por un periodo de tiempo más largo. Y mientras que muchos de ellos harán eso, algunos de ellos harán que su vehículo se mire mejor - pero solamente por un tiempo breve - y entonces es tiempo para un trabajo de pintura nuevo.

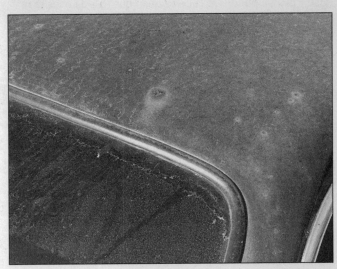

No permita que su vehículo se ponga tan sucio así como este si usted quiere que el trabajo de pintura le dure

Su refaccionaría local puede suministrarle una gran variedad de limpiadores, ceras y pulidores - recoja una gamuza natural de buena calidad también

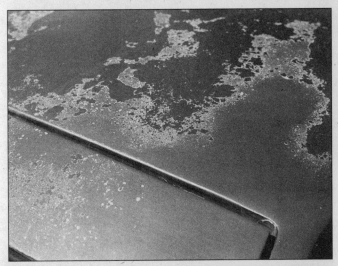

Si el final de la pintura está consumado como este, los pulidores y las ceras son un desecho de tiempo y dinero - solamente una capa nueva de pintura hará el trabajo

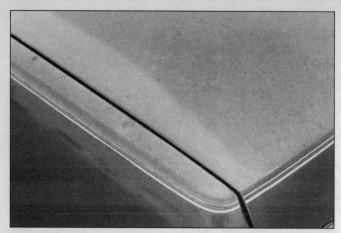

Si la pintura está tan desteñida tan mala como esta, generalmente puede ser salvada, pero solamente después de mucho trabajo

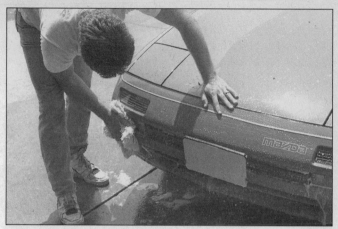

Un mitón suave y largo de lavar hecho de siesta es la mejor cosa para la superficie del vehículo, pero esté seguro de enjuagarlo a menudo

Lo importante aquí es de leer la etiqueta, entonces deténgase y piense por un rato acerca de lo que usted necesita realmente. Algunos de esos productos son como los aditivos para el motor que prometen curar el humo, golpes de cojinetes, buzos defectuosos y pistones que hacen ruido. Ellos a veces trabajan - por un rato. Pero si usted ha obtenido esa clase de desgaste en su motor, solamente una reconstrucción completa curará realmente el problema.

Lo mismo es verdadero para el final de la pintura del vehículo. Si la pintura está muy oxidada y muy delgada, entonces quizás uno de esos productos que hacen milagros es lo que usted necesita - darle un poco de última vida mientras usted espera el momento de pintarlo. Pero si la pintura está razonablemente buena, o todavía está nueva, entonces usted necesita un tipo de producto completamente diferente para restaurar un brillo perdido o proteger el que ya está ahí.

De cualquier manera que usted decida tomar, tratando de obtener un brillo de la pintura sin brillo pero no muerta, trabajando para restaurar un trabajo de pintura oxidada básicamente bueno, o proteger un trabajo nuevo de pintura, el primer paso y el más importante, es de obtener una superficie limpia antes de que usted trate de hacer cualquier tipo de trabajo.

Lavar

¿Lavar un vehículo es fácil, cierto? ¡Incorrecto! Diez minutos con una manguera, trapos y jabones pueden hacer más daño a la pintura del vehículo que seis meses de sol y tierra del camino. Recuerde, la tierra es un abrasivo, así como la que se pegan a un papel para hacer papel de lija, y frotándolo, todavía con agua y jabón, pondrá rasguños en la pintura que usted tendrá que remover si usted va a obtener la superficie brillante otra vez. También, mantenga en mente que esa pintura nunca se seca realmente. Si la pintura se llegara a secar completamente, no brillaría. Así que cualquier jabón que remueva aceite que hace brillar la pintura sirve para acortar drásticamente la vida de la pintura.

Véamos algunas de las maneras que usted debe, y no debe, lavar un vehículo.

NO use detergente de lavar ropa para lavar su vehículo. Es demasiado fuerte y remueve el aceite que le da brillo a la pintura.

Use jabón hecho especialmente para lavar vehículos, o, si no está disponible, los jabones líquidos hechos para lavar los platos de la cocina (no el jabón para la lavadora automática de

lavar platos "spot free" (que no deja mancha).

Use bicarbonato de soda como un abrasivo si usted tiene que remover tierra dura o bien pegada.

Use una esponja o un mitón especialmente diseñado para lavar su vehículo, no cualquier trapo viejo que esté cercano, y lo limpia a menudo con agua limpia. Recuerde que la tierra que usted remueve puede actuar como un papel de lija si usted lo frota en la pintura en vez de removerla.

NO use agua caliente o fría para lavar su vehículo - solamente agua tibia, preferiblemente agua a la temperatura del ambiente.

NO lave su vehículo en el sol caliente, o cuando la pintura está muy caliente al toque.

Use limpiadores especialmente diseñado para remover alquitrán de camino y bichos de la pintura.

Asegúrese que la pintura está completamente limpia antes de que usted se ponga a secarla. Frotar tierra con la tela de secar puede hacer todavía más daño que frotarla con un mitón si enjuagarlo o tela, mientras usted está lavando el vehículo.

Seque el vehículo inmediatamente después de lavarlo para prevenir manchas de agua.

Use una toalla suave y gruesa o una buena gamuza para secar su vehículo - no una camiseta vieja o una gamuza artificial (ellas son demasiado duras y rallarán la superficie).

El bicarbonato de soda hace un limpiador excelente para remover tierra - tenga cuidado de que la tierra no trabaje como un papel de lija mientras está tratando de removerlo hacia afuera, cortando en la pintura

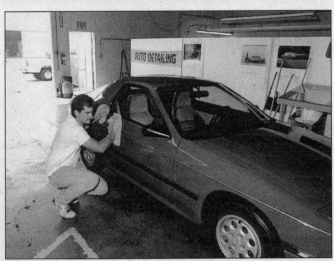

Una gamuza de alto grado o una toalla larga muy suave de siesta se deben usar para secar

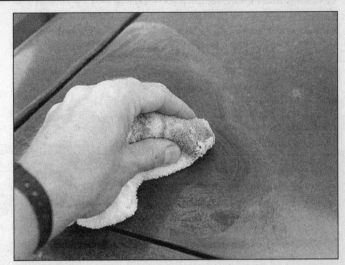

Use el pulidor compuesto para evitar remover la pintura con la oxidación

Limpiar

Usted se está probablemente preparado para aplicar cera más o menos ahora, pero usted está un par de pasos por adelantado si usted quiere un brillo agudo que dure. Antes de que usted aplique la cera, usted necesita pulir.

Si la pintura es un verdadero desastre, vaya a la sección de **Restaurar la pintura vieja**, donde hemos compilado todos los secretos para restaurar el brillo a la pintura vieja y gravemente oxidada. Aquí estamos asumiendo que la pintura está en forma bastante buena, con quizás una capa delgada de oxidación.

La primera cosa que usted necesitará es un pulidor compuesto fino. Generalmente viene como una forma de líquido o una pasta, y debido a que cualquier compuesto abrasivo, hasta uno como un compuesto pulidor, deja rasguños en la pintura, se deben usar reservadamente y deben ser frotados muy ligeramente. Una palabra de advertencia. . . esté seguro de usar pulidor compuesto, no frotando compuesto. Frotador compuesto tiene un abrasivo mucho más tosco (aunque ambos se sienten fino al toque), que cortará através de la pintura antes de que apenas remueva la primera capa oxidada.

El secreto de usar un pulidor compuesto es de aplicarlo solamente en un área pequeña a la vez, frotándolo ligeramente y volteando la tela a menudo. La mayoría de los pulidores compuestos están diseñados para ser aplicados con una tela húmeda, así que limpie la tela a menudo, entonces la retuerce casi seca antes de aplicar más compuesto. Frote el compuesto solamente lo suficientemente duro para remover la capa oxidada, y esté especialmente cuidadoso alrededor de las orillas de los paneles y en los bordes o curvas agudas en el metal laminado, debido a que la pintura es generalmente más delgada y usted podría removerla del todo. El aplicador de poder/dispositivos para dar brillo están disponibles y ciertamente ayudarán a las tareas de pulir más fáciles, pero ellos deben ser usados con caución extrema para evitar daño a la pintura. ¡Siga las instrucciones en el pulidor eléctrico a la letra si usted usa uno!

No trate de remover el compuesto hacia afuera con la tela

Un aplicador de poder/pulidor puede ayudar a aliviar la naturaleza tediosa de pulir el vehículo, pero se **DEBE USAR CON CUIDADO** para evitar hacerle daño a la pintura (Note como el cordón está encima del hombro para evitar arrastrarlo através de la pintura)

Tenga cuidado cuando usted esté trabajando alrededor de las orillas de los paneles y en curvas agudas donde la pintura es generalmente más delgada que en las superficies planas

de aplicación. Trabaje en él mientras está húmedo, entonces permita que se seque completamente para remover el residuo con una tela pulidora seca o toalla vieja. Otra vez, mantenga cambiando la superficie de limpiar para que usted no empiece a limpiar con una tela tan sucia que actúe como un pedazo de papel de lija. Una de las mejores maneras de remover el residuo del pulidor es con un movimiento de pulir, como el que usted usaría cuando le otorgara brillo a un par de zapatos, en vez de un movimiento de frotar.

Una vez que usted haya ido nuevamente sobre el vehículo entero con compuesto de pulir, removiendo toda la oxidación, LAVE EL VEHÍCULO OTRA VEZ, pero no use ningún jabón en esta vez. Solamente agua caliente y una tela bien suave. En cuanto usted haya acabado de lavarlo, séquelo completamente con una toalla suave o gamuza de alto grado.

Sellando y aplicando cera

Después de pulirlo, el vehículo debe estar brillando como un espejo - desgraciadamente, este brillo durará solamente un par de horas, a lo más, a menos que usted haga algo para protegerlo. Y en la mayoría de los casos esta protección viene en forma de cera.

Muchos años atrás aplicar un buen grado de cera era el próximo paso, y paso final, para proteger la pintura. La cera duraría desde un mes a tres meses, dependiendo del ambiente en el área, y entonces usted tendría que hacer el trabajo completo otra vez. Ahora, sin embargo, hay un paso intermedio entre el proceso de pulir y el proceso de aplicar la cera que pueden proteger la pintura del vehículo hasta un año, haciendo el proceso de pulir un paso innecesario por un rato. Usted tendrá que todavía lavar el vehículo a menudo y aplicar cera nueva cada tres meses más o menos, pero usted puede eliminar el paso de pulir (que hará que la pintura dure un tiempo más largo) por un rato.

El secreto es de usar un sellador para proteger el terminado. El polímero (a menudo llamó resina vitrificada o protector), generalmente viene como en forma de un líquido, y es aplicado con un trapo o un atomizador. No trate de frotarlo hacia adentro o pulirlo mientras está mojado. Permita que se seque completamente, hasta que haya formado una neblina en la superficie de la pintura, entonces púlalo con una tela pulidora suave. Los selladores de polímero se secan bien duro, así que no se preocupe de aplicar mucha presión cuando esté removiendo la neblina - pero no se desgaste usted mismo frotándolo para removerlo, tampoco. Deshágase apenas de la neblina, y usted ha terminado con este paso.

Ahora es tiempo para la cera. Su autopartes local tiene un surtido amplio de limpiadores/ceras y ceras/pulidores - todos los cuales se deben evitar por este momento. Un limpiador/cera (o una cera/pulidor) contiene un limpiador abrasivo templado o un limpiador químico. Estas cosas están diseñadas para hacer en un paso lo que usted hizo con el pulidor compuesto. Desgraciadamente, mientras casi todos de ellos hace un trabajo bastante bueno (y rápido), ellos no pueden hace el trabajo profesional que los pulidores de compuestos pueden hacer, y para aplicar uno de ellos a este punto reuniría la capa del sellador de polímero que usted acaba de aplicar.

También en el mercado hay una variedad de ceras sintéticas, la mayoría son basadas en silicona. Ellas trabajan muy bien, pero tienen un par de problemas. Ellas tienden a apocar si usted aplica mucha (o aplica segundas capas sin completamente remover la primer capa), y ellas pueden hacer cualquier

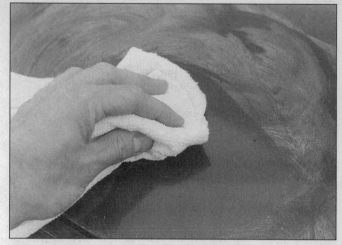

Use una tela suave en un movimiento de "pulir" para remover el residuo del compuesto de pulir

pintura en el futuro, retoque o pintura en áreas selectas, o en un área reparada un verdadero problema, desde que la pintura nueva no se pegará a una superficie que tenga huellas de silicona en ella. ¡Y la silicona penetra todas las capas de las pinturas, hasta el cebador, hacia adentro hasta el metal! Las ceras basadas en silicona son, aunque, ceras más duras que las orgánicas, le otorgan más protección a la pintura, y duran algo más largo, permitiendo intervalos más largos entre la aplicación de cera nuevamente.

¡Es más duro de aplicar, más duro de pulir, toma mucho trabajo de codo, cuesta más, y generalmente no dura mucho más largo, pero si usted quiere el máximo de brillo que su pintura sea capaz, si usted quiere que vehículo simplemente se vea lo más bien posible, hay solamente una sola cosa para usar - PURO, 100 POR CIENTO, CERA de CARNAUBA!

El carnauba es una variedad de palma que crece en el Brasil, y produce una cera que es extremadamente duradera y que se derrite a una temperatura alta de (185 grados F.). Ha sido la cera estándar usada por los pintores que hacen pinturas especiales y por dueños de vehículos de exhibición por años, y es todavía la manera de obtener el brillo máximo de su vehículo.

La cera de carnauba es todavía la mejor manera de otorgarle a su vehículo una calidad de brillo profesional

Aplique la cera con una tela húmeda en un movimiento de línea recta - no en círculos

Brochas de cerda de varios tipos serán necesarias para limpiar las ruedas y los neumáticos, remover cera y residuo de pulir de los pedazos de las molduras, ranuras y los rincones del interior

No hay nada de truco acerca del uso de la cera carnauba. Aplíquela en una forma de oscilación con una tela suave y húmeda, usando un movimiento en longitud de línea recta en cualquier panel que usted esté trabajando. Trabaje una pequeña sección a la vez y ¡ASEGÚRESE QUE USTED PERMITIÓ QUE LA CERA SE SECÓ COMPLETAMENTE ANTES DE PULIRLA! Este es el "secreto" de aplicar carnauba (o cualquier otra) cera. No trate de pulirla demasiado rápido, aunque pueda que se ponga como neblina en unos cuantos segundos o minutos. Aplique la cera gentilmente, en una línea recta, a un área pequeña, entonces permítala que se seque por cinco minutos o más. Cuando esté completamente seca, púlala con una toalla BIEN suave, y usted tendrá un brillo que usted se mirará como en una exposición de vehículos de exhibición.

Limpiar detalladamente

Limpiar detalladamente significa diferentes cosas a diferente personas, pero por tener que dar una definición, es el proceso de limpiar y preservar la pintura del vehículo, molduras, ruedas, neumáticos, vidrios, interior y el compartimiento del motor que es más extenso y concernido con los "detalles" del lavado típico del fin de semana y el trabajo de cera. Detalles regulares pueden asegurar que el vehículo permanezca en una optima condición, buena apariencia, y extenderá la vida y el valor más allá de lo que se podría esperar normalmente. ¡Además, todos aprecian un vehículo que se mira bien!

Si usted quiere ser capaz de limpiar detalladamente su vehículo como los profesionales, la primera cosa que usted tiene que hacer es asegúrese que usted tiene el equipo y las materias necesarias para hacer el trabajo correcto. Además de los artículos mencionados en el *Cuidado del vehículo* usted necesitará . . .

- *Pintura de retoque (esté seguro de que empareja con el color de su pintura exactamente)*
- *Un surtido de brochas para limpiar ruedas y neumáticos, residuos de cera que se queda fuera de los pedazos de las molduras y limpiar rincones interiores*
- *El limpiador de la rueda (diferentes limpiadores son requerido para el aluminio, ruedas de cromo y para ruedas de magnesio que tengan protectores claros)*
- *Limpiador de bandas blancas*

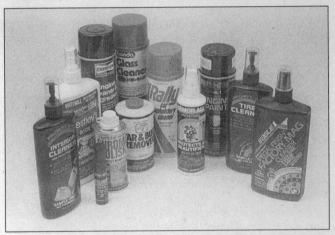

Muchas clases diferentes de limpiadores y productos químicos para limpiar detalladamente están disponible - esté seguro de comprar marcas bien conocidas y probadas

- *Preservativo para los neumáticos*
- *Limpiador para el cromo*
- *Limpiador de caucho/preservativo para caucho y componentes plásticos*
- *Limpiador de vidrio*
- *Una aspiradora poderosa*
- *Limpiador para la alfombra*
- *Limpiador para la tapicería*
- *Preservativo para el cuero/vinilo*
- *Removedor para la grasa del motor de tipo aerosol*
- *Pintura de motor para retocar*
- *Pintura para las partes de la suspensión (negro brillante debe ser todo lo que es necesario)*

Comience con el motor

Si usted intenta de hacer un trabajo completo y detallado, comience limpiando el motor y las áreas circundantes. Esto no sólo prevendrá vergüenza cada vez que usted abra el capó, pero hará también el mantenimiento debajo del capó mucho más fácil. ¡Además, un motor limpio a menudo puede significar la diferencia entre hacer una venta y tener que correr más anuncios!

Comience limpiando el motor y las áreas circundantes con un removedor de grasa y agua presurizada - no use un limpiador de vapor

Después de enjuagar, seque el motor y todos los componentes debajo del capó, incluyendo el metal laminado, con trapos limpios - recuerde, la pintura no se pega a la grasa

Antes de atacar la tierra, es una buena idea de cubrir el distribuidor y la carrocería del estrangulador o el carburador (después de remover el ensamblaje del purificador de aire) con bolsas de plásticas. Use ligas de caucho grandes o cinta para asegurarse que están apretadamente sellada y prevenir que agua entre. No recomendamos limpiar con vapor el compartimiento del motor; aunque hace el trabajo de remover la grasa y la suciedad acumulados más fácil, puede dañar también los componentes de la ignición y el sistema de combustible. Esto es donde el removedor de grasa de tipo aerosol para el motor mencionado anteriormente entra en juego. Es normalmente rociado encima, permitiéndolo que trabaje por varios minutos, entonces límpielo con agua de una manguera de jardín. Siga las direcciones en el recipiente para asegurarse que el resultado sea mejor. Usted tendrá que repetir el procedimiento entero para los depósitos tercos. Remueva toda la tierra del motor, la parte inferior del capó, las partes interiores de los guardafangos y las partes expuesta de la suspensión. Seque todo con telas suaves y limpias.

Una vez que el área completa debajo del capó esté limpia, usted puede determinar si es necesario pintar las partes. Si retoque es requerido, esté seguro de cubrir con cinta adhesiva hacia afuera o remover las partes que usted quiere que no se retoquen con pintura.

Cuando usted haya acabado de limpiar y pintar las partes, esté seguro de aplicarle preservativo para todos los cauchos y las partes plásticas debajo del capó. Esto los mantendrá que se vean como nuevo y prevendrá la deterioración.

Limpie las ruedas y los neumáticos

Después que el compartimiento del motor se haya terminado, y antes de lavar la carrocería, limpie las ruedas para remover la tierra, suciedad del camino y polvo de freno. Enjuague los neumáticos y las ruedas con agua (una manguera del jardín trabajará, pero un lavador de presión en un estacionamiento para lavar vehículos operado por monedas es todavía mejor), entonces aplique limpiador a la rueda y permítalo que trabaje. Después de un par de minutos, restriegue las ruedas con una brocha tiesa para asegurarse que toda la tierra ha sido aflojada para que se pueda enjuagar. Aquí es donde una brocha formada para entrar en las áreas de receso y rotos realmente vienen a mano. Enjuague las ruedas con agua limpia, pero no se moleste en secarlas hasta después que la carrocería se haya lavado y secado. Repita el procedimiento si es necesario.

Moje las ruedas y los neumáticos, . . .

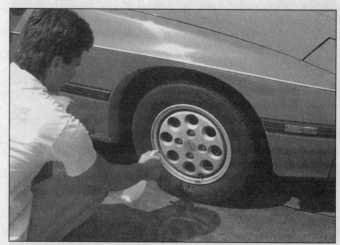

. . . entonces atomice las ruedas con un limpiador y permítalo que trabaje por un par de minutos (siga las direcciones en el recipiente)

Brochas deformadas o brochas de pintura comunes son muy útiles para limpiar orificios y las áreas de receso de las ruedas

Restriegue los neumáticos con una brocha también, entonces enjuáguelos con bastante agua

Limpie los neumáticos con una brocha de cerda y detergente, entonces enjuáguelos completamente. Use la manguera o lavador a presión para limpiar las partes interiores de los guardafangos de las ruedas también, entonces enjuague los neumáticos una última vez. Después que la carrocería sea lavada, seque los neumáticos con una tela limpia y aplique preservativo para los neumáticos o cauchos a las paredes de los neumático. Si usted tiene bandas blancas o letras blancas levantadas en los neumáticos, esté seguro de restaurar las superficies blancas con uno de los muchos productos hechos para este propósito.

Lavar y aplicarle cera a la carrocería

Una vez que las ruedas y los neumáticos estén limpios, continúe las instrucciones de lavar, pulir y aplicar cera en la sección de **Cuidado del Vehículo** para revivir la pintura y la moldura. Antes de aplicar la cera, use un limpiador de vidrio de alta calidad en todos los vidrios - de adentro y de afuera. En vez de usar toallas de papel o telas, use periódicos para limpiar y remover el fluido del limpiador. El papel es levemente abrasivo y puede impartir realmente un brillo al vidrio. También, antes de aplicar la cera, retoque cualquier rayón en la pintura y asegúrese de que la moldura de cromo esté brillando.

Preservativo de caucho - aplicándolo a los lados de los neumáticos solamente - prevendrá la deterioración y mantendrá que los neumáticos se miren como nuevo

Después que la cera sea aplicada y pulido, use una brocha suave de cerda para remover todo el residuo de las placas, las coyunturas, los recesos, los pedazos de moldura, cabezas de los tornillos, etc.

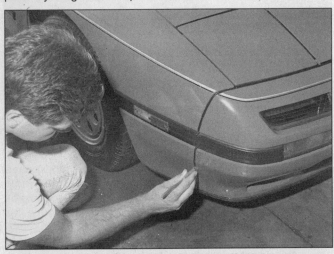

Aquí se está usando un pincel para remover pulidor/residuo de cera de las coyunturas entre los paneles de la carrocería, . . .

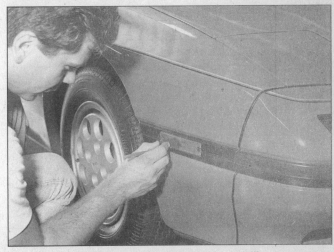

. . . todos los lentes y cabezas de los tornillos, . . .

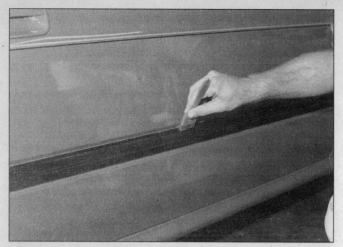

. . . las áreas adyacentes de los pedazos de moldura, . . .

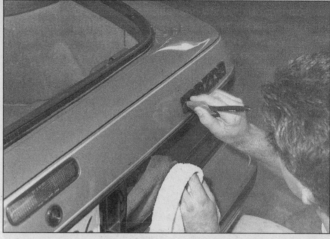

. . . los espacios entre las letras y las placas . . .

Limpie el interior

Use la aspiradora para deshacerse de toda la tierra, el polvo y los desechos en las alfombras, tapicería, el tablero, los descanso para los brazos, la consola, etc. No se olvide del área debajo de los asientos, el compartimiento de guante y los ceniceros. Use la herramienta de la aspiradora para alcanzar las diferentes áreas. Una brocha suave de cerda puede ayudar a aflojar la tierra y polvo en las áreas apretadas, especialmente en el tablero.

Si las alfombras están extremadamente sucias o manchadas, use un limpiador diseñado para el alfombrado automotriz para restaurar su apariencia. Siga las instrucciones en el recipiente.

Después, lave la parte interior, esteras de piso y el tablero con agua y un detergente suave para remover toda la tierra que la aspiradora no recogió. Los limpiadores de tapicería son jabón comúnmente disponible en las tiendas (tiendas de zapatos y departamentos de tiendas) trabaja muy bien en ambas superficies de cuero y vinilo. Aplique cuero/preservativo de vinilo para terminar el trabajo. ¡No se olvide del maletero!

¡Finalmente, retroceda, tome una mirada larga y agradable y dese una palmada en la espalda! ¡Pude haber sido un trabajo duro y ciertamente tomó más tiempo de lo que usted había planeado, pero el resultado final es el valor - quizás usted no necesita ese vehículo nuevo a final de cuentas!

Restaurar la pintura vieja

Lavar su vehículo removerá la tierra y la suciedad que se ha acumulado en la pintura, pero no hará nada para remover la oxidación, la película de sustancia química (contaminante) y "pintura muerta". La pintura en su vehículo nunca se seca completamente. Contiene aceites que les dan brillo a la pintura. Los aceites se evaporan, aunque, y cuando ellos se evaporan, la superficie se oxida, la pintura oxidada eventualmente cubre la pintura saturada por debajo con una capa de aceite con una cubierta blanca. Cuando esto haya acontecido, el recurso solamente es de remover la capa de pintura muerta primero (oxidada), exponiendo la pintura saludable que está debajo.

Hay dos clases de limpiadores usados normalmente para remover la capa primera de pintura oxidada. Uno es el

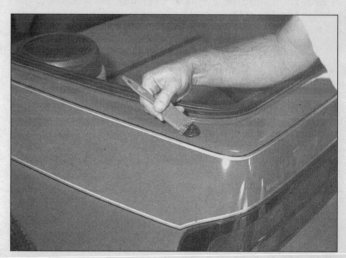

. . . y otros componentes terminados y de moldura. Note que las cerdas del pincel han sido cortadas (para hacerlas un poquito más tiesas) y la banda de metal en la brocha ha sido envuelta con una cinta para prevenir rasguñar accidental la pintura

limpiador abrasivo, que remueva la capa oxidada esencialmente "lijándola". Estos limpiadores vienen en grados desde pulidores finos hasta varios grados de compuestos de frotar. Recuerde apenas que, lijando la oxidación, todos ellos dejan la superficie con rasguños, que tendrán que ser pulidas antes de aplicar la cera.

También usado para remover oxidación hay limpiadores químicos, que disuelven la capa de pigmento muerto, exponiendo la pintura buena que está por debajo. Es esencial que este tipo de limpiador, en comparación con un limpiador abrasivo, sea usado en los terminales nuevos de acrílico, debido a que el brillo en estas pinturas provienen de la capa clara que se ha rociado encima de la capa de color. (Note que esto no se refiere al esmalte acrílico ni la laca acrílica, que son "pinturas convencionales"). Si un limpiador abrasivo es usado, la capa clara perderá su brillo, y la única manera de restaurarlo es de aplicar una capa clara más. Donde las superficies de pinturas convencionales (laca o esmalte) son concernido, aunque, los limpiadores químicos no son generalmente efectivos en remover la oxidación como los limpiadores abrasivos, y pueden prevenir de obtener realmente un buen brillo cortando adentro de la capa de aceite "pintura buena" debajo de la oxidación.

La mayoría de los juegos de antióxido incluirán compuestos de antióxido, toberas para permitir que usted atomice las áreas escondidas y tapones de caucho para llenar los orificios que usted tendrá que taladrar en los paneles de la carrocería

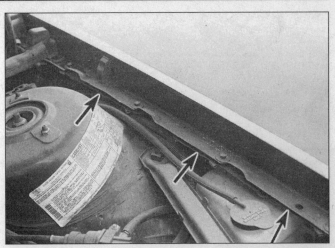

Comience rociando las áreas donde los orificios no se tendrán que taladrar, tal como donde los pernos del panel de los guardafangos interiores se acoplan al panel de los guardafangos adentro del compartimiento del motor

Tipos de limpiadores abrasivos

Limpiadores pulidores - Estos son los limpiadores abrasivos más suaves, y, cuando son aplicados a mano, ellos removerán la primera capa de pintura oxidada. No confunda a ellos con "cera", que no contiene abrasivo. La cera (técnicamente) agrega simplemente aceites a la pintura existente, incrementando el brillante de la pintura. El pulidor es entonces sellado con cera.

Pulidor compuesto - Abrasivo muy fino para remover un tipo más severo de oxidación que un pulidor limpiador puede manejar, o para remover por un capa de pintura muerta. En superficies grande planas, pulidor compuesto puede ser aplicado con un pulidor eléctrico, pero cuidado extremo se debe ejecutar para evitar daño a la pintura (siga las instrucciones incluidas con la herramienta). No use un pulidor eléctrico en las orillas o bordes, porque la pintura es generalmente mucho más delgada y usted puede pulir através de ella y exponer el cebador o el metal.

Compuesto pulidor de pintura - Para el uso industrial solamente de remover pintura completamente muerta. Úselo con caución, o usted puede penetrar através del metal con este material. Use a mano solamente. Aunque usted no pula através de la pintura, usar un pulidor eléctrico con compuesto para frotar a menudo quemará la pintura fundamental. Trabaje solamente un área pequeña a la vez y no permita que el compuesto se seque.

Limpiadores químicos

Varias compañías diferentes producen limpiadores químicos para restaurar la pintura vieja. ¡Lo importante de recordar con estos limpiadores es de leer la etiqueta cuidadosamente y seguir las instrucciones al pie de la letra cuando los esté usando!

Mantenimiento del tragaluz

Techos tragaluz deslizante

Los techos tragaluz que se deslizan no necesitan mucho mantenimiento, pero el mecanismo que se desliza, los rodillos

y los cables (si está equipado) debe ser mantenido, limpiado y lubricado. Use una tela suave para limpiar las hendiduras y aplicar lubricante de silicona de tipo aerosol para mantener las cosas trabajando suavemente. El lubricante de silicona es mucho más limpio que cualquier tipo de aceite o grasa y es mas efectivo como lubricante que casi cualquier cosa que usted podría usar. (Note, sin embargo, que algunos fabricantes de vehículo, GM, recomienda una grasa pesada tal como Lubriplate para los cables). Aplique protector contra la intemperie para el caucho, el vinilo y otras porciones de caucho del techo tragaluz cada vez que usted lave el vehículo.

La mayoría de los techos tragaluz están equipados con mangueras de drenaje, generalmente una en cada esquina, para pasar hacia fuera el agua que puede evadir el sello de protección contra la intemperie alrededor de la abertura del techo tragaluz. Las mangueras delanteras son generalmente dirigida através de los pilares del parabrisas y salen através de los orificios en los pilares de las bisagras de la puerta. Las mangueras traseras son normalmente dirigidas hacia atrás entre el panel lateral trasero y salen através de las aberturas delanteras de las aperturas de las ruedas traseras. Esté seguro de chequear las mangueras de drenaje periódicamente para asegurarse que ellas no están tapadas. Aire comprimido se debe usar para limpiarlas.

Techos tragaluz con bisagras

Use lubricante aerosol de tipo silicona en las bisagras y los pivotes del mecanismo del picaporte y asegúrese que los afianzadores están apretados.

Limpie el techo tragaluz por dentro y por fuera con limpiador de vidrio - use periódicos viejos en vez de toallas de papel o trapos para producir mejor claridad. Aplique protector de caucho y de vinilo al protector contra la intemperie y las otras porciones de caucho del techo tragaluz cada vez que usted lave el vehículo.

Antióxido y protección inferior

En el Capítulo 5 nosotros le mostraremos cómo reparar el daño oxidación con un juego de reparación de fibra de vidrio.

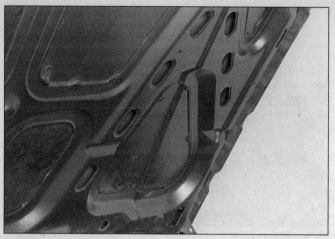

El capó y el maletero son reforzados con refuerzos de cruz de metal laminado. Adentro de estos refuerzos es donde la oxidación comienza, así que entre y trabaje alrededor de ellos con una capa pesada de antióxido.

Dentro de los guardafangos es también otra área crítica. Si se ha cubierto con protección inferior, atomice encima de la protección. El área realmente importante es donde el guardafangos interior se atornilla con los guardafangos (flecha), porque aquí es donde el agua se atrapa y la oxidación comienza

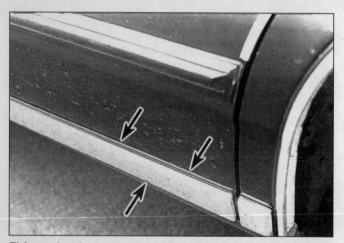

El área primaria para que se oxide es adentro de los paneles de la puerta. El agua corre en la parte de afuera del vidrio, se colecta en la parte inferior de la puerta porque los orificios están bloqueados o porque el diseño permite pequeños posos de agua que se acumulen, y pronto el óxido comienza a comerse la puerta alrededor del marco de la puerta (flechas)

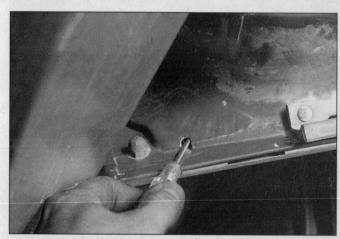

Para prevenir que la puerta se oxide, el primer paso es de localizar y limpiar los orificios del drenaje

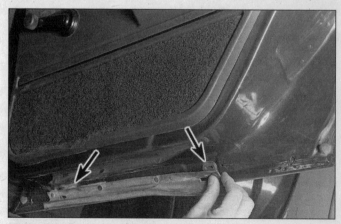

Suba la ventana completamente hasta encima, entonces taladre cuidadosamente un orificio de 3/8 a 1/2-pulgada en la parte inferior de la puerta - asegúrese que el taladro no le pega al picaporte de la puerta o mecanismo de la ventana (este vehículo particular tiene orificios [flechas] con tapones de caucho, así que taladrar no es necesario, pero el protector inferior contra la intemperie debe de ser removido)

El procedimiento de la reparación es bastante sencillo y fácil, y si es hecho correctamente restaurará la apariencia original del vehículo. ¡Pero hay una manera de reparar el problema de la oxidación que es todavía más fácil que usar un juego de reparación - para detener la oxidación antes de que comience!

Antes de comenzar en cómo y por qué protección para el antióxido y protección para el inferior, vamos a aclarar algo, a pesar de lo que muchas personas piensan, ellos no son la misma cosa. Antióxido implica atomizar una sustancia química impeditiva para la oxidación, generalmente basada en cera pero a veces un compuesto de silicona, dentro de varios paneles de la carrocería donde agua puede colectarse y puede comenzar a oxidarse. Mojando un panel un poco, generalmente no causará problemas de oxidación, es en los lugares donde llega el agua y se queda acumulada donde la oxidación se asienta.

Protección inferior, por otro lado, es una base de petróleo, una capa como alquitrán es aplicada al exterior (normalmente

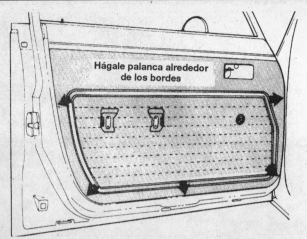

Si usted está dudoso acerca de donde los mecanismos están dentro de la puerta, o si usted quiere realmente proteger completamente la parte interior de la puerta contra el óxido, remueva el panel de la puerta y barrera para el agua

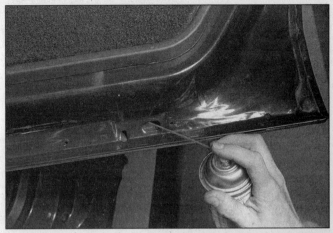

Conecte la esprea de atomizar al bote de antióxido y atomice completamente el interior de la puerta, moviendo la esprea alrededor para asegurarse que usted obtiene una cobertura completa

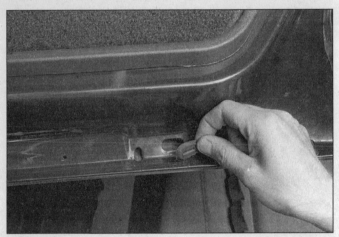

Cuando usted haya acabado de atomizar, instale el tapón de caucho que vino con el juego de antióxido en el orificio que usted taladró. Usted quizás quiera todavía agregar una capa de sellador RTV (vulcanizador accionado a temperatura ambiente) para asegurarse que el tapón está hermético para el agua

Repita el procedimiento dentro de los paneles laterales traseros. En este ejemplo, un pedazo de moldura fue removido para el acceso al interior del panel. No sea tacaño con el antióxido - cuesta mucho menos que reparar un panel oxidado

en el lado inferior) de las superficies de un vehículo, generalmente para propósitos de aplacar el sonido y no necesariamente proteger una superficie de metal para que no se oxide.

La aplicación de protección inferior es a menudo un "truco" usado por concesionario de vehículos usados (y a veces nuevos) para agregar una pequeña ganancia al trato de la venta del vehículo. La carga hecha para la protección inferior es generalmente una "ganga" debido a que el costo de las materias de protección inferior es mucho más bajo y puede ser aplicado en menos de una hora sin equipo especial.

Esto no quiere decir que la protección inferior es sin valor. Como fue expresado anteriormente, es excelente para disminuir el sonido, haciendo el vehículo más callado en el interior, y tiene algunas características que previenen la oxidación. Pero si usted quiere protección inferior, compre simplemente varios botes de aerosol para la protección inferior en un autopartes y lo atomiza usted mismo. Siga las direcciones en el bote (ellas generalmente no se componen de nada más que de "llevar el vehículo a un lavadero para vehículos operado por monedas, limpie el interior de los guardafangos y la parte inferior de la

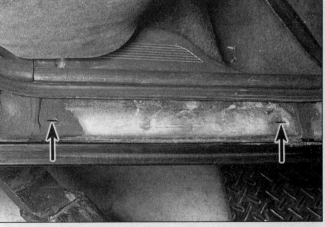

La manera más fácil de penetrar el antióxido dentro del panel de puntapié es de removerlo, taladre orificios, entonces atomice el antióxido desde la parte de cima. En este ejemplo, el panel de puntapié tiene hendiduras para los tornillos (flechas) - el material de antióxido se puede inyectar através de las hendiduras

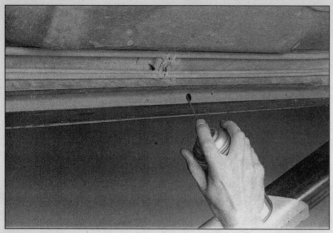

Una alternativa es de taladrar hacia encima por la parte de abajo
en los paneles de los puntapié, pero los chances serán
de que la cobertura no sea completa como inyectar
el antióxido por encima

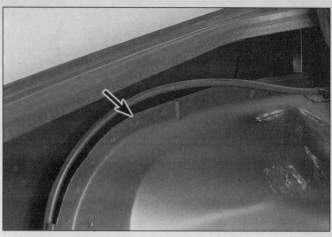

No se olvide del interior de los paneles traseros de los
guardafangos (dentro del maletero) y las partes interiores
de los guardafangos de las ruedas traseras

carrocería lo más completo como sea posible y permita que se
seque completamente, entonces rocíe la protección inferior y
permítala que se seque" y usted ha obtenido un buen trabajo
de protección inferior, igual que el que usted probablemente
pudiera obtener de un profesional. Recuerde de mantener el
protector inferior de la suspensión, fuera de las partes de la
dirección y la línea de la transmisión de fuerza.

Antióxido, por el otro lado, es mucho más complicado y
requiere generalmente taladrar una serie de orificios en las
porciones escondidas de la carrocería, entonces tapar los orificios después que el material de antióxido se haya inyectado
en las cavidades de la carrocería.

Capítulo 3   Reparación de los daños: Haciéndolo usted mismo o que lo haga otra persona

Determinando la extensión del daño

Decidir cómo tratar con el daño de la carrocería, si ha sido causado por un choque o corrosión (oxidación vieja!), es un proceso que siempre debe comenzar con una determinación cuidadosa de la extensión del daño - no se apresure a hacer las reparaciones sin hacer esto primero.

Desde que las carrocerías de los vehículos modernos, particularmente diseñados con una unidad compuesta de carrocería/chasis, son hechas para que se deforme en el frente y en la parte trasera en el evento de un impacto, para proteger el compartimiento de pasajero y, obviamente, los ocupantes en el vehículo, la mayoría de los daños en el frente o en la parte trasera causados por accidentes son difíciles de reparar correctamente. La razón es que los componentes estructurales de la unidad compuesta de carrocería/chasis (particularmente los rieles de chasis) acaban generalmente siendo retorcidos. Debido al hecho que ellos son difíciles de enderezar o reemplazar, el trabajo debe ser hecho por un profesional con el equipo y la experiencia necesaria para conducir las reparaciones tan implicadas.

Por otro lado, la decisión de reparar otros tipos de daños de la carrocería, antes de reemplazar los componentes de la carrocería, depende de varios factores que se deben valorar individualmente antes de llegar a una decisión. Una vez que el daño es cuidadosamente notado, es muy importante inventar un plan para la reparación, si implica reemplazo del panel o no, antes de comenzar cualquier trabajo.

Como regla general, si daño mayor al chasis del vehículo y/o los componentes estructurales han ocurrido, y un corte

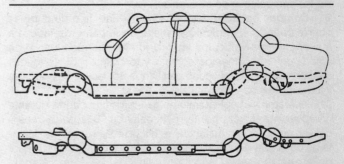

Los chasis de perímetro y la mayoría de las carrocerías tienen secciones diseñadas en ellos para absorber los impactos durante un choque - cuando esté chequeando por daño, comience con las áreas indicadas por los círculos

extenso y soldadura de los componentes de la carrocería es indicado, las reparaciones deben ser ototgadas probablemente a un profesional. Si el daño es relativamente secundario, requiriendo la reparación de abollos o pliegues pequeños en los paneles planos grandes, reparando pequeñas áreas aisladas, oxidadas o reemplazando artículos tales como puertas, el capó, los guardafangos, paneles laterales inferiores o paneles laterales traseros, podría ser una buena idea de considerar hacerlo usted mismo.

De todos modos, no duele conducir una inspección completa de cualquier tipo de daño usted mismo. Entonces, aunque usted decida permitir que una chapistería haga las reparaciones, usted sabrá por adelantado qué esperará y ser capaz de comunicarse inteligentemente con el chapistero que está haciendo el trabajo.

Daño de choque

Un vehículo con un chasis de tipo perímetro es construido en secciones plegables. Porciones del chasis son diseñadas para absorber el impacto mayor de un choque delantero o trasero. La carrocería es normalmente conectada al chasis con calzos de caucho que reduce los efectos de choques transferidos del chasis a la carrocería. Si el impacto es grande, los pernos de afianzar pueden doblarse, produciendo un espacio libre entre el chasis y la carrocería. También, dependiendo del tamaño y la dirección del golpe, el chasis puede ser dañado mientras que la carrocería no - una diferencia importante entre los diseños de tipo perímetro y de unidad compuesta de carrocería/chasis.

Deformación del chasis

La deformación del chasis es rota en cuatro categorías o ejemplos sencillos: combas verticales; combas horizontales; aplastar y torcer. En realidad, la mayoría de los accidentes resultan en una mezcla complicada de muchos tipos de daños, dependiendo de la magnitud, dirección del golpe y el punto de impacto.

1   *Combas verticales* - Las combas verticales ocurren cuando un vehículo es implicado en un choque indirectamente delantero o trasero. Si el impacto ocurre en el frente del vehículo, el golpe es absorbido por las secciones del frente de la caja del chasis. Las secciones del frente de las cajas se suben hacia encima y las porciones apenas atrás de ellas se caen hacia abajo. Según esto acontece, los espacios libres entre los guardafangos y las puertas cambian debido a la distorsión. Además, desde que la distancia entre los ejes ha cambiado por la distorsión del chasis, debe ser medido antes de comenzar las operaciones de reparación.

2   *Combas horizontales (laterales)* - Este tipo de combas ocurre cuando el vehículo sostiene un impacto de lado. La mayoría de los vehículos implicados en choques sufren de ambas deformaciones de combas y torceduras. Si las ruedas delanteras están implicadas en el impacto, las varillas radiales y los soportes son deformados.

3   *Aplastar* - El aplastamiento generalmente ocurre durante un accidente directo por la parte delantera o la parte trasera del vehículo. Daño substancial es hecho a las secciones delanteras de la caja del chasis y las áreas cerca de la parte superior de la rueda trasera. Daño longitudinal es casi siempre implicado también. En el caso de un choque de frente con otro vehículo donde la sección delantera de la caja no absorbe la energía, una dobladura puede ocurrir tan atrás como en el miembro transversal central del chasis.

4   *Torcer* - Dos tipos claros de torceduras pueden acontecerle a un chasis de un vehículo. Un tipo ocurre alrededor de la línea central imaginaria de adelante hacia atrás del vehículo (como el de tipo de acción de torcedura usado cuando se exprime una toalla pequeña). El segundo tipo de torcedura también conocido como torceduras "diagonal", que ocurre alrededor la línea central vertical imaginaria del vehículo.

Torceduras de punta a punta ocurren cuando la esquina de un vehículo es levantada repentinamente (por ejemplo, corriendo sobre el contén o división en la carretera a alta velocidad). La torcedura de un chasis de tipo perímetro es generalmente limitado a las secciones delanteras de las ruedas traseras levantadas hacia encima. Dobladura vertical parcial y dobladuras laterales también pueden ocurrir.

Torceduras diagonales ocurren cuando el vehículo es

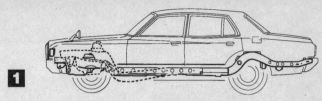

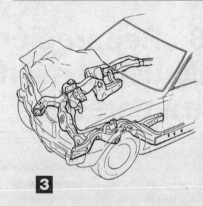

Las combas verticales de los impactos delanteros normalmente ocurren en las secciones delanteras de las cajas del chasis (las líneas con puntos indican la forma del chasis después del impacto)

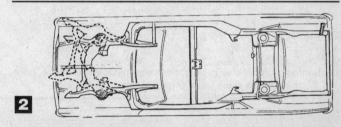

Las combas del lado (indicado por las líneas con puntos) son normalmente acompañadas por torceduras del chasis también

La secciones delanteras y traseras de la caja del chasis están diseñadas para que se aplasten cuando un impacto ocurre - esto absorbe mucho del golpe que sería transferido normalmente a la carrocería y últimamente a los ocupantes del vehículo. Si el vehículo se ha implicado en un choque delantero o trasero chequee por distorsión de las secciones de la caja

golpeado hacia afuera de su centro en la parte delantera o trasera (impacto trasero o delantero en una esquina). Los chasis de tipo perímetro casi nunca implican deformación del chasis completo. Torcedura diagonal ocurre generalmente en conjunto con torcedura vertical y daño de tipo de aplastamiento.

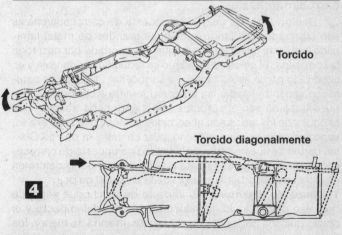

Torcido

Torcido diagonalmente

Torceduras pueden ocurrir de punta a punta en la línea central del chasis y diagonalmente (torcedura diagonal es también conocida como "escalamiento")

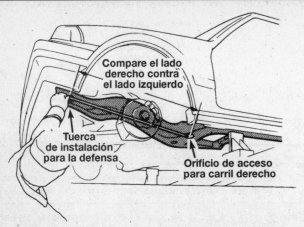

Compare el lado derecho contra el lado izquierdo

Tuerca de instalación para la defensa

Orificio de acceso para carril derecho

La deformación del chasis se puede determinar visualmente, pero medidas se deben tomar para evitar de omitir algo

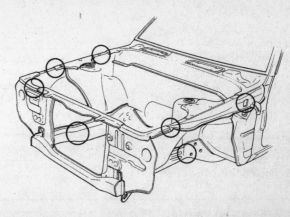

Las estructuras de las unidades compuestas de carrocería/chasis son diseñadas también para que se tuerzan bajo carga . . .

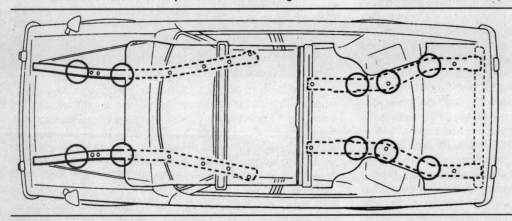

. . . en las áreas que están circuladas - chequee cuidadosamente por daño después de un choque

Inspección del chasis

El chasis debe ser inspeccionado comparando el tamaño de los espacios entre los paneles de la carrocería en la parte delantera y trasera del chasis y comparando los espacios entre los guardafangos delanteros y las orillas traseras y delanteras de los cubos de las ruedas. Para chequear por la deformación delantera del chasis, compare las distancias del lado derecho y los agujeros del lado izquierdo trasero de la defensa a los carriles delanteros del chasis.

Distorsión de la unidad compuesta de carrocería/chasis

Debido a que la unidad compuesta de carrocería/chasis son fabricados soldando secciones grandes de metal laminado juntas, el golpe de un choque es absorbido por casi toda la carrocería. El efecto del choque es reducido según viaja y es absorbido por la estructura de la carrocería. Choques delanteros son absorbidos por la parte delantera de la carrocería, choques traseros son absorbidos por la carrocería trasera y los choques de los lados son absorbidos por los paneles laterales, soportes laterales para el techo, pilar central y la puerta. Ciertas partes de la estructura de la unidad compuesta de carrocería/chasis son diseñadas para que se desplomen o deformen en orden de absorber la energía de la onda del golpe.

1   *Impacto delantero* - El impacto de un choque depende del peso del vehículo, la velocidad, el área del impacto y el objeto que sea golpeado. En el caso de un impacto menor, los parachoques son empujados hacia atrás, doblando los miembros delanteros laterales (rieles del chasis), las defensas, los guardafangos delanteros, apoyo del radiador, apoyo superior

del radiador y soporte de la cerradura del capó.

Si el impacto es aumentado, los guardafangos delanteros hacen contacto con la puerta delantera, la bisagra del capó se doblará hacia la parte de encima del capó y los miembros delanteros laterales se doblarán hacia adentro del miembro transversal delantero de la suspensión, causándolo que se doble.

Si el golpe es lo suficiente grande, el guardafango interior delantero y el pilar delantero de la carrocería (particularmente el área superior para la bisagra de la puerta delantera) será doblado, lo cual causará que la puerta delantera se caiga hacia

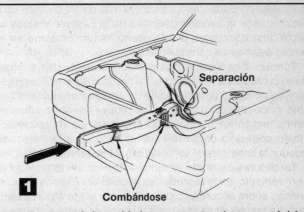

Separación

1

Combándose

Las estructuras de las unidades compuestas de carrocería/chasis se combarán y separarán como está mostrado aquí durante un impacto delantero - si daño no es notado, reparaciones que usted sea capaz de hacer o tenga el equipo se pueden poner en marcha

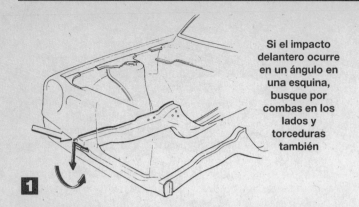

Si el impacto delantero ocurre en un ángulo en una esquina, busque por combas en los lados y torceduras también

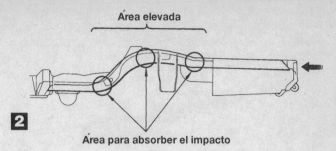

Área elevada

Área para absorber el impacto

Si el impacto ocurre en la parte trasera del vehículo, las estructuras de la unidad compuesta de carrocería/chasis tenderán a retorcerse en la parte trasera de la rueda en el área de encima

abajo. Además, los miembros delanteros laterales se combarán, el miembro delantero de la suspensión se doblará y el panel del tablero y la cacerola delantera del piso se doblarán para absorber el golpe.

Si un vehículo es golpeado en un ángulo por el lado del frente, el punto de calzo del lado delantero se hace un axis que gira lateralmente e igual que una dobladura vertical ocurre. Desde que los miembros delanteros de la izquierda y de la derecha son conectados por el miembro transversal delantero, el golpe del impacto es transferido del punto de impacto al miembro lateral delantero en el lado opuesto y causa deformación del vehículo.

2   Impacto trasero - La cantidad del daño de un choque trasero dependerá de los factores tales como el impacto en el área de la superficie, la velocidad, el objeto golpeado y el peso del vehículo. Cuando el impacto es relativamente pequeño, los parachoques traseros, panel de la parte trasera, la tapa del maletero y el piso se deformarán y los paneles laterales traseros sobresaldrán hacia afuera.

Si el impacto es lo suficiente severo, los paneles laterales traseros se desplomarán a la base del panel del techo y, en vehículos con cuatro puertas, el pilar central de la carrocería pueda que se doble.

La energía es absorbida por la distorsión de las partes de encima y por la deformación de la parte superior en los miembros traseros del lado.

3   Impacto lateral - Cuando esté determinando el daño de los impactos laterales, la estructura del vehículo es particularmente importante. Generalmente, en accidentes severos, la puerta, sección delantera, pilar central de la carrocería e incluso la cacerola de piso se retorcerán. Cuando el guardafango delantero o panel lateral trasero reciben un impacto, la rueda delantera es empujada hacia adentro y el golpe es transferido desde el cruce de la suspensión al lado delantero lateral del vehículo. Cuando el área central del guardafango delantero recibe un impacto, la rueda delantera es empujada hacia adentro y el choque es transferido del miembro delantero transversal de la suspensión al miembro delantero. En este caso, los componentes de la suspensión son dañados y la alineación de la rueda delantera y la distancia entre los ejes es cambiada. Debido a que los componentes de la dirección son generalmente afectados por un impacto lateral, la varilla de acoplamiento y la caja de la dirección o el piñón y la cremallera pueda que sean también dañados.

4   Impactos superiores - Cuando el daño es causado por un objeto que se haya caído, no sólo afecta el panel del techo pero también los rieles laterales del techo, los paneles laterales traseros y posiblemente las ventanas también. Cuando un vehículo se ha volcado y los pilares de la carrocería y los paneles del techo han sido doblados, las puntas opuestas de los pilares serán dañadas también. Dependiendo de cómo se volcó, la secciones delanteras o la parte trasera de la carrocería serán dañadas también. En tales casos, la extensión del daño puede ser determinada por la deformación alrededor de las ventanas y las puertas.

Evaluación del daño

Si el daño no es cuidadosamente y exactamente diagnosticado, la calidad de la reparación sufrirá y tomará mucho más tiempo que lo necesario. Cuando diagnostique el daño, considere la dirección y la fuerza del impacto (¿qué tan rápido el vehículo viajaba?), donde el vehículo se golpeó y el tipo de la estructura de la carrocería implicada (unidad compuesta de carrocería/chasis, chasis separado, etc.).

Si es posible, la inspección debe ser hecha en un taller bien iluminado y bien equipado. Si el daño implica partes mecánicas, una inspección detallada de la parte inferior de la carrocería, en un elevador, es necesario. Si un elevador no está disponible, posicióne estantes en posición en una superficie de cemento nivelada para sostener el vehículo durante la inspección.

Generalmente, el daño físico obvio es raramente omitido durante una inspección. Sin embargo, el efecto del daño en las partes y daños relacionados que le sucedieron a las partes anexas al impacto son frecuentemente pasados por alto. Una inspección visual solamente, a menudo es inadecuado - el daño del accidente debe ser valorado chequeando las medidas con herramientas y los equipos apropiados entre los puntos especificados (usted debería tener un manual de servicio de la fábrica disponible para buscar el chasis y las medidas de la carrocería). Tenga una cinta de metal de medir y una linterna buena disponibles. Un ayudante puede ser necesitado para algunas de las medidas.

Los siguientes pasos son implicados en un procedimiento típico de la evaluación del daño del choque:

1   Localice visualmente el punto del impacto.

2   Determine visualmente la dirección y la fuerza del impacto y chequee por posible daño.

3   Determine si el daño es limitado a la carrocería, o si implica partes mecánicas (ruedas, suspensión, motor, partes de la línea de potencia, etc.)

4   Sistemáticamente chequee por daño a los componentes en camino al amortiguador y encuentre el punto donde no haya más evidencia de daño.

5   Mida los componentes mayores y chequee la altura de la carrocería comparando las medidas actuales con los valores en el manual de servicio de la fábrica.

Las tres cosas más importantes de recordar cuando esté tratando determinar la extensión del daño de un choque son . . .

* *Base la determinación en el tipo de chasis/estructura de la carrocería y tipo del impacto implicado.*
* *Busque por daño escondido y trate de determinar donde termina.*
* *Chequee la operación/instalación de las puertas, el capó, los guardafangos y la tapa del maletero o puerta trasera para ayudar a decidir que tan severo es el daño.*

Daño por corrosión

A causa de su naturaleza de insidias y el hecho de que usted no puede siempre ver que se implica, el daño de la oxidación puede ser bastante difícil de valorar.

Debido a que la oxidación se puede esconder atrás de la pintura, componentes de las molduras y paneles exteriores de la carrocería, buscándolo implica generalmente remover partes, arrastrarse debajo del vehículo, raspar hacia afuera escamas de pintura, tentar con un punzón u otra herramienta y pegarle gentilmente con un martillo en las partes sospechadas. Si un elevador no está disponible, sostenga el vehículo sobre estantes y use un antiderrapante para chequear la parte inferior de la carrocería. Las áreas donde ocurre la oxidación generalmente incluye la parte inferior de la puerta y los paneles laterales traseros, las orillas superiores de los guardafangos delanteros, particularmente donde ellos se conectan a los paneles interiores de los guardafangos, alrededor de las luces delanteras, luces piloto y por molduras en el lado de la carrocería, donde orificios son taladrados para los afianzadores. Tenga una linterna potente o una luz para chequear áreas oscuras y escondidas. Una herramienta aguda o martillo se debe usar para tentar o pegarle a las áreas oxidadas para determinar que cantidad de daño de oxidación extiende.

Si es posible, trate de determinar si la oxidación es en la superficie de la carrocería solamente, aislada y limitada a áreas pequeñas. Si es, dese una palmada en la espalda por notarlo

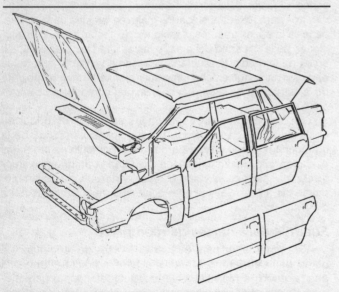

Pernos de reemplazo en partes tales como el capó, las puertas y los guardafangos delanteros están generalmente disponible en los rastros o ellos pueden ser obtenidos en el departamento de partes del concesionario (paneles de reemplazo, tales como láminas para las puertas, que deben ser soldadas están a disposición también para la mayoría de los vehículos)

ahora, porque las reparaciones pueden ser generalmente hechas bastante fácil (vea Capítulo 5). Sin embargo, si el daño de la oxidación es extenso, y ha penetrado el metal de la carrocería, la reparación puede implicar aflojar los tornillos o componentes del cuerpo de la carrocería con una antorcha o un cincel de aire - un procedimiento muy laborioso y difícil, especialmente si áreas grandes de la carrocería son implicadas. Si lo mencianado en segundo lugar es verdadero, las reparaciones pueden costar más que el valor del vehículo.

Mantenga en mente que el área oxidada en la superficie interior de un panel de carrocería es siempre más extenso que aparece en el exterior. Si la oxidación está concentrada cerca de las costuras, los dobleces, combas de carrocería complejas y orillas agudas (que así es casi siempre), la reparación puede ser muy difícil. Todavía después que las reparaciones son hechas, las áreas interiores de la carrocería, donde se colecta la tierra y el agua, todavía van a estar sin protección y oxidación nueva se formará eventualmente.

¿Reparar o reemplazar?

¿Qué opción debe de tomar usted?

Si usted no ha leído la **Introducción a paneles reemplazables** en el Capítulo 1, usted debe de hacerlo ahora. Una vez que la evaluación del daño de la carrocería haya sido hecho, una manera mejor de como ejecutar la reparación se puede determinar. La decisión de reparar una parte de la carrocería que haya sido dañada o reemplazar simplemente el componente depende en varios factores . . .

* *¿Dónde está el daño localizado (en el centro del panel o cerca de las orillas o las costuras)?*
* *¿Qué tan extenso es el daño? ¿Es el panel - y las partes adyacentes - severamente roto, deformado o está solamente abollado y arrugado?*
* *¿Que tan profundo es la abolladura o el pliegue? ¿Se tendrá que trabajar el metal extensamente para volverlo a su contorno original o figura?*
* *¿Se puede aflojar la parte o implica cortar y soldar?*
* *¿Las partes estructurales de la carrocería, la estructura del chasis o unidad compuesta de carrocería/chasis fueron dañadas? ¿Enderezarlas o reforzarlas será requerido?*
* *¿Cuánto tiempo hay disponible para completar la reparación?*

Todas las preguntas de encima tienen que ser contestadas cuando se esté decidiendo de cómo usted se debe de enfocar a cierto trabajo. Si el daño es concentrado cerca del centro de un panel o componente (tal como una puerta) y abolladuras relativamente pequeñas, áreas de pliegues u oxidación son implicadas, la reparación del panel existente sería probablemente el mejor enfoque. Por otro lado, si las partes son severamente deformadas o el metal está roto, reemplazo entero del panel o del componente se preferiría. Si trabajo extenso de enderezar componentes o estructural, trabajo de metal o soldando es requerido, haga que un profesional haga el trabajo - será más fácil vivir con el resultado final.

Recuerde, el tiempo es dinero. Si usted elige de tratar de enderezar y reparar los componentes dañados, ciertamente puede ser hecho, pero pueda que tome tanto tiempo y esfuerzo que usted saldrá adelante comprando una parte de reemplazo o llevar el vehículo a una chapistería para la reparación.

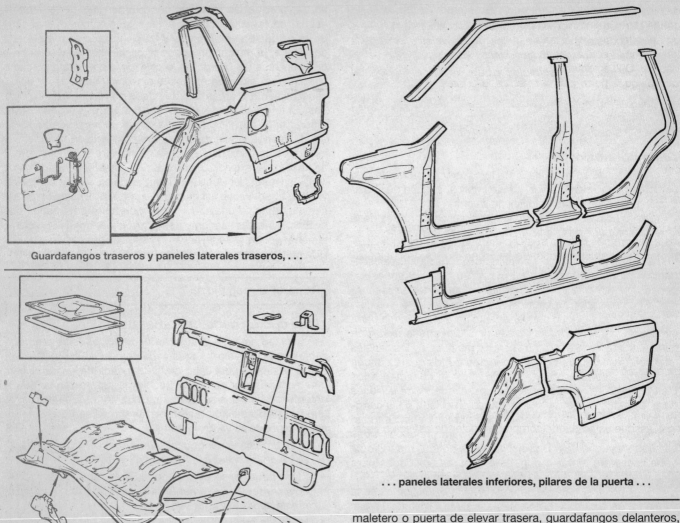

Guardafangos traseros y paneles laterales traseros, . . .

. . . e incluso el cabezal, las partes de la cacerola del piso y los arcos de las ruedas se pueden soldar para reemplazar secciones de la carrocería que estén severamente dañadas u oxidadas

. . . paneles laterales inferiores, pilares de la puerta . . .

maletero o puerta de elevar trasera, guardafangos delanteros, varios refuerzos delanteros, soportes y calzos.

Los componentes soldados incluyen láminas de la puerta, paneles laterales traseros, secciones del techo, pilares, la secciones de la cacerola del piso, paneles laterales inferiores, los arcos de la rueda, guardafangos traseros y virtualmente cada parte formada que el fabricante suelde para formar el conjunto de la estructura de la carrocería o unidad compuesta de carrocería/chasis.

En adición, las partes soldadas se pueden fabricar de hojas de metal para reemplazar secciones pequeñas de la carrocería que se recortó, para reparar particularmente áreas oxidadas. Ellos no tienen ningún efecto en la integridad estructural de la carrocería y son usadas para reemplazar simplemente las áreas relativamente pequeñas de la lamina exterior de la carrocería.

Fuentes para partes de reemplazo

El primer lugar para buscar las partes de reemplazo, si usted tiene el tiempo y necesita tales artículos como una puerta, capó, la tapa del maletero, guardafangos o parachoques delanteros (principalmente partes afianzadas), es un rastro local. La mayoría de las partes atornilladas se pueden obtener a un precio razonable, pero usted tendrá que hacer su propia investigación y posiblemente remover la parte que usted necesita de un vehículo destruido usted mismo (así que con responsabilidad concierna, tales prácticas están

Tipos de partes de reemplazo

Como es mencionado en el Capítulo 1, las partes de reemplazo de la carrocería se pueden clasificar en dos categorías mayores: Esas que pueden ser aflojadas por los tornillos y esas que requieren ser cortadas y soldadas para el reemplazo.

Pernos en los componentes incluyen las puertas, capó,

desapareciendo). Esté seguro de comparar la parte original con la parte de reemplazo antes de comprar algo - detalles que pueden ser importantes pueden ir fácilmente sin detectarse cuando está apurado para ir para el hogar y comenzar a trabajar. Obviamente, es una buena idea de tratar de reemplazar cualquier parte con el color de la pintura en la carrocería del vehículo, pero no cuente con encontrar partes que sean del color correcto. Conciérnase con la condición general de la parte y planee con volver a pintar según sea necesario.

Pernos nuevos para los componentes están también disponible en las refaccionarías y departamentos de partes del concesionario, pero ellos costarán mucho más que los usados. Si usted los compra en un concesionario, y usted obtiene las partes equipadas originalmente, ellas serán de alta calidad y se acoplarán muy bien. Sin embargo, si usted compra partes de una refaccionaría, usted puede obtener componentes baratos e importados que no se acoplarán muy bien, así que asegúrese de que usted entiende las condiciones de cualquier compra, antes de gastar cualquier dinero.

Paneles para la carrocería preformados, paneles para la puerta y las partes estructurales que se deben soldar en posición están disponibles de sus concesionarios y refaccionarías, pero la fuente preferida es el concesionario - usted será asegurado de recibir componentes de alta calidad que serán del tamaño exacto y forma según las originales y ellos se ajustarán perfectamente en su posición. Usted puede obtener partes de acoplación buenas de una refaccionaría también, pero también hay muchas partes de la carrocería de reproducción que son de países extranjeros (particularmente para vehículos domésticos), así que usted puede comprar un dolor de cabeza grande también.

Cómo elegir una buena pintura y una buena chapistería

El dicho viejo que dice "usted obtiene por lo que usted paga" es especialmente verdadero del trabajo profesional de carrocería y trabajos de pintura . . . el mejor trabajo es muy, muy caro y reparaciones económicas son generalmente - no siempre - mal hechas. La razón es la naturaleza intensiva del trabajo. Toma mucho tiempo para hacer un trabajo bueno, y el tiempo es dinero.

Por eso, si usted decide llevar su vehículo a un taller para reparaciones de carrocería o pintura, esté preparado para pagar un valor alto por un trabajo de clase alta. También, cheque alrededor antes de decidir donde va a dejar que se haga el trabajo. Una cantidad pequeña de tiempo gastada chequeando las chapistería en avanzado le pagará al final de cuentas. Un lugar bueno para comenzar es en la guía de las Páginas Amarillas en su teléfono local - la mayoría de las chapisterías buenas (y algunas malas también) anuncian allí. Los amigos y los parientes pueden ser también una fuente buena de información. Después de hacer una lista de los talleres que parecen sobresalir, vaya usted y chequéelo en persona.

No permita que la ubicación del taller lo espante - la mayoría de ellos están localizados en áreas industriales que no puede ser considerados vecindarios buenos. Sin embargo, cualquier taller bueno, a pesar de su ubicación, tendrá seguridad, áreas seguras de almacenamiento adentro, afuera o en ambos, para los vehículos del cliente. Si ellos no los tienen, encuentre uno que lo tenga.

Su primera impresión de cualquier taller se formará cuando usted se acerque a él - si se mira bien, la probabilidad es que el trabajo sea profesional también

¡Si el estacionamiento está lleno de vehículos deportivos y lujosos, el taller puede tener una buena reputación, debido a que los dueños de tales vehículos están generalmente dispuestos y soncapaz de pagar por un trabajo de alta calidad, pero esté preparado para un estimado alto para los costos de reparación y pintura!

Una chapistería consiente tendrá un estacionamiento grande, bien protegido y una área para estacionamiento asegurada para almacenarlos y cubrir los vehículos que no están terminados

Si la oficina se parece a ésta, el taller está obviamente concernido cómo el cliente lo percibe y se esfuerza para tener una apariencia profesional

Una buena chapistería está bien iluminada, con espacio y el ambiente es cuidadosamente controlado

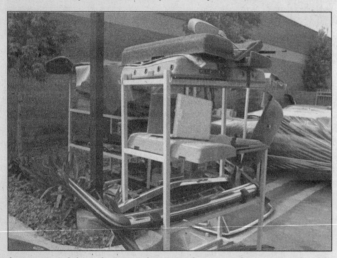

Las partes deben de estar almacenadas en un área separada - no metidas adentro del mismo vehículo ni dispersadas alrededor del taller

Las porciones del vehículo que no se están trabajando o que tienen que ser limpiadas después que el trabajo es terminado deben ser cubiertas - un buen taller se da cuenta de este hecho y protege el interés del cliente

Según usted maneja hacia el taller, note su condición general, cómo el área circundante es mantenida y los tipos de vehículos que esperan ser reparados. Si todos ellos parece ser de modelos más modernos, costosos o vehículos de lujo, usted puede haber tropezado con un taller de primera, pero usted pueda que necesite llamar a su banquero también para un préstamo también grande. ¿Los vehículos que esperan ser entregados a clientes están almacenados adentro o afuera? ¿Ellos están cubiertos o no? No puede ser obvio a primera vista, pero detalles como éstos pueden hacer la diferencia entre un trabajo magnífico de pintura y uno que sea bueno, así que pregúntele al gerente cuando usted tenga una oportunidad.

Cuando usted entre en el edificio, note como el área de la recepción o la oficina está mantenida. ¿Está ordenado y limpio o hay botes de pintura, herramientas, partes de carrocería, estimaciones de reparación y comida regada alrededor del área y está todo cubierto con polvo y pintura? Si está, la operación es menos que profesional y el esfuerzo es muy pequeño para controlar el ambiente en donde su vehículo se pintará.

Pida que le muestren el taller. ¿Está relativamente ordenado y limpio o están las partes y las herramientas dispersadas por todas partes? ¿Está bien iluminado y amplio o oscuro, pequeño y obstaculizado? ¿Los chapisteros y pintores usan uniformes o ropa vieja? ¿Hay abundancia de espacio entre los vehículos que se están trabajando o ellos están muy cerca y apretados? ¿Se ha hecho algún esfuerzo para proteger los interiores de los vehículos y las porciones exteriores que requieren trabajo? Note como las partes de reemplazo y la partes removidas de los vehículos durante la reparación son operadas. ¿Son ellas empujadas en el interior del vehículo o marcadas y almacenadas ordenadamente en un área separada?

Trate de ver como las pinturas, los solventes y otros fluido volátiles son manejados y almacenados. ¿Hay ventiladores de escape usados para mantener el taller ventilado y limpio? ¿Hay aspiradores de vacío o equipo de colectar polvo usado para controlar el polvo o es permitido llenar el taller y que se asiente sobre todo a la vista? ¿Hay extintores cercano?

Busque por una instalación fija para enderezar chasis,

No vaya a un taller que trate de poner muchos vehículos demasiados juntos según son reparados - en esta hay abundancia de lugar y el equipo especial es usado para levantar el vehículo a una altura cómoda para trabajar (que resulta en un mejor trabajo de reparación)

Si las herramientas y los materiales están ordenadamente almacenados y mantenidos organizadamente y limpios, es una indicación que el gerente del taller y el chapistero comparten una actitud profesional

Las reparaciones en los vehículos modernos, si ellas son hechas correctamente, requieren un equipo de alineación sofisticado tal como este

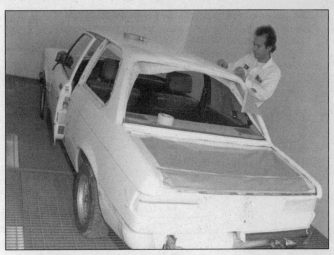

Toda aplicación de cinta y pintura debe ser hecho en una facilidad separada para asegurar un trabajo profesional

Los toques finales realmente cuentan - algunas chapisterías limpian y lavan el vehículo recientemente pintado antes de que sea regresado al dueño

equipo de soldadura moderno y áreas separadas para poner las cintas de aislar y cabinas de pintar.

Trate de echarle una mirada cerca a algunos trabajos de pintura recientemente completados si tierra y pelusa está atrapado en la pintura. Busque por corridas, desperfectos y si la cobertura es uniforme y completa. ¿Se enmascaró cuidadosamente todas las partes o hay pintura por todas partes en los pedazos de las molduras? Si se observa bien, las probabilidades son de que todo esté hecho bien.

La prueba verdadera será si el dueño o gerente le puede otorgar los nombres de clientes recientes para que usted se pueda poner en contacto con ellos para preguntarles si ellos están satisfechos con el trabajo hechos en sus vehículos. Si hay cualquier titubeo del todo, dele gracias a la persona con que usted está tratando y váyase. Si usted encuentra uno que se vea profesional, con empleados corteses y amables, y ellos están dispuestos a ponerlo en contacto con clientes recientes, usted puede parar de buscar por un buen taller.

Notas

Capítulo 4
Herramientas y facilidades de trabajo

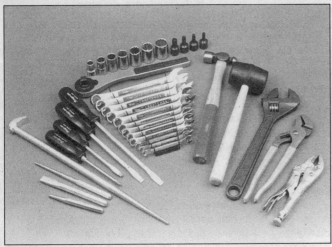

Muchas de las herramientas usadas para las reparaciones mecánicas de los automóviles son también necesitadas para el trabajo de chapistería - las llaves, los dados, las matracas, los destornilladores y los alicates todos deben estar disponibles

Los martillos de carrocería son necesarios para alinear y moldear los paneles de metal laminado. Ellos tienen una superficie ancha, casi plana y lisa en una punta (son normalmente redondo, pero pueden ser cuadrados) que son desde de 3/4-pulgada a 1 1/2-pulgadas de diámetro. Las orillas son redondas para prevenir la formación de abolladuras agudas si el metal laminado es golpeado con el martillo sostenido en un ángulo leve - si las orillas en los martillos que usted tiene son agudas, redondéelas con papel de lija mojada o seca de grados progresivamente más finos. El final opuesto de la cabeza del martillo es generalmente puntiagudo o cónico y es usado para aplastar las áreas que tienen un chichón y lugares altos

Herramientas y equipo

Además de las herramientas normalmente encontradas en cualquier caja de herramientas de un mecánico, tales como dados y matracas, llaves con puntas abiertas y puntas cerradas, destornilladores, alicates, etc., hay muchas herramientas específicamente diseñadas para el trabajo de chapistería que se necesitarán para reparar apropiadamente las partes de metal retorcidas, aplicar, trabajar masillas y lijan los paneles de la carrocería en preparación para soldarlos o pintarlos. Ellos son desde sencillos sufridores de hierro fundido a sofisticado (costoso) enderezadores hidráulicos para el chasis de tipo unibody.

Las dos herramientas básicas necesitadas para el trabajo de chapistería son el martillo de carrocería y el sufridor. En general, el martillo es usado para aplicar tensión (y forma) en el metal, mientras que el sufridor lo mantiene para que no se mueva demasiado distante. Hay docenas de diferentes tipos

Aquí un martillo de chapistería es usado para reformar una porción de un panel lateral trasero

Los sufridores son usados para sostener el lado ancho y plano de los golpes del martillo cuando se esté formando los paneles de la carrocería . . .

de martillos y diseños de sufridores, cada uno con forma diferente, un tipo diferente de abolladura o curvatura en un panel de metal de la carrocería, pero solamente cuatro o cinco de cada uno son realmente necesarios para la mayoría de los trabajo de chapistería.

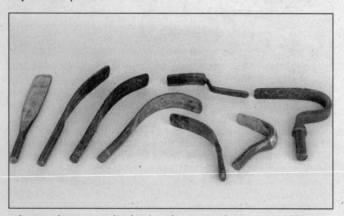

Las cucharas para la chapistería son usadas como sufridores, pero ellas alcanzarán en áreas apretadas donde no se puede atacar. Debido a que ellas vienen en muchas formas y tamaños, es fácil de encontrar una que empareje a la forma del panel

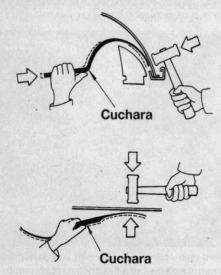

Cuchara

Cuchara

Cuchara para la chapistería en uso

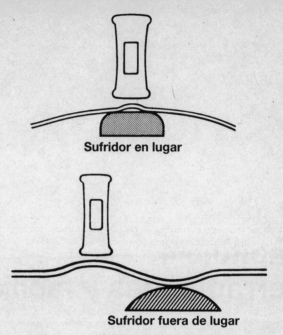

Sufridor en lugar

Sufridor fuera de lugar

. . . y puede ser usado directamente en el área de atrás para ser golpeada por el martillo o hacia afuera a un lado - según el martillo golpea el metal laminado, el sufridor es golpeado y expulsado, entonces regresa, dándole forma al panel en la parte del lado trasero en el proceso

Otra herramienta básica debe de permanecer en la caja de herramienta del chapistero - la cuchara para la carrocería. Una cuchara es básicamente otra forma de sufridor, diseñada con una manija para que usted pueda alcanzar áreas que usted no puede alcanzar con un sufridor convencional. Las cucharas se pueden usar también como un martillo de superficie grande para remover golpes.

Palancas especialmente diseñadas para la reparación de la carrocería están disponibles en varios tamaños. Ellas están diseñadas para ser insertadas a través de orificios en la orilla del panel (tal como los orificios de drenaje de la puerta) para hacerle palanca al panel hacia atrás y moldearlo desde la parte trasera.

El extractor de abolladura es a menudo la primera herramienta usada cuando usted comienza a enderezar el área dañada. La mayoría de los extractores de abolladura son un

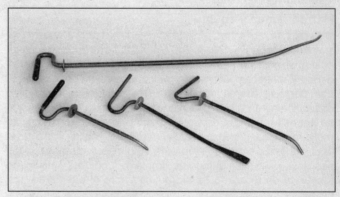

Herramientas para hacer palanca son usadas para hacerle palanca a los paneles de la carrocería para ponerlos dentro de forma. Ellos son preferible que extractores de abolladura si el área retorcida está accesible y hay como hacer contra palanca. Ellos pueden ser insertados a través de los orificios de drenaje y aberturas pequeñas en el lado de la parte trasera de los paneles

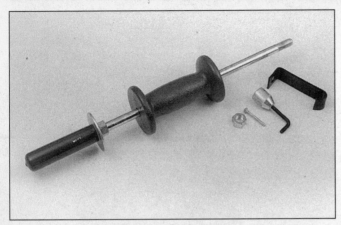

Los extractores económicos de abolladuras de martillo resbaladizo con puntas intercambiables están extensamente disponible en las refaccionarías

Un extractor de abolladura de tipo martillo resbaladizo es esencial para halar los paneles otra vez dentro de sus lugares antes de reformarlos

diseño de martillo resbaladizo y los mejores tienen puntas reemplazables que usted puede usar tornillos o ganchos en forma de L para conectarlo al martillo resbaladizo de metal que se va a enderezar. Recuerde cuando usted esté usando un martillo resbaladizo - todo esos orificios que usted hace para conectar el martillo resbaladizo al metal laminado se tendrán que llenar.

Un tipo más sofisticado de extractor de abolladura está también disponible. Éste usa pequeñas clavijas de soldadura en el metal laminado para halar y no requiere hacer orificios taladrados en la carrocería. Éste tipo de herramienta es generalmente usada solamente por chapisterías profesionales, debido a que usted tendría que hacer muchos trabajos de chapisterías para justificar su costo, pero es capaz de hacer un trabajo mucho más limpio de remover el metal laminado que el extractor de abolladura de martillo resbaladizo con un tornillo en la punta.

Otro tipo de extractor de abolladura que se puede usar a veces para enderezar los paneles de la carrocería son las ventosas de succión. Ellas son usadas principalmente donde el metal no se ha arrugado ni ha sido estirado, tal como cuando un panel de la puerta se ha apenas hundido. La ventosa de extracción para las abolladuras, en este caso, a menudo remueve el golpe del panel, dejando solamente un pequeño daño del metal laminado para ser reparado. Ellas también son útiles para detener el vidrio cuando usted esté removiendo o instalando las ventanas.

Una vez que el metal laminado es enderezado, las dos herramientas usadas muy a menudo para el trabajo de chapistería son la lima de metal y la lima llamada "rallador de queso." La lima de metal es usada para limpiar, formar y poner los paneles de metal en superficie. Se compone generalmente de dos pedazos - la curva con los dientes y la manija conectada a ella. La manija (o poseedor) es generalmente ajustable, así que la lima se puede curvar para emparejar la superficie de metal para ser trabajada (a causa de esta característica se les llama a veces una lima flexible). La lima llamada Surform no se usa para trabajar metal, pero para formar el material plástico llenador para la carrocería. Es un diseño muy abierto de dientes que permite cortar el material de masilla para que se escape, con centenares de dientes muy agudos pequeños que trabajan rápidamente el material plástico antes de que se endurezca completamente.

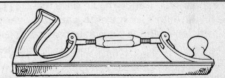

La lima flexible puede ser ajustada para conformarse a la forma general de las secciones de curva de la carrocería y es usada para moldear y darle figura al metal

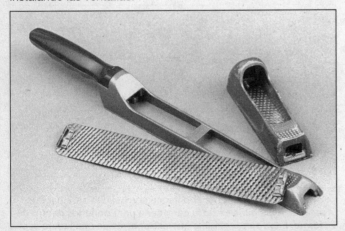

Las herramientas de tipo Surform vienen en varios tamaños, tienen hojas reemplazables . . .

. . . y son excelente para formar una superficie áspera del llenador para la carrocería porque ellas cortan rápidamente y no se atascan

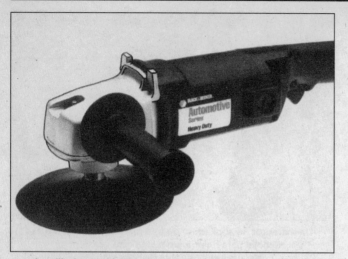

Las lijadoras eléctricas, pulidores y esmeriladoras están disponibles por muchos fabricantes - esté seguro de comprar una que sea para trabajo pesado

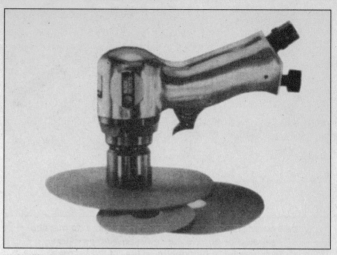

La lijadora de aire de disco es ideal para trabajos livianos . . .

Las lijadoras de aire o eléctricas son absolutamente necesarias para hacer el trabajo de carrocería. Varios tipos están disponibles, inclusive lijadoras de disco, lijadoras de acción doble (DA), lijadoras de acción orbital, lijadoras de línea recta y lijadoras de banda. Las lijadoras de aire de disco son usadas para trabajos ligeros tales como remover pintura. Ellas son livianas, compactas y producen baja rpm y un par de torsión alto, así que hay un poquito de calor producido. Las lijadoras de doble acción tienen una característica de rotación doble que previene que se formen rasguños. Ellas son usadas principalmente para un lijado áspero del metal y masillas plásticas. Las lijadoras de acción orbitales tienen una almohadilla de lijar grande que las hace útil para remover las imperfecciones de las superficies pequeñas. Ellas son generalmente usadas para hacer algo áspero o un lijando medio de la masilla plástica. La lijadora de línea recta es excelente para remover pintura o rebajar superficies grandes de plástico, pero dejan marcas definidas de rasguño que tendrán que ser lijadas luego hacia afuera antes de pintar. Recientemente las lijadoras de tipo banda accionadas por aire tienen un precio adentro del alcance de cualquier chapistero de hogar. Ellas pueden ser

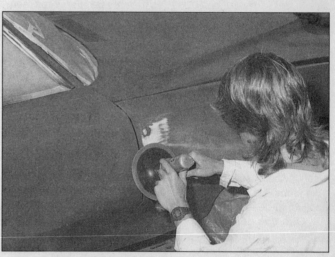

. . . como para lijar pintura y llenador para la carrocería

usadas en recesos estrechos o profundos que no pueden ser alcanzados con una lijadora de disco y son muy útiles para remover pintura de una soldadura.

Ellas son también útiles para dar brillo, debido a que su velocidad baja lo hace difícil de quemar la pintura

La lijadora de doble acción es usada para formar rápidamente el llenador para la carrocería, también como el trabajo de terminado, y deja un final libre de círculos

La lijadora orbital es magnífica para remover el llenador para la carrocería de ambas superficies, verticales y horizontales

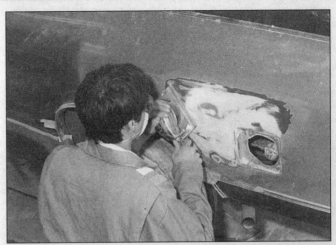

Debido a que tiene una almohadilla grande de lijar, la lijadora orbital es muy útil en las superficies planas grande

La lijadora de línea recta tiene una almohadilla excepcionalmente larga que puede hacer puente en áreas rellenadas . . .

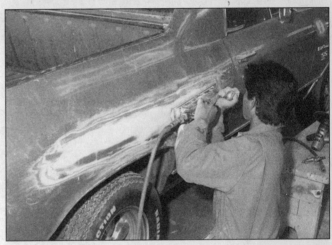

. . . y es particularmente bien equipada para lijar rápido el llenador de la carrocería en las superficies planas larga

Un martillo de aire con una selección de cabezas de cinceles es una herramienta requerida para cualquier reparación de la carrocería que requiera reemplazo del panel. Es casi imposible remover un panel con una antorcha de cortar sin alabear los paneles circundantes o que cojan fuego los componentes inflamable, tal como el tapiz del techo, molduras de los paneles de la puerta, etc. El cincel de aire se puede usar para hacer cortes limpios y, si se tiene cuidado, los cortes que tengan un mínimo de metal estirado en las orillas, haciendo la soldadura del panel nuevo más fácil. Las sierras eléctricas y accionadas por aire para los paneles están también disponibles. Ellas trabajan muy bien para recortar pilares de la puerta, paneles laterales inferiores y otros componentes estructurales.

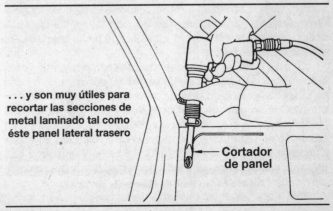

. . . y son muy útiles para recortar las secciones de metal laminado tal como éste panel lateral trasero

Cortador de panel

Cortador de panel

Cincel plano

Herramienta para martillar

Los martillos de aire aceptan muchos tipos diferentes de cinceles, son bastante económico . . .

Las lijadoras eléctricas vienen en muchos tamaños diferentes - uno de los tipos más útiles es éste diseño compacto que se puede usar también para simplemente lijar substituyendo un disco de lijar por la rueda de esmerilar

Una brocha de alambre instalada en un taladro eléctrico se puede usar para remover la oxidación antes de la aplicación del llenador para la carrocería o más cebador

Las lijadoras vienen en dos tipos - de aire y eléctricas - cada una con ventajas y desventajas. Las lijadoras de aire son generalmente mucho más livianas y son generalmente más poderosas, haciéndolas más fácil de usar en trabajos grandes tales como paneles o rectificaciones tales como lijar soldaduras grandes. Sin embargo, ellas generalmente no pueden ser usadas para lijadoras livianas o dar brillo, simplemente porque ellas giran demasiado rápido. Las lijadoras eléctricas, por otro lado, a menudo se pueden usar para dar brillo y pulir igual que lijar. Sin embargo, las lijadoras eléctricas se deben usar con caución, debido a que algunas de ellas son demasiado poderosas (y giran demasiado rápido) para usarlas para lijar o dar brillo en la superficie pintada.

Una de las herramientas más indispensables es el taladro eléctrico común. Uno con un porta broca de 3/8-pulgada debe ser suficiente para la mayoría de los trabajos de reparaciones de carrocería. Reúna varios tipos diferentes de brocha de alambre para usar en el taladro y asegúrese que usted tiene un conjunto completo de brocas bien afiladas (para taladrar metal, no madera).

¡Compre un compresor que pueda manejar las demandas de su herramienta de aire más grande y manténgalo regularmente!

Mantenga en mente que las herramientas de aire requieren también una fuente de poder - en este caso un compresor. Si usted planea de aplicar más cebador o pintura, un compresor se necesitará de todos modos, así que compre uno lo suficiente grande para mantener las demandas de una pistola de pintar y cualquier herramienta de aire que usted usará. No compre un compresor que sea demasiado pequeño para el trabajo. Usted necesitará también mangueras de aire y conectores de acoplación rápida para adaptar las varias lijadoras accionadas por aire, lijadoras y pistolas de pintar usadas para el trabajo de chapistería.

Si usted intenta enderezar cualquier estructura mayor del automóvil, una selección de gatos hidráulicos para carrocería es absolutamente necesario. El suministro de poder hidráulico a través de un gato de carrocería es a menudo solamente la única manera de suficiente fuerza que puede ser aplicada a un componente para poderlo enderezar otra vez. Esto es especialmente verdadero de los pilares del techo y la puerta. Los gatos de carrocería pueden también ser usados hasta un límite para enderezar el chasis y, por supuesto, son muy útiles para enderezar componentes doblados del unibody.

Los gatos para la carrocería son usados para empujar los miembros estructurales adentro de su forma otra vez antes de terminar el trabajo

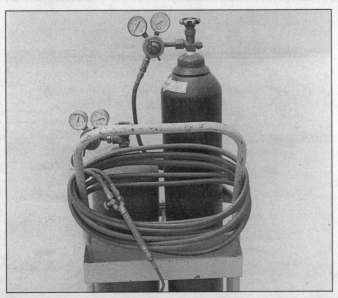

Un equipo típico de soldadura de acetileno y oxígeno

Una soldadora MIG (soldadora al metal con gas inerte) típica

Las MIG (soldadoras al metal con gas inerte) son capaces de maniobrar virtualmente todos los trabajos de soldaduras asociados con reparaciones de la carrocería - ellas son relativamente fácil de usar, produciendo una coyuntura superior en la soldadura y no alabeará el metal laminado

Soldadura de gas es usada para conectar los paneles del metal laminado y removerlos, no para soldar miembros estructurales

Si usted va a estar implicado en el procedimientos de reparación mayor de la carrocería, equipo de soldar y de cortar son absolutamente necesario. El tipo más común y familiar de equipo de soldar es el juego de acetileno y oxígeno - también conocido como un soldador de gas - que se puede usar para cortar con una llama, soldar acero y bronce. Se compone de dos tanques, o cilindros (uno que contiene oxígeno y otro que contiene acetileno), un regulador para cada tanque, mangueras, antorchas y puntas para diferentes aplicaciones, protección para los ojos, un prendedor de chispa para prender los gases y generalmente una carreta de mano para el almacenamiento y el transporte de los cilindros de gas. Los equipos relativamente económicos compactos de acetileno y de oxígeno están disponibles a través de varias fuentes - ellos deben ser adecuados para los tipos de soldadura asociada con las reparaciones de la carrocería.

Varios tipos de máquinas de soldar eléctricas de arco son adaptables para el uso en los procedimientos de reparación de carrocería. Ellas incluyen un soldador convencional del arco (ambas versiones de AC tal como DC son disponibles), MIG (soldadora al metal con gas inerte) y soldadura TIG (soldadura al tungsteno en gas inerte), que son soldadores de arco que usan gases inertes para proteger la soldadura (que produce una coyuntura superior de soldadura) y soldadores eléctricos de punto de arco.

Soldadura de gas es usada para conectar partes relativamente finas de metal laminado tal como láminas de la puerta, paneles laterales traseros, paneles laterales inferiores, etc. y para soldar en pequeñas áreas para la reparación de áreas oxidadas. Si la reparación requiere de soldadura de acero de espesor grueso, tal como miembros del chasis y refuerzos de la carrocería, soldadura de arco, preferiblemente MIG o soldadura de tipo TIG, es mejor que soldadura de gases. Desde que operan en voltaje y corriente baja, el equipo de soldador MIG se puede usar también para soldar paneles finos sin el temor de alabearlos. Aunque soldadura al tungsteno en gas inerte puedan ser usadas en una gran variedad de materias, ellas no han gozado la aceptación esparcida en el campo de la reparación de la carrocería del vehículo. Soldadura eléctrica en lugar de arco es usada principalmente en la producción de fábrica de las partes soldadas de metal laminado. Aunque es usada extensamente en chapisterías profesionales, realmente no es un pedazo necesario del equipo para el chapistero del hogar.

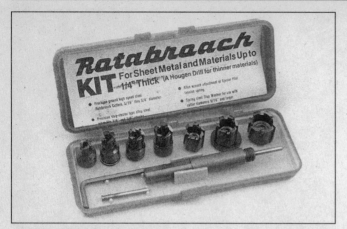

Cuando se instale en un taladro eléctrico, una herramienta como esta es magnífica para taladrar pequeñas soldaduras para remover los paneles

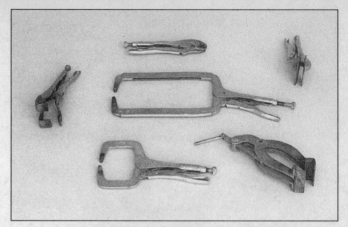

Los alicates autobloqueantes, vienen en una variedad de formas y tamaños, . . .

Sin embargo, cortadores especiales (taladros y sierras de orificio) que se puedan usar con un taladro eléctrico están disponible para cortar soldaduras pequeñas cuando remueva los componentes. Ellos son muy útiles porque ellos previenen el daño y la distorsión de paneles circundantes.

Algunas de las herramientas más útiles que usted puede tener, especialmente cuando esté soldando paneles de metal laminado, son alicates autobloqueante de tipo abrazadera. Ellos están disponibles en varias configuraciones para poner abrazadera y detener el metal laminado durante las reparaciones de la carrocería. Ellos son rápidamente e infinitamente ajustables y pueden ser conectados y pueden ser removidos con una mano.

No debe de dejar pasar por alto cuando esté discutiendo de herramientas requeridas para el trabajo de metal laminado son los varios tipos de tijeras de hojalatero necesarias para cortar y fabricar remiendos del metal laminado. Comúnmente conocido como "tijeras de hojalatero," las mejores para el trabajo son verdaderamente las "tijeras de hojalatero compuestas de apalancamiento" (aunque ellas son tijeras de hojalatero también llamadas de aviación). Usted necesitará un juego de tres - una para cortar en una línea recta, una para cortar en curvas a la izquierda y una para cortar en curvas a la derecha.

Para ésos en un presupuesto limitado, remaches pueden

. . . son indispensable cuando se esté conectando los paneles de la carrocería

ser usados para afianzar los paneles de la carrocería y el metal laminado en su posición como un substituto para la soldadura. Sin embargo, mantenga en mente que la cabezas del remache deben ser puestas en receso para evitar de tener que usar cantidades de exceso de llenador para la carrocería para esconder los remaches. Compre una herramienta de remache de buena calidad y remaches de acero si éste método es usado.

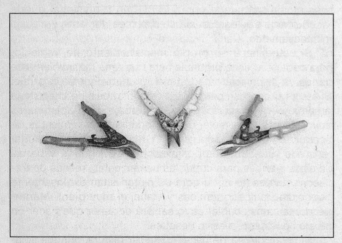

Tijeras de hojalatero compuestas de tipo de apalancamiento son magníficas para cortar metal laminado (ellas vienen en versiones rectas, de mano izquierda y de mano derecha)

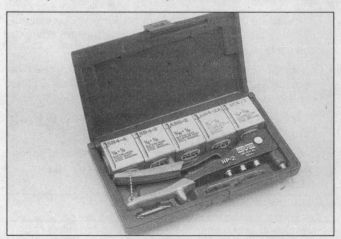

Los remaches, que requieren una herramienta de instalación especial, se pueden usar para abrochar los paneles de la carrocería en su posición

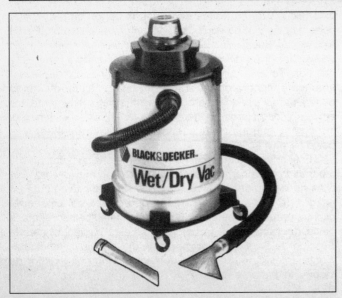

Una aspiradora buena de taller es una herramientas valiosas que usted puede tener alrededor, particularmente si intenta de hacer cualquier pintura y la necesidad de controlar el polvo producido cuando se lija

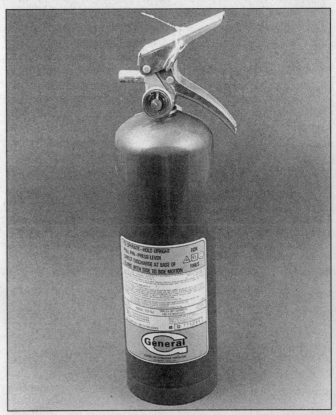

¡Tenga un extintor de químico seco cercano y sepa cómo usarlo!

Un equipo muy útil de tener a la mano es una aspiradora. No se robe la aspiradora cara Electrolux de su esposa - use una aspiradora industrial de taller para mantener el polvo y los residuos bajo control. Si usted mantiene el vehículo y el área de trabajo limpia, el resultado final, especialmente si usted está haciendo la pintura, será mucho mejor.

Equipos de seguridad - quizás los artículos más importantes necesitados - son generalmente pasados por alto durante cualquier discusión de herramientas. Desde que la seguridad es verdaderamente una cuestión del sentido común, . . .

- esté seguro de comprar y usar una máscara buena de calidad para el polvo cuando esté lijando

- si se va a pintar, use un respirador para mantener la pintura fuera de sus pulmones

- cuando esté esmerilando y lijando, use un protector para la cara o gafas de seguridad, no solamente lentes de seguridad

- cuando esté esmerilando en el metal por períodos extendidos, use tapones para los oídos (¡usted estará contento que usted lo hizo!)

- nunca haga ningún tipo de soldadura sin la protección adecuada para la cara y los ojos (soldadura de arco es especialmente perjudicial para los ojos)

- ¡compre un extintor de fuego que se pueda usar en fluidos inflamable y manténgalo cerca siempre!

Información adicional importante relacionada a la seguridad puede ser encontrada en el Capítulo 1.

Facilidades de trabajo

Las chapisterías y talleres de pintura tienen generalmente facilidades elaboradas grande (por lo menos las buenas lo hacen), con áreas específicas apartadas y diseñadas para el trabajo de chapistería, enderezar el chasis, cinta de aislar, pintar, secar la pintura y almacenar las herramientas, equipos y los materiales. Ellos están equipados también con un sistema de control para el polvo y ellos tienen abundancia de luces fluorescentes y salidas de aire estratégicamente instaladas alrededor del taller.

Obviamente, el chapistero del hogar no tendrá el lujo de trabajar en tales facilidades. Él tiene suerte si un lado del garaje puede ser asumido para poder trabajar en el vehículo. ¿Y que tal pintar? Bien, eso es casi siempre hecho afuera en un día calmado o en un garaje mal iluminado o obstaculizado. Verdaderamente no es tan malo como suena - resultados muy bueno (casi tan bueno como lo que un profesional puede hacer) puede ser logrado si usted planea adelante y trabaja cuidadosamente.

Si usted hace su propio mantenimiento de vehículo, entonces usted tiene probablemente un área razonablemente grande ya disponible para trabajar, probablemente un garaje. ¡Si ése es el caso, se puede usar para el trabajo de chapistería también, pero déjeme avisarle - el trabajo de chapistería es muy sucio! Si es posible, mueva todas sus herramientas de mecánico y equipo hacia afuera y almacénelos en un lugar separado. Si eso no es posible, obtenga algunas sabanas plásticas grandes para cubrir las herramientas, mesas de trabajo y estantes (telas de gota de pintor están extensamente disponible, muy económicas y trabajan muy bien). Manteniendo las cosas cubiertas lo salvará de tener que hacer un trabajo de limpieza masivo después.

Si usted planea de hacer cualquier pintura, aunque solamente sea la aplicación de cebador, usted necesitará mojar el piso del garaje antes de aplicar cualquier cebador o pintura (esto minimiza las partículas pequeñas de polvo en el aire que acabarán inevitablemente pegando a la pintura), así que mueva todo fuera del piso y póngalo encima de estantes u otra ubicación, antes de empezar cualquier trabajo en la carrocería. Mover las cosas fuera del camino no sólo mantendrán que se mojen, pero también será más fácil de trabajar alrededor del vehículo. A menos que el garaje tenga varias luces fluorescentes encima, es una buena idea de hacer una unidad de luz portátil de cuatro luces fluorescente fijas (del tipo comúnmente disponible en las tiendas de artículos para el hogar) para proporcionar la luz adecuada cuando se esté pintando. Usted puede mover la luz alrededor según usted pinta las diferentes secciones del vehículo - esté seguro de proteger los tubos de las luces con una cubierta de plástico dura o un protector de malla de alambre tieso.

A causa de su naturaleza desordenada, hacer el trabajo de chapistería afuera es una buena idea, siempre y cuando el tiempo coopere. Asegúrese que haya una superficie suficiente grande de cemento o asfalto para trabajar y no use muchas extensiones de cordones demasiados largos para conectar herramientas y otros equipos. Si la pintura es hecha afuera, es todavía una buena idea de mojar el área alrededor del vehículo y esperar por un día que esté calmado, nublado y levemente húmedo. Todavía bajo las mejores condiciones, no hay absolutamente manera de garantizar un buen resultado cuando pinte afuera - el viento se puede levantar repentinamente, los árboles y los pájaros pueden dejar caer cosas en el vehículo, los bichos pueden volar adentro de la pintura mojada y el polvo es inevitable.

Esté advertido que muchas de las materias usadas para la reparación de la carrocería y las pinturas son muy peligrosas - ellas no deben ser inhaladas y ellas son definitivamente un peligro de fuego, así que algún tipo de área de almacenamiento, preferiblemente un gabinete de metal, se necesitará, a pesar del tamaño del trabajo que se está haciendo. ¡Lea la Sección de *Seguridad primero!* en el Capítulo 1 inmediatamente antes de comenzar el trabajo! ¡Y tenga un extintor de fuego a la mano siempre!

Capítulo 5
Reparaciones menores de la carrocería

Retocando pintura negra sin esmalte

Los pedazos de moldura sin brillo o negro satinado que se hayan rasguñado o desteñido su color puede ser restaurado con pintura que está comúnmente disponible en botes de aerosol en sus refaccionarías. Esté seguro de comprar el tipo correcto de pintura para su aplicación particular. Pintura automotriz para las molduras que son diseñadas para las molduras laterales de la carrocería, aluminio, acero, acero inoxidable y plásticos automotrices normalmente usados para artículos de moldura es un tipo. Otro tipo es hecho especialmente para ser usado en parachoques negros y molduras de parachoques. Cualquier tipo que usted use, esté seguro de seguir las instrucciones en el recipiente.

Esté seguro de enmascarar las partes adyacentes y paneles de la carrocería para evitar daño por el sobrerocío de la pintura (vea Capítulo 8). Los pedazos de la moldura se deben limpiar con una cera/removedor de silicona (tal como DuPont **Prep-Sol**, Ditzler **Acryli-Clean** o 3M **Limpiador de Adhesivo para Propósito General y Removedor de Cera**) y cualquier rayón debe ser "lijado hasta que se mezcle" antes de la aplicación de cualquier pintura.

Detenga el bote de pintura boca abajo y lo sacude por lo menos un minuto más después de oír que las bolas del agitador comienzan a cascabelear. También, sacuda el bote de pintura frecuentemente durante el uso. Usted pueda que quiera comprar un mango especial para manejar el bote cuando usted compre la pintura. El mango hace la pintura con un bote

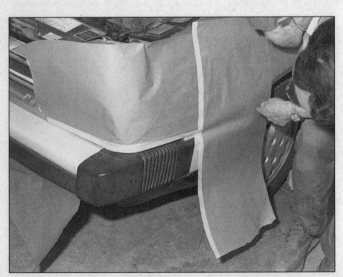

Cuando retoque o vuelva a pintar los pedazos plásticos de las molduras, use cinta de aislar y papel para proteger los paneles adyacentes de las partículas de pintura que andan flotando en el aire

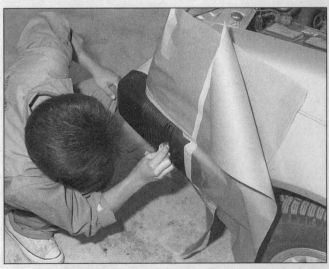

Use un solvente removedor de cera/silicona en los pedazos de la moldura antes de aplicar cualquier pintura

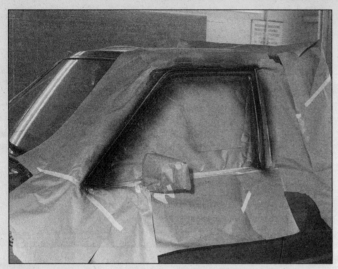

Remueva la cinta de aislar en cuanto la pintura de la moldura esté seca - si la deja por demasiado tiempo, ¡será muy difícil de remover!

El adhesivo para el burlete y un solvente especial se necesitarán cuando usted instale el burlete nuevo o esté pegando nuevamente el original

sea más cómoda y permite mejor control del patrón de pintura.

Después de completar la pintura, remueva los materiales de cinta de protección tan pronto la pintura esté seca - no los deje por demasiado tiempo.

Reemplazando burletes

Burletes (y los sellos como el tipo usado alrededor del interior del parabrisas) es usado para cerrar aberturas en la carrocería para prevenir que entre agua, tierra, vapores, ruido, etc. y para prevenir que aire se escape de la carrocería (la mayoría de los ruidos de viento son verdaderamente fugas de aire del interior presurizado del vehículo a velocidades de carretera).

Debido a que la mayoría de los protectores contra la intemperie en los vehículos modernos son hecho de caucho o compuestos como caucho, son muy susceptibles al desgaste, daño y deterioración. Además, a menudo deben ser removidos

para realizar procedimientos de reparación de la carrocería, que significa que deben ser reinstalados o puesto en posición nuevamente después que las reparaciones se hayan completado.

Los burletes son sostenidos en su posición por uno de dos métodos: Adhesivos o dispositivos mecánicos que lo afianzan (generalmente metal o abrazaderas de tipo de plástico o secciones exprimidas) o una combinación de ambos. Remover el protector contra la intemperie sostenido en su posición por afianzadores mecánicos es bastante sencillo y el procedimiento para seguir será evidente. Remover el burlete sostenido en su posición con un adhesivo resulta generalmente en daño o destrucción del burlete mismo, así que esté preparado para instalar el material nuevo. También, un tubo de adhesivo se necesitará, en conjunto con solvente especial, cuando esté conectando el burlete o pegando el original.

Cuando esté inspeccionando el burlete alrededor de las puertas, la tapa del maletero y la puerta elevadora trasera, esté seguro de chequear la alineación de los componentes de la carrocería, debido a que un componente fuera de alineación no sellará apropiadamente aunque tenga un buen burlete. Cuando la alineación es correcta, el burlete se comprime uniformemente cuando está cerrado, permita que la orilla del bur-

Aplique tiza al burlete, . . .

. . . entonces cierre la puerta o el maletero/puerta de cargo trasera que se eleva y vea si la tiza es transferida uniformemente - si no es transferida, el burlete no sellará bien

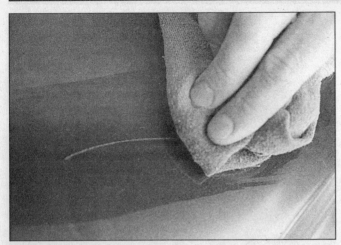

Aplique removedor de cera/silicona al área rasguñada, . . .

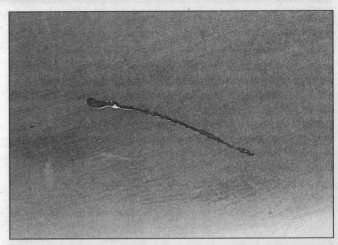

. . . entonces llene el rayón con pintura (construya varias capas delgadas en vez de una gruesa)

lete haga un contacto completo sin interrumpir alrededor del componente sin ser aplastado.

La mejor manera para chequear el ataque del burlete es con tiza suave. Use polvo de tiza de carpintero (azul para pintura ligera, blanco para pintura oscura) o tiza de un taller de suministro para arte. La tiza típica, blanca o amarilla usada para escribir en las pizarras hace generalmente también el trabajo apropiadamente. Aplique la tiza completamente alrededor del burlete, entonces cierre la puerta o la tapa del maletero. La tiza debe transferirse uniformemente a la carrocería en una línea continua e intacta si el burlete está sellando apropiadamente.

Esté seguro de aplicar protector de caucho y vinilo a todos los burletes cada vez que usted lava el vehículo. Esto asegurará que la deterioración debido a sustancias químicas y exposición a la luz ultravioleta es mantenida a un mínimo.

Reparación de rayones en la pintura

El daño de la carrocería se puede dividir generalmente en cuatro categorías: los rayones menores que no penetran completamente al metal, pequeños orificios y abolladuras pequeñas que se pueden llenar sin remover el metal, abolladuras mayores que requieren trabajo del metal antes de llenarlo, y "¿donde comenzamos en este lío?"

En este Capítulo nosotros echaremos una mirada a la reparación de rayones y abolladuras menores - ambos se pueden reparar fácilmente, pero solamente si usted está dispuesto a invertir el tiempo de hacer el trabajo correcto.

Reparar un daño mayor es, en muchas maneras, más fácil que reparar un rayón o abolladuras menores, simplemente porque usted está casi empezando de un principio y construyendo una parte nueva de la carrocería. Cuando esté tratando con una reparación menor, aunque, es fácil de pegarle un poco menos de atención que usted hará normalmente, y cuando la reparación sea terminada usted encuentra que, porque usted no la lijó adecuadamente como usted debería haber hecho, o puso un poco menos de atención cuando atomizó la pintura, la reparación se observa tan mal como el daño original.

El secreto para la reparación de un rayón menor y reparación de una abolladura es de tomar su tiempo, haga el trabajo cuidadosamente (especialmente desde que usted estará generalmente trabajando con un área muy pequeña) y NO HAGA

MÁS TRABAJO DE LO NECESARIO. Muchos trabajos menores de reparación se vuelven proyectos mayores simplemente porque la persona haciendo el trabajo no supo donde parar de lijar, de rectificar o pegarle al metal.

Comencemos observando la mejor manera de remover los rayones de un trabajo de pintura.

Rayones menores

Los rayones menores, que no penetran a través de la pintura, pueden ser reparados simplemente limpiando el área rasguñada con una cera/removedor de silicona y llenar el rayón con pintura de retoque. Si el recipiente de pintura incluye un aplicador, úselo - de otro modo, use un palillo de dientes o cuidadosamente aplique la pintura ligeramente en el rayón (la aplicación de varias capas delgadas es mejor que una gruesa). Después que la pintura se haya secado por varios días, use la hoja de una cuchilla nueva para remover el exceso de pintura hasta que se quede a nivel. Pulidor compuesto o un compuesto de pulir muy fino puede ser usado luego para mezclar la pintura nueva con la vieja. Aplique una capa de cera y usted ha terminado. **Nota:** *Si el vehículo tiene una capa transparente sobre la pintura, aplique una o dos capas MUY DELGADAS de retoque transparente en el área reparada. Si usted no hace esto, el color del área reparada no emparejará con el resto de la carrocería.*

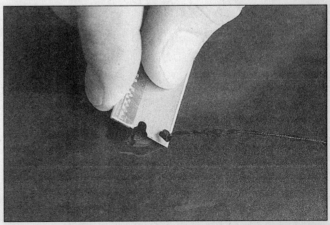

Use una navaja para remover el exceso de pintura y haga que el área rellena esté pareja con la pintura alrededor

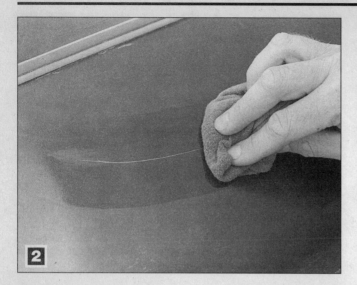

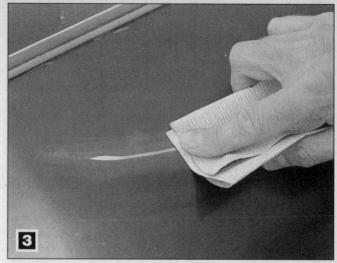

Rayones profundos

Nota: *Las siguientes fotos están codificadas para el procedimiento de paso a paso con un número en las ilustraciones en la parte izquierda superior de cada ilustración. El número es correspondiente al número para el paso del procedimiento.*

Los rayones severos, resultando en pintura astillada, metal laminado expuesto y quizás todavía un pliegue o abolladura en el metal, son más difíciles y consumen más tiempo para reparar. Usted necesitará los siguientes materiales para este trabajo . . .

- Tela libre de pelusa
- Cera/removedor de silicona (DuPont **Prep-Sol**, Ditzler **Acryli-Clean** o 3M **Limpiador de Adhesivo para Propósito General y Removedor de Cera** son los más comunes)
- Una tela pegajosa
- Condicionador químico para el metal (si el metal está expuesto)
- Cebador y pintura de retoque (disponibles en botes de aerosol)
- Papel de lija de 320, 400 y 600 granos mojado o seco
- Masilla (llamada también compuesto vidriado)
- Materiales para aislar (papel y cinta)
- Compuesto pulidor
- Cera automotriz
- Si oxidación es implicada, un removedor químico de oxidación
- Si una capa transparente es usada, algo de retoque para la capa transparente

1   El primer paso en reparar cualquier rayón de pintura es de llegar al lugar dañado, y el área alrededor de él, límpielo completamente, así que lave la superficie con jabón y agua templada, límpielo bien y lo seca con una tela libre de pelusa. Usted tendrá que remover absolutamente todo indicios de cera vieja, que no permitirá que la pintura nueva se adhiera apropiadamente. ¡Las tiendas automotrices de pintura venden limpiadores especiales diseñados para remover todos los rasgos de cera, grasa, silicona y otros selladores de pintura - cómprelo y use uno de ellos!

2   Remueva todos los rasgos de oxidación con papel de lija de 400 granos mojado o seco, después use un removedor químico de oxidación (siga las direcciones en el recipiente). Aplique la cera/removedor de silicona otra vez.

3   Lije sobre el área que va a ser reparada con papel de lija de un espesor medio de 320 grados, pero no lije muy duro por que usted irá a través de la pintura. Todo lo que usted quiere hacer es limpiar la primera capa y comenzar a rebajar las orillas del rayón.

4   Siga lijando con un papel de lija de un espesor de 400 o 600, usando una manguera o un cubo de agua para mantener el papel limpio. Después de terminar de lijarlo, usted debe tener un final suave como la superficie original pintada.

5   Cuando usted haya terminado de lijar, el área debe de "estar en forma de pluma" (mezclada gradualmente) en la pintura circundante. Si usted puede sentir un borde al recorrer su mano encima del área, lije un poco más.

6   Rocíe una capa delgada de cebador, permítalo que se seque, y sígalo con otra capa delgada. No rocíe el cebador tan pesado que se corra y esté seguro de permitir que la primera capa se seque antes de rociar la segunda capa.

7   Permita que el cebador se seque COMPLETAMENTE

(tome su almuerzo mientras está esperando, para que usted no se apresure), entonces saque la manguera o el cubo de agua y lije el cebador con papel de lija mojada de número 400 o 600 o papel de lija seco. Trabaje el papel sobre el área suavemente. La idea es de poner el cebador liso.

8 Si usted lija completamente a través del cebador, no se preocupe. Aplique otra capa delgada, permítalo secar, y lije un poco más. Recuerde - si usted deja la capa del cebador áspero, o un borde es presente donde se mezcla con la pintura, la aspereza o el borde estarán todavía allí después de que usted aplique la pintura.

9 Espere que el área del cebador se seque completamente, entonces séquela con trapo que sea pegajoso para asegurarse que no se ha dejado polvo en la superficie.

10 Rocíe una capa ligera como una "neblina" de pintura en el

área reparada. La capa de pintura debe ser tan delgada que usted debe de ver el área reparada. Esta capa de neblina es para dar apenas una base pegajosa para que la siguiente capa de pintura se adhiera.

11 Rocíe la capa final. Asegúrese que es lo suficiente pesada para cubrir bastante de la reparación, pero no tan pesada que la pintura se corra. Varias capas delgadas son mejor que una capa gruesa. Permita que cada capa se seque hasta que no esté pegajosa antes de aplicar la siguiente.

12 Permita que la pintura se seque por varios días (una semana sería mejor), después suavemente use un compuesto bien fino de pulir para mezclar la pintura nueva con el terminal existente. Si es bien hecho, y seguido con una limpieza completa de la pintura vieja y una capa nueva de cera en el área entera, usted no podrá notar donde la reparación fue hecha.

Rayones acompañados por abolladuras menores o pliegues

Nota: *Las siguientes fotos están codificadas para el procedimiento de paso a paso con un número en las ilustraciones en la parte izquierda superior de cada ilustración. El número es correspondiente al número para el paso del procedimiento.*

Si el rayón es más profundo, y hay una abolladura o plie-

gue menor asociado con el, entonces la técnica de reparación es un poquito diferente . . .

1 Lije completamente alrededor del área de la orilla del rayón, mezclando adentro de la pintura buena.

2 Llene la depresión con masilla para pequeñas reparaciones. Aplicando varias capas delgadas envés de una pesada dará generalmente un resultado mejor.

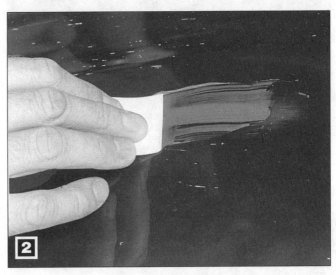

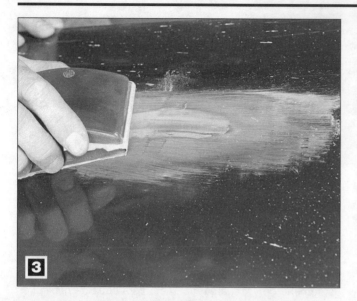

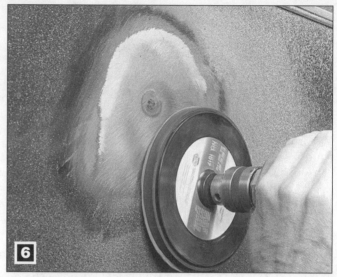

3   Después que la masilla para pequeñas reparaciones se haya secado completamente, líjela con un papel de lija bien fino de un espesor (400).

4   Limpie el área completamente con un trapo pegajoso para asegurarse que la superficie está libre de polvo y residuos de cuando se lijó.

5   Rocíe varias capas delgadas de cebador. Espere para que cada capa se seque completamente antes de aplicar la próxima capa.

6   Si usted tiene una abolladura o un golpe pequeño que no es lo suficiente profundo para justificar golpearlo hacia afuera, pero es demasiado profundo para llenarlo con masilla para pequeñas reparaciones (vea el Capítulo 6 para más información), use una lija número 80 de disco y un taladro eléctrico para rebajar la pintura hasta descubrir el metal dos pulgadas alrededor de la abolladura o golpe pequeño.

7   Compre un bote pequeño de llenador de plástico para la carrocería - no se olvide de comprar el tubo de endurecedor, que debe venir con él. Muchas tiendas mantienen el endurece-

dor separado del llenador, así que usted lo tendrá que pedir específicamente. Dígale a la persona que está trabajando en el departamento de partes para que tipo de trabajo usted está usando la masilla y lo pueda ayudar a seleccionar el tipo correcto.

8   En un plato para mezclar (o un pedazo de cartón si eso es todo lo que usted tiene disponible), mezcle una serie de masilla y endurecedor plástico. Tenga cuidado de seguir las direcciones en el recipiente y mezcle la masilla y el endurecedor completamente (líneas en el medio de la masilla quiere decir que más movimiento para mezclar es necesario). Si usted no la mezcla bien, el llenador no se endurecerá apropiadamente y usted acabará lijándolo completamente hacia afuera y tendrá que comenzar completamente de nuevo.

9   Aplique la masilla plástica uniformemente en el área dañada. No se preocupe de ponerla en el área que no se lijó - usted la lijará y la mezclará tan pronto se cure.

10   Permita que la masilla se seque hasta que pueda ser rasguñada apenas con su uña (no hasta que se endurezca completamente), entonces trabájela para emparejarla con los con-

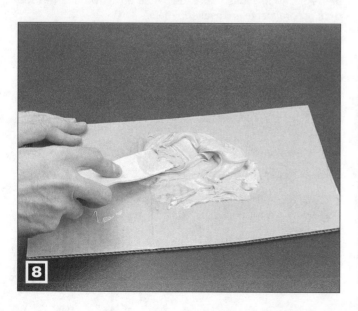

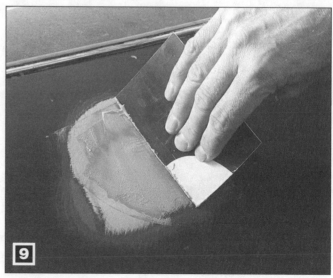

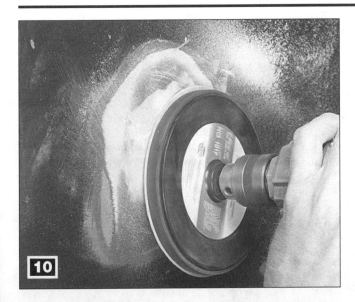

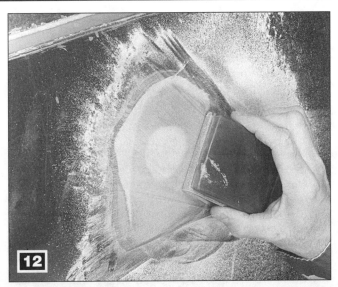

tornos de la carrocería con una lima de tipo Surform. **Nota:** *Siga las instrucciones con el llenador de plástico - algunas masillas más nuevas se pueden trabajar con un papel de lija de número 80 en un disco instalado en un taladro eléctrico.*

11 Si usted termina con un área baja, o con un lugar donde una burbuja se formó, simplemente mezcle más masilla plástica y aplique otra capa.

12 Use un bloque de lijar y papel de lija de un espesor de 320 para repasar el área entera, suavizando la masilla y mezclándola en el área circundante. Termine lijando y mezclando el llenador con papel de lija de un espesor 400.

13 Refiérase a los Pasos 6 al 12 en la Sección previa para completar la reparación.

Reparación de abolladuras menores

La mayoría de las reparaciones de la carrocería de vehículos caen debajo del título "daño menor." Ellas son abolladuras y pequeños golpes que pueden ser demasiado grande para llenar simplemente con masilla plástica, pero no lo suficiente grande para requerir el reemplazo del panel.

Todavía en esta categoría de reparación menor, hay varios grados diferentes de reparaciones que quizás sean necesarias. Las abolladuras que requieren un extractor para extraer el metal hacia afuera con una aproximación razonable del contorno original, las abolladuras que necesitan solamente algún trabajo de martillo por detrás, y abolladuras que no pueden ser alcanzadas por detrás entonces ellas tienen que ser trabajadas con un extractor. Si la abolladura que usted está tratando de reparar es lo suficiente grande, suficientemente profunda o ha deformado el metal al grado donde pegándole o halándolo no traerá el metal adentro de una forma lo suficiente cerca para llenarla, pase al Capítulo 6 (Sección de **Trabajar el metal**) para información en usar las herramientas especializadas de trabajo de chapistería, especialmente los martillos y los sufridores necesarios para enderezar el metal laminado.

Aquí, lo que estamos tratando, es con un metal que puede ser vuelto fácilmente ser regresado a su contorno original. Dependiendo de la naturaleza y la profundidad de la abolladura, usted necesitará las siguientes herramientas y materiales para este procedimiento . . .

- Martillo resbaladizo, extractor de abolladura
- Lijadora eléctrica o de disco operada por aire
- Martillo para la carrocería y sufridor
- Lima de tipo Surform
- Bloque de lijar/tabla de lijar
- Papel de lija (de varios espesores)
- Llenador de plástico para la carrocería y endurecedor
- Aplicador del llenador para la carrocería
- Masilla para reparaciones pequeñas (llamada también compuesto vidriado)
- Cebador
- Pintura (use laca para reparaciones en áreas pequeñas tales como esta)

Nota: *Las siguientes fotos de color están codificadas para el procedimiento de paso a paso con un número en las ilustraciones en la parte izquierda superior de cada ilustración. El número es correspondiente al número para el paso del procedimiento.*

1 Si la abolladura está en un área inaccesible, o demasiado profunda o arrugada para simplemente martillarla hacia afuera por detrás, haga una serie de orificios de un diámetro de 1/8-pulgada a través de la línea de pliegue o en la porción más profunda de la abolladura. Use una lenza o punzón central y martillo para hacer los orificios.

2   Enrosque la punta del martillo resbaladizo en el orificio en la porción más SUPERFICIAL de la abolladura y hale la abolladura hacia afuera. Tenga cuidado, usted no quiere acabar con una "abolladura inversa" donde la superficie es más alta que la original. Ayuda pegarle alrededor de la orilla de la abolladura según usted opera el martillo resbaladizo - esto ayudará a que el metal "salte" otra vez a su forma original.

3   Una vez que usted haya estirado el área abollada cerca del contorno original de la carrocería con un martillo resbaladizo, use una "varilla de halar" para hacer cambios más precisos en la forma del metal. Si usted puede entrar atrás del panel con un martillo, mantenga su mano en el exterior del área abollada mientras le pega en la parte trasera para asegurarse que usted está moviendo el metal donde usted quiere. En este caso, lo que usted siente con la palma de su mano y los dedos acerca de la abolladura será generalmente mucho más exacto que lo que sus ojos le pueden decir.

4   Cuando usted piensa que usted tiene el metal laminado cerca del contorno original, usa una esmeriladora de carrocería o lijadora con un disco de grado 80 para remover la pintura completamente hasta el metal. Cuando esté lijando la pintura, el disco revelará probablemente cualquiera de las áreas altas o bajas en el metal.

5   Cambie a un disco de lijar de un espesor de 100 y repase el área otra vez. Lije alrededor de la pintura por lo menos una pulgada alrededor del área abollada.

6   Con toda la pintura removida, corra su mano encima del área dañada. Otra vez, el toque probablemente será más útil que la vista para indicar si el metal está recto o no. Un poquito más de trabajo con el martillo, en ambos lados del panel, *pueda que sea necesario* tener las cosas preparadas para la masilla plástica. ¡Limpie el área de reparación una vez más con cera/removedor de silicona - usted nunca lo puede limpiar demasido!

7   En un plato para mezclar (o un pedazo de cartón si eso es todo lo que usted tiene disponible), mezcle un poco de masilla plástica y endurecedor. Tenga cuidado de seguir las instrucciones en el recipiente y haga que la masilla y el endurecedor sean mezclado completamente (líneas en el medio de la masilla quiere decir que es necesario mover la mezclar más). Si usted no lo hace, la masilla no se endurecerá apropiadamente y usted tendrá que lijarla limpia completamente y comenzar de nuevo.

8   Trabajando rápido para que la masilla no se endurezca, aplique una capa sobre el área reparada con un aplicador de plástico, usando movimientos largos y suaves. No tenga miedo de apretar firmemente para asegurarse de que la masilla se pega al metal. En cuanto la masilla se comience a acumular debajo de la herramienta, pare de tratar de suavizarla.

9   Permita que la masilla se endurezca hasta que usted apenas pueda abollarla con su uña, después use una lima de tipo Surform para rebajar el material al contorno apropiado. **Nota:** *Siga las instrucciones con la masilla plástica - algunas masillas más nuevas se pueden trabajar con un disco de grado 80 instalado en un taladro eléctrico o de aire.*

10   Use una tabla de lijar o un bloque que haga un puente entre el área que no tiene daño en cada lado del área llenada, con un papel de lija de grado 80 para rebajar la masilla hasta que esté suave y pareja. Si usted acaba con áreas bajas, o si las orillas de la masilla se escama, aplique otra capa delgada de masilla plástica. Cuando se seque, repita el trabajo con la lima y el trabajo con el papel de lija de 80 grado de espesor.

11   El papel de lija de grado 320 mediano se usa para rebajar la masilla al contorno final deseado. Note que la masilla bordea el área del metal, no a la pintura existente. Otra vez chequee el área de reparación con la palma de su mano, sienta por áreas desiguales en la masilla. Altos y bajos que sus ojos no pueden ver en esta etapa, pero que la palma de su mano pueda sentir, aparecerán claramente después que el panel sea pintado.

12   Use un disco de grado 320 mediano para mezclar la pintura vieja adentro del metal expuesto alrededor de toda la parte reparada.

13   Use la palma de su mano para chequear la transición del metal expuesto a la pintura vieja. Usted no debería de sentir ningún tipo de borde donde la pintura se termina. En cuanto esté satisfecho de que la reparación está completa y uniforme, sople el polvo hacia afuera con aire comprimido y cubra con cinta de aislar los pedazos adyacentes de los paneles o molduras.

14   Aplique varias capas más de cebador al área. No rocíe el cebador demasiado grueso, así que se derrame o corra, y asegúrese que cada capa está seca antes de que usted rocíe la próxima.

15   Use compuesto vidriado para llenar cualquier rayón u otras imperfecciones en el cebador.

16   Lije el área con papel de lija de un grado de 360 o 400 para remover el exceso de compuesto vidriado, entonces aplique más cebador.

17   Remueva los materiales de aislación, entonces aplique una capa delgada de compuesto frotador al área alrededor de la reparación que fue golpeada con más cebador.

18   Use un pulidor para remover el compuesto de frotar y rocío en exceso del cebador.

19   Termine de lijar el cebador con papel de lija fino de un grado de (400 o 600), entonces aplique cinta adhesiva para enmascarar el área de reparación otra vez.

20   Use un trapo pegajoso para remover el polvo del área de reparación.

21   Aplique la capa final. Pintura de aerosol de retoque se puede usar, pero el enfoque preferido, especialmente después de todo el trabajo que usted hizo, es de usar una pistola de rocío y una pintura de buena calidad diseñada para la reparación de un área. Si usted está usando pintura de retoque, aplique varias capas delgadas en vez de una capa gruesa y permita que cada capa se seque hasta que esté pegajosa antes de aplicar la próxima. Si usted está usando una pistola, siga las instrucciones con la pintura con respecto al tiempo entre cada capa, etc.

22   ¡Retroceda y admire el resultado final! No atente de pulir o aplicarle cera al área reparada hasta que la pintura se haya secado por el tiempo recomendado (lea el recipiente de pintura para las instrucciones).

Las abolladuras como éstas se deben extraer o deben ser empujadas hacia afuera antes de usar masilla - no trate de reparar un daño como este sin restaurar el metal laminado lo más cerca de su forma original posible

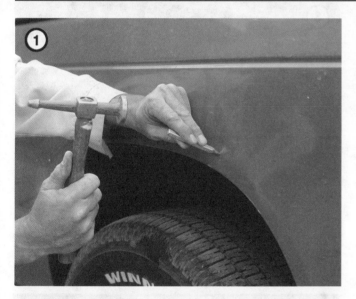

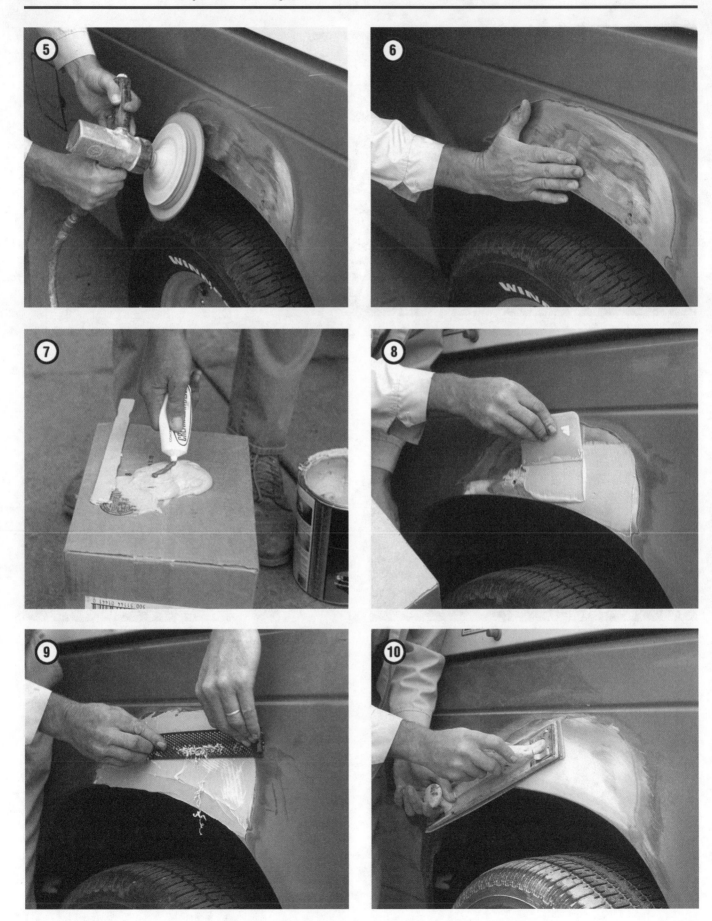

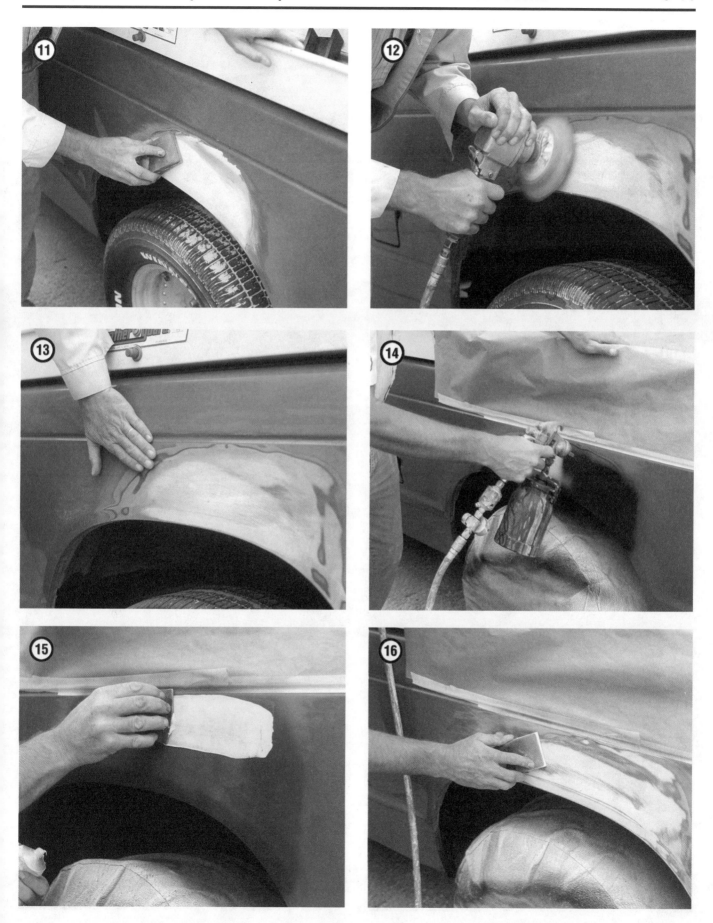

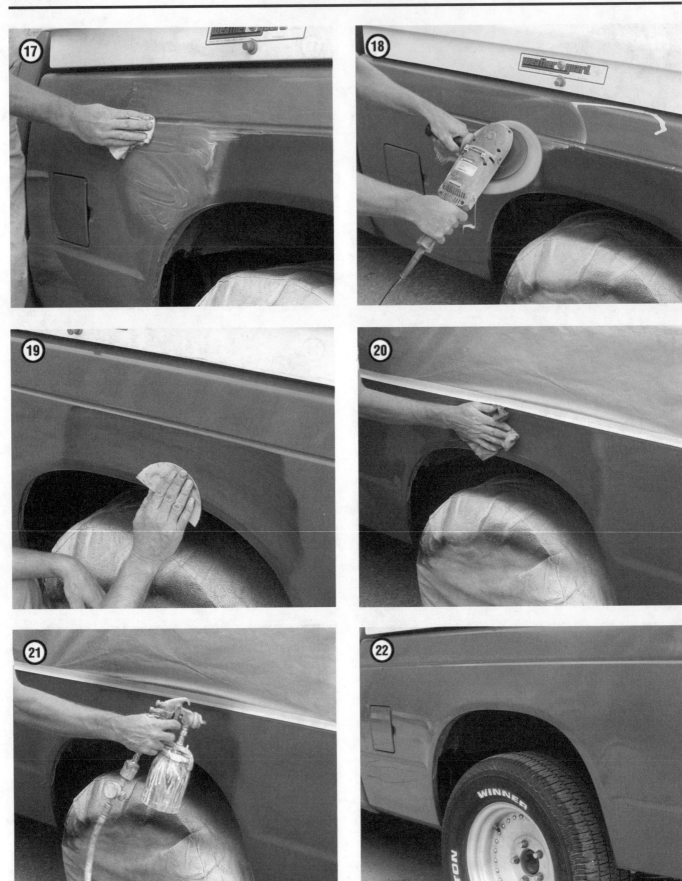

Reparación de daño menor de oxidación

Donde vehículos viejos son concernidos, y en algunas partes del país, hasta los vehículos todavía más nuevos, la oxidación es el asesino número uno de la carrocería. Si es por agua que corre adentro de la puerta y es atrapada allí por drenajes obstruidos, o guardafangos oxidados por causas de aplicaciones de sal en las carreteras en los estados que están en la banda de nieve, eventualmente oxidación se va a formar, y cuando lo hace puede hacer que cualquier vehículo se mire terrible.

La manera más común de fijar el daño de la oxidación es de la misma manera que una abolladura menor sería arreglada. Corte el área oxidada, ponga algún tipo de apoyo en posición y coloque una capa de masilla plástica. Desgraciadamente, donde óxido es concernido, esto es absolutamente la peor manera para arreglar el problema.

La oxidación comenzó porque, por cualquier razón, agua llegó al metal y permanecido allí. Llenar la sección de una carrocería oxidada con masilla plástica se mirará bien - alrededor de una semana, o hasta la primera lluvia fuerte. Algunas masillas, hasta cuando están curadas completamente y dura como una piedra, actúan así como una esponja donde agua es concernido. Ponga algo de agua atrás de la reparación, donde la oxidación originalmente comenzó, y dentro de poco la masilla plástica simplemente se caerá o, por lo menos, la pintura comenzará a burbujear a causa del agua debajo de ella.

La mejor manera de reparar el daño de la oxidación es soldando un panel nuevo en su lugar, en el área del panel inferior, panel de la puerta o un guardafango completo. Pero esto puede ser también la manera más costosa de hacer el trabajo, y si hay muchas áreas oxidadas, las reparaciones pueden acabar costando más que el valor del vehículo.

Recortando el área oxidada y soldando en su posición un "parcho" es una mejor solución, pero generalmente el parcho se tendrá que moldear con masilla plástica, dirigiendo al potencial de los mismos problemas que usted hubiera encontrado y usando masilla plástica para la reparación entera, o en áreas donde hayan gran cantidades de curvas para contender, otorgarle el molde correcto al parcho pueda que sea más trabajo de lo que vale (aunque parches especialmente preformados que emparejan ciertos contornos de la carrocería están disponibles para algunos vehículos).

Considerando lo todo, el método ideal de reparar una área menor oxidada es de usar un juego de reparación de fibra de vidrio. La fibra de vidrio es un poquito más dura para usar que la masilla plástica, pero bien dentro de la habilidad del chapistero de hogar. Este tipo de reparación se debe usar solamente donde el área desgastada es de un diámetro de dos pulgadas o menos - para áreas más grandes, refiérase al Capítulo 6, para la **Reparación de oxidación mayor**.

La manera más fácil de usar la fibra de vidrio para este tipo de trabajo de reparación es de comprar un juego completo de reparación de fibra de vidrio, disponible en casi todas las refaccionarías. Muchos juegos vienen con todo lo que usted necesita menos la pintura que usted necesita para terminar el trabajo, junto con un juego completo de instrucciones. Si usted compra uno de los juegos que contiene solamente el material de fibra de vidrio (tela de fibra de vidrio, epoxy de fluido o jalea, película de liberación y la crema o endurecedor

Los juegos de reparación de fibra de vidrio para la oxidación - incluyen casi todo lo que usted necesitará para el trabajo - están extensamente disponibles en las refaccionarías

líquido), usted necesitará también una variedad de discos de rectificación para su taladro eléctrico, papel de lija, compuesto de vidriado y cebador.

1 Usando una sierra para cortar metales, cincel de aire o tijeras de hojalatero, recorte la porción oxidada. Una esmeriladora de aire equipado con una rueda abrasiva de cortar fue usada en el ejemplo incluido para las fotografías en esta sección. Produjo un corte muy limpio. Asegúrese usted de cortar todo el metal oxidado, o usted estará haciendo la reparación otra vez en un par de meses.

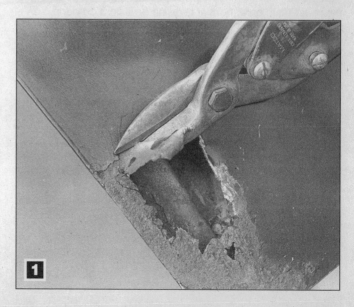

2

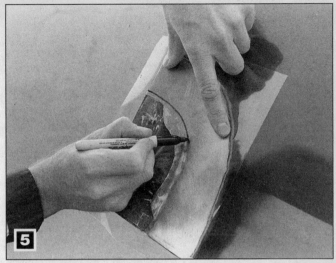

5

2   Use un disco de lijar áspero y un taladro para lijar completamente hasta el metal dos o tres pulgadas completamente alrededor del área que va ser reparada. Asegúrese que usted remueve toda la pintura y toda la oxidación, hasta oxidación menor en la superficie, límpiela completamente.

3   Aplique una sustancia química para detener la oxidación del metal circundante, particularmente en el panel del interior. **Nota:** *Los productos químicos para detener la oxidación son hechos por varios fabricantes. Ellos reaccionan con la oxidación y los transforman en una substancia llamada "oxidación negra", que es químicamente estable y no continuará comiendo el metal.*

4   Use un alicate autobloqueante y un martillo de carrocería para formar una pestaña de receso alrededor de la orilla de la abertura - la abertura misma y el metal bueno circundante deben formar una depresión que se extiende acerca de 3/4-pulgada más allá del orificio.

5   Corte un pedazo de la película de liberación acerca de dos o tres pulgadas más grande que el área de reparación, entonces la coloca en la abertura. Use un lápiz de grasa o marcador de punta de fieltro para marcar el área marcada de reparación en la película de liberación. Coloque la película en un lado hasta que usted esté listo para mezclar la resina de la fibra de vidrio.

6   Corte un pedazo de tela de fibra de vidrio del mismo tamaño y la forma como el resumen en la película de liberación. Use un par agudo de tijeras para hacer el corte - no una hoja de navaja - para asegurarse que tela de fibra de vidrio no será "halada".

7   Corte un segundo pedazo de tela de fibra de vidrio de la misma forma como la primera, pero acerca de una pulgada más pequeña completamente alrededor.

8   Usted necesitará alguna forma de apoyo para la fibra de vidrio en el orificio. Llenando el área con pantalla de alambre de ventana o tela de acero tosca le dará una base flexible mas firme para trabajar. Sin embargo, después que la reparación esté completa, remueva la tela de acero de la parte trasera del panel o promoverá la formación de oxidación nuevamente.

9   Abra el recipiente de resina de epoxy (fluido o jalea) y vierta una cantidad substancial en un recipiente plástico. Es más fácil de ir a comprar más resina si se le acaba a usted para mezclar una serie fresca en medio camino de un trabajo cuando usted verifique que usted no hizo suficiente.

10   Agregue la crema o endurecedor líquido a la resina en las proporciones especificadas con el juego y mezcle completamente, hasta que usted no pueda notar ninguna diferencia en

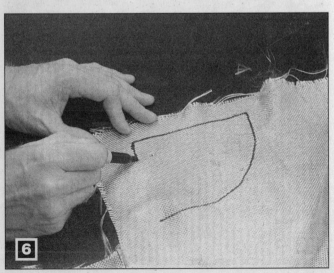

6

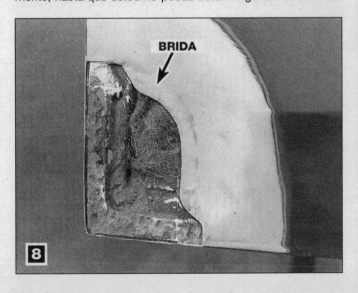

BRIDA

8

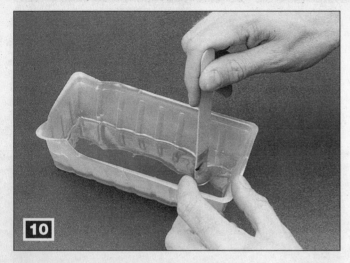

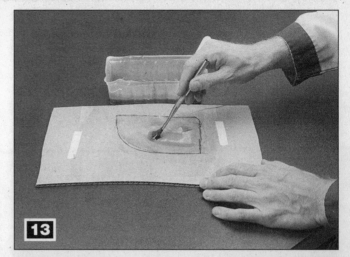

la textura o el color de la resina (el endurecedor causará que la resina cambie de color).

11 Coloque la película en una superficie limpia, plana (un pedazo de cartón está bien), entonces aplique una capa pareja de resina de epoxy mezclada y endurecedor en la película hasta que cubra el contorno del área descrita.

12 Coloque el menor de los dos pedazos de tela de fibra de vidrio en el centro de la capa de resina y trabaje otra capa en la tela. Esté consiente que mientras usted está trabajando, la resina se está secando (endureciendo), así que no tome ningún descanso durante este proceso.

13 Coloque el pedazo más grande de los dos pedazos de tela de fibra de vidrio encima del pedazo más pequeño y otra vez trabaje una capa de resina en la segunda capa de la tela.

14 Recoja la película liberada por la orilla de encima y la coloca en el área para ser reparada, con la película de liberación mirando hacia AFUERA. Apriétela en su posición con las puntas de sus dedos, moviéndola solamente lo suficientemente según sea necesario para que la tela de fibra de vidrio cubra el área que va ser reparada. Las orillas exteriores de la fibra de vidrio deben superponerse a la pestaña alrededor de la abertura.

15 Deslice un expansor sobre la película de la liberación para apretar la tela de fibra de vidrio firmemente contra el metal expuesto. Asegúrese que todas las burbujas de aire son remo-

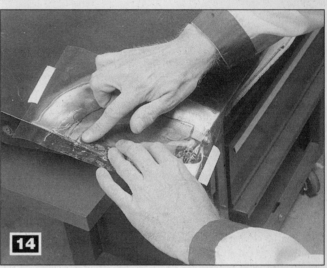

vidas. La película de liberación permitirá que usted use el expansor para formar la fibra de vidrio al metal sin tenerlo que se amontone o se pegue. No se preocupe si usted pone epoxy adentro del área sin lijar - se podrá remover lijándolo.

16 De vez en cuando, chequee la resina expuesta para ver cómo se está secando. Cuando no esté pegajosa, pele la película de liberación.

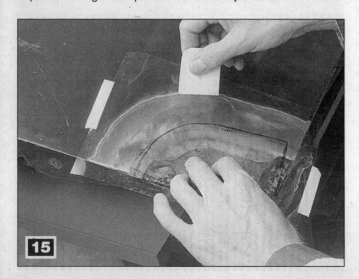

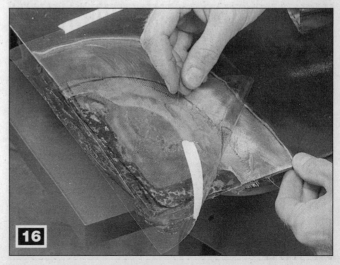

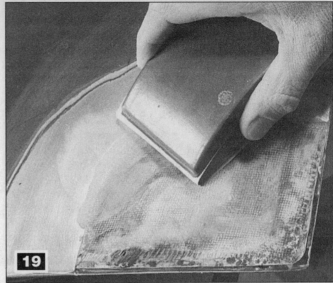

17   Usted debe de darle abundancia de tiempo a la fibra de vidrio para que se cure antes de comenzar a trabajar en ella. Una lámpara de calor o hasta un par de bombillas rutinarias se pueden usar para acelerar el proceso de curar en un día fresco.

18   En cuanto la reparación se haya curado al grado donde esté duro al toque, usted puede usar un taladro eléctrico y disco de lijar para comenzar a trabajar en la fibra de vidrio para emparejarla con el contorno de la carrocería.

19   Termine de lijar, inclusive mezclando los bordee de la resina y la fibra de vidrio hasta la superficie de metal con un bloque de lijar y grados de espesor progresivamente más finos de papel de lija.

20   Cuando usted tenga la reparación hasta una superficie suave, use llenador para la carrocería o compuesto de vidriado en la parte superior para prepararla para pintarla y para cubrir cualquier forma de "zigzaguear" que pueda estar viéndose en la tela de la fibra de vidrio.

21   Termine de lijar el llenador para la carrocería/compuesto vidriado, hasta que la superficie esté perfectamente lisa.

22   El área reparada está ahora preparada para recibir el cebador y ser pintada. Refiérase a los Pasos 6 hasta 12 en la primera parte de la Sección de este Capítulo para la **Reparación de rayones en la pintura**. Si es necesario, esté seguro de enmascarar las áreas que estén adyacente para prevenir sobre atomizar.

Una vez que usted haya terminado el trabajo, hay un paso final que es absolutamente necesario. La razón por que se formó la oxidación originalmente fue porque, por cualquier razón, el agua y/o una mezcla de agua salada fue capaz de entrar atrás del panel y permanecer allí un tiempo suficiente largo para comenzar la oxidación que se comió el metal. Y, a pesar de su reparación extravagante de la fibra de vidrio, la misma cosa va a acontecer otra vez si usted no toma los pasos necesarios para prevenirlo. Acuda a la Sección de *Antióxido y protección inferior* en el Capítulo 2 y asegúrese que este será el último trabajo de reparación de oxidación que usted tendrá que hacer en este vehículo.

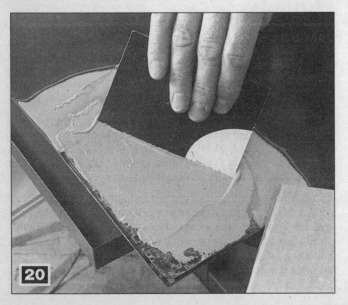

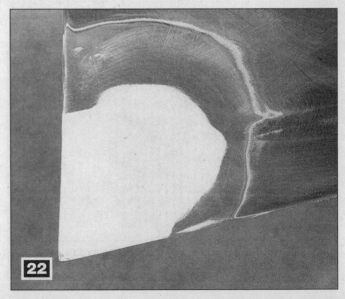

Reparación de la cubierta de plástico de los parachoques

En muchos casos, las partes flexibles de la carrocería (fuelles o extensiones, parte delantera, etc.) pueden ser reparadas sin remover la parte del vehículo, pero es generalmente más fácil de hacer el trabajo con la parte afuera. Hablando generalmente, removiendo unos cuantos tornillos o pernos es todo lo que es necesario para separar el componente.

El siguiente procedimiento es algo general, pero debe ser suficiente para la reparación de la mayoría de los componentes de plástico. Chequee con su taller automotriz local de pintura para el tipo correcto de más cebador y pintura, también como aditivos especiales de pintura, para usar en las partes plásticas específicas.

1   Use una cera/removedor de solvente de silicona para limpiar completamente el área que va ser reparada (DuPont **Prep-Sol,** Ditzler **Acryli-Clean** y 3M **Limpiador General de Adhesivo de Propósito y Removedor de Cera** son los más comunes). ¡Éste es un paso absoluto! Limpie el área de la parte que va ser reparada por dentro y por fuera.

2   Después de limpiar, tendrá que ser lijada por dentro y por fuera con un disco de lijar áspero (acerca de 50 grados de espesor), por lo menos dos pulgadas más allá del área que va ser reparada en el interior y una pulgada más allá en el exterior.

3   Corte dos pedazos de tela de fibra de vidrio acerca de dos pulgadas más grande que el área dañada.

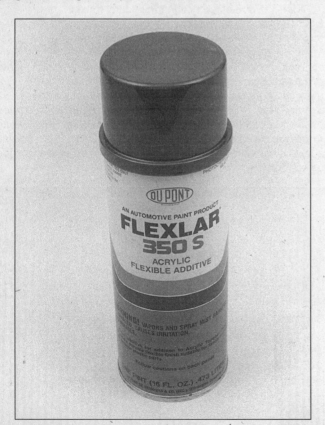

Los aditivos para hacer que la pintura sea flexible están disponibles en las tiendas para el suministro de pintura automotriz - esté seguro de leer la etiqueta en el recipiente

4   Mezcle una combinación igual de ambos materiales para la reparación flexible (3M no. 05900 o equivalente) en un cartón, vidrio o metal, entonces aplique una capa de 1/8-pulgada de espesor del material en la parte trasera de la parte para ser reparada.

5   Coloque uno de los pedazos de la tela de la fibra de vidrio en el material, apretándolo suavemente pero uniformemente en su posición, entonces cubra la fibra de vidrio con otra capa de material flexible de reparación.

6   Coloque el segundo pedazo de la tela de fibra de vidrio en su posición, apretándola firmemente en el material de reparación, entonces aplique una capa final del material de reparación flexible lo suficiente gruesa para llenar el tejido de la tela de la fibra de vidrio. Permita que el material flexible de reparación se cure aproximadamente 1/2-hora.

7   Mueva al exterior de la parte y use un papel de lija de 180 grado de espesor para remover toda la pintura del área que va ser reparada. El material flexible de reparación no debe ser aplicado en la pintura.

8   Use papel de lija de 50 grados de espesor o un taladro eléctrico y una lima rotatorio para cortar una "V" de 1/2-pulgada de ancho en la interrupción del material.

9   Mezcle más del material flexible de reparación y aplique una capa delgada en el área para ser reparada. Espere unos pocos minutos, entonces aplique más material, hasta que el nivel esté levemente encima del contorno original del panel. Permita que se cure por 1/2-hora.

10   Lije el área con un bloque de reparación con un papel de lija de 220 grados de espesor para establecer el contorno apropiado, entonces termine de lijar con un papel de lija de 320 o 400 grados de espesor.

Peligro: *La mayoría de las pinturas flexibles contienen isocyanates - ¡use un respiradero de alta calidad cuando estas pinturas sean rociadas!*

11   La parte completa debe ser vuelta a pintar, no solamente el área que se ha reparado.

12   ¡Limpie la parte con cera/solvente removedor de silicona - esto es esencial!

13   Limpie el área con una tela pegajosa, entonces aplique cuatro capas más media secas de cebador flexible. Use un removedor de pintura que se evapore rápido y no aplique más capas de cebador "mojado," debido a que el material de reparación absorbe el exceso del removedor de pintura y se hincha, dejando una área reparada altamente visible después de pintar.

14   Permita que el cebador se seque por lo menos una hora, entonces líjela con papel de lija de 400 grados de espesor. Siga con un tipo de pulidor como la almohadilla Scotch-Brite para remover el brillo de cualquier superficie.

15   Mezcle la pintura de color base (esmalte, laca, acrílico, etc.), entonces agregue la capa de aditivo flexible y remueva la pintura, siguiendo las recomendaciones del fabricante. Permitiendo tiempo para que se seque entre ellas, aplique el número suficiente de capas para lograr cubrir el área reparada completamente y obtener un buen contraste de color con el resto de la carrocería.

16 Si una capa transparente es usada (la mayoría de los vehículos GM entran en esta categoría), permita que cada capa de pintura se seque por lo menos una hora. Mezcle la capa transparente con el aditivo flexible, entonces aplique tres capas transparentes con una pistola de 35 a 40 psi (libras por pulgadas cuadradas) de presión, permitiendo que cada capa se seque antes de aplicar la otra. Permita que la parte se seque por lo menos cuatro horas antes de volver a instalar la parte.

Nota: *No aplique compuesto pulidor de pintura o un abrasivo de pulir a una capa transparente con un aditivo flexible. Use un pulidor sin abrasivo para limpiar y aplicar cera solamente.*

Capítulo 6
Reparación mayor de la carrocería

Técnicas de trabajar el metal

Formas del panel

Mientras que en muchos de los casos un área dañada puede ser reparada o removida y entonces llenada con masilla plástica, o el panel puede ser reemplazado completamente atornillando un componente nuevo o soldando un panel nuevo en la sección, hay veces cuando la manera más conveniente de reparar un área dañada es de trabajar el metal otra vez de regreso a su forma. Las herramientas básicas para hacer este tipo de trabajo son los gatos y/o los extractores hidráulicos, martillos y sufridores (vea Capítulo 4).

Antes de comenzar con un panel de metal que se pueda trabajar otra vez dentro de su forma, examinemos algunas de las formas que los paneles son formados para los usos automotrices. Casi todos los paneles tienen una o más curvas en ellos - la curvatura es referida a la corona. Un panel que es liso y tiene una curva suave en él, como la mayoría de los paneles de techo, son llamados paneles de corona baja. Un panel con una curva aguda, como el área donde un guardafangos se envuelve para acoplar con el capó, es llamado un panel de corona alta. Algunos paneles tienen combinación de corona alta y corona baja, como una tapa de malétero que curva suavemente en la línea de la ventana trasera o en la orilla trasera del vehículo (corona baja), entonces hace una curva hacia abajo agudamente (corona alta) para acoplar con los parachoques traseros. Ocasionalmente usted chocará también con paneles de coronas inversas, donde el panel hace una curva hacia adentro, pero ellos son encontrados en su mayor parte en los vehículos más viejos o en áreas muy limitadas, tal como alrededor de los albergues de las luces traseras.

La mayoría de los paneles de la carrocería son de un tipo de corona baja y porque hay muy pocas curvaturas en el panel, son estructuralmente muy débiles. A causa de esto, la mayoría de los paneles de corona baja son reforzados, o con pestañas en las orillas para agregar fortaleza o con soldadura para los refuerzos en la parte trasera del panel. La mayoría de los guardafangos tienen las pestañas de las orillas para agregar fortaleza al panel, mientras el techo, las puertas, etc. tienen refuerzos soldados. La tapa del capó y el maletero de la mayoría de los vehículos combinan los dos tipos del refuerzo, con una pestaña en la orilla y paneles interiores soldados para agregarle fortaleza a lo que de otro modo sería una estructura grande y sin apoyo que estaría propenso a la vibración y encorvadura.

Tipos de daño del metal laminado

Cuando un vehículo es implicado en un choque, habrá daño altamente visible en el punto del impacto, pero la fuerza del impacto será transferida también al metal laminado adyacente. El tipo de daño se puede separar en cuatro tipos claros: áreas desplazadas, curvatura sencilla, dobladura enrollada y alargamiento. Cada uno requiere un procedimiento diferente de reparación y herramientas especializadas.

Área desplazada

Donde una sección de metal laminado se ha movido, pero no de otro modo dañado, se refiere como un área desplazada. Por ejemplo, un golpe en el panel lateral trasero causará el daño donde el impacto ocurrió, pero el panel entero se puede empujar hacia adentro. En la mayoría de las áreas desplazadas, el panel puede ser empujado hacia afuera con solamente el verdadero daño siendo el lado del impacto.

Curvatura sencilla

Cuando un pedazo de metal laminado es golpeado lo suficientemente duro para que tome una forma "S," generalmente en conexión con un pliegue agudo en el metal, es referido como una curvatura sencilla. En una curvatura sencilla generalmente hay muy poquito alargamiento del metal.

Dobladura enrollada

Una dobladura enrollada es el resultado usual de un impacto severo como la mayoría de los accidentes delanteros y traseros. La dobladura enrollada es mucho como una curvatura sencilla, pero con extenso alargamiento del metal, que resulta generalmente en que el metal laminado se doble hacia abajo.

Alargamiento

Casi todos los daños de la carrocería que usted pueda ver por lo general implican alguna forma de alargamiento. Una ranura en el metal es típico de un daño de alargamiento, donde el metal fue empujado hacia adentro y en el área de la superficie alargada. Aunque algunos alargamiento pueden ser encogido a través del uso de herramientas de carrocería y calor, a menudo los daños de alargamiento son reparados llenándolos con masilla plástica.

Herramientas

Las dos herramientas primarias usadas para trabajar el metal laminado dañado son dispositivos de halar y de empujar (extractores de tipo martillo resbaladizo, gatos hidráulicos, gatos de la carrocería, extractores hidráulicos, etc.) y martillos de carrocería y sufridores.

Los gatos hidráulicos y gatos de carrocería a menudo se pueden alquilar en establecimientos para la renta de herramienta, y pueden probar ser de tremendo valor para restaurar la alineación de los paneles de la carrocería. Sin embargo, se debe mantener en mente que es mejor de HALAR un panel adentro de su posición que empujarlo, principalmente porque habrá menos daño al metal mientras es forzado otra vez adentro de su posición. Los gatos hidráulicos, durante el curso de empujar un panel, tienden a estirarlo, y mientras que usted generalmente puede empujar fácilmente una estructura o el panel otra vez dentro de su lugar, usted puede encontrar después que restaurar el contorno del panel es imposible a causa de la cantidad de alargamiento que ocurrió cuando se empujó. Algunas áreas, aunque (especialmente esas que son fuertemente reforzadas, tal como pilares de la puerta y parabrisas), requieren un gato hidráulico o gato de carrocería para la alineación si se tiene cuidado donde determina instalar la unidad.

Halando, por otro lado, puede ser hecho sin alargar el metal, desde que el halón puede ser concentrado en un área reforzada o extendido sobre una área de un panel ancho sin refuerzo. Además, cuando esté halando el metal laminado es más fácil de controlar la cantidad de movimiento del panel, as que usted puede parar de halar apenas en el punto donde el panel es vuelto a la posición original.

Los martillos de carrocería vienen en una variedad amplia de estilos y tamaños (vea Capítulo 4 para información adicional y una ilustración de los varios tipos de martillo), con martillos especializados disponible para los muchos diferentes trabajos de formar que quizás sea necesario para un chapistero profesional de carrocería. Para el que hace su propio trabajo en el hogar, sin embargo, solamente dos o tres tipos diferentes de martillos se necesitarán para cubrir casi cualquier trabajo que usted pueda encontrar.

¡Los martillos de la carrocería son diseñados expresamente para trabajar el metal laminado - USTED NO DEBE DE TRATAR DE REPARAR EL DAÑO AL METAL LAMINADO CON CUALQUIER OTRO TIPO DE MARTILLO! Usando un martillo de punta de bola o un martillo de carpintero en el metal, acabará generalmente haciendo más daño que el choque original. La cara esencialmente grande del martillo de carrocería esparce el golpe en un área grande, reduciendo la posibilidad de alargar accidentalmente el metal que se está trabajando. La cara grande también le da una mejor oportunidad de golpear el metal en línea con el sufridor sostenido debajo del panel dañado.

La mayoría de los martillos de carrocería vienen con dos cabezas - una grande, casi plana y redonda o cabeza cuadrada, y en el lado contrario, una cabeza puntiaguda. La cabeza plana es usada para trabajar el metal contra un sufridor, bajar un área alta, mientras que la cabeza puntiaguda es generalmente usada para levantar áreas bajas, trabajando en el lado de la parte trasera de un panel.

Casi todas las formas del trabajo de metal laminado se pueden hacer con un martillo de carrocería y con uno de los cuatro sufridores. Hay muchos sufridores diferentes disponibles para el trabajo de la carrocería, algunos muy especiali-

zado, pero para aplicaciones generales el (y especialmente para el que hace el trabajo por si mismo en el hogar), **sufridor de propósito general, sufridor de corona baja, de talón y goloso** serán suficientes (vea Capítulo 4 para más información y una ilustración de los varios tipos).

El sufridor de propósito general es a menudo llamado sufridor ferroviario porque su forma es como un corte de la sección de un pedazo de la línea del ferrocarril. El sufridor de corona baja es formado muy parecido al de la línea del ferrocarril, pero con menos curvas en la cara superior para trabajar en los paneles planos. Los sufridores de talón son más pequeños, con curvas más agudas, para trabajar en áreas limitadas y en paneles de coronas altas. Recuerde que un sufridor no es un yunque. No lo use como para golpear metal. En lugar, usándolo apropiadamente en conexión con un martillo de carrocería, el sufridor es usado para levantar el metal desde la parte de abajo según es golpeado desde encima por el martillo de carrocería.

Técnicas

Trabajando el metal laminado se puede dividir en tres técnicas generales: *Aproximando* el metal a su forma, *trabajo de martillo y sufridor* para traer la parte trasera del contorno a la forma original del panel, entonces *esmerilar y llenar* para preparar la superficie para llenarla, lijando y pintando. El trabajo de martillo y sufridor es llamado generalmente golpeando y el de esmerilar y limar es llamado trabajo final. A menudo halar para enderezarlo es requerido antes de que el metal se pueda trabajar.

El primer paso, aproximando, es donde el metal es traído dentro del contorno general otra vez. Es hecho generalmente empujando el metal hacia afuera con un gato hidráulico o gato de carrocería, o estirándolo hacia afuera en un soporte sofisticado para la alineación de la carrocería. A menudo un martillo de carrocería se usará en conexión con las herramientas de empujar o extraer para proporcionar la presión localizada, tal como en una área arrugada que sea estirada directamente. Donde paneles de corona bajas son implicados, muy a menudo la aproximación puede ser hecha con un extractor de tipo martillo resbaladizo. Una serie de orificios pequeños son hechos con un punzón o taladrado en el panel, entonces la punta del martillo resbaladizo es enroscada en los orificios,

Un martillo para la carrocería es a menudo usado en conexión con un extractor de martillo resbaladizo, especialmente donde un pliegue en el metal es implicado

Fijaciones especiales de gancho son a menudo usadas con los extractores de martillo resbaladizo para enderezar las partes de la carrocería - aquí el gancho es usado para coger la orilla de la abertura del guardafango para que se pueda mover otra vez dentro de forma

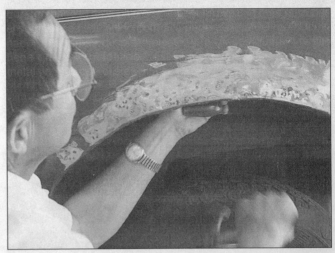

Usando un martillo de carrocería y el sufridor para darle forma al labio trasero del guardafango

empezando de uno en uno en la orilla del área dañada, y el metal laminado es alargado otra vez dentro de su forma. Martillos resbaladizo que se enganchan en el metal laminado están también disponibles - ellos son usados principalmente en las orillas de los paneles y eliminan la necesidad de los orificios. Recuerde, es esencial que la estructura fundamental sea apropiadamente alineada primero, o los paneles terminados no alinearán con el resto del vehículo.

Una vez que el área dañada haya sido regresada a la forma aproximada, "golpear" con el martillo de carrocería y el sufridor se ponen en marcha. Los martillos y los sufridores son usados en dos maneras - **la técnica del martillo aplicado y la técnica del martillo sin ser aplicado.** El Capítulo 4 contiene las ilustraciones generales de los dos enfoques.

Cuando esté haciendo la técnica de trabajo del martillo aplicado, la clase que el chapistero de hogar se encontrará haciendo más seguido, el sufridor es colocado atrás del panel dañado y el martillo de carrocería es bajado para hacer contacto en el metal laminado directamente encima del sufridor. El

Use un martillo con pico para aplastar las áreas levantadas pequeñas - no golpee el metal demasiado duro o una abolladura invertida se formará

martillo "golpea" el sufridor, con el metal laminado en el medio. Al principio usted encontrará el sufridor rebotando afuera del golpe, que es exactamente lo contrario de lo que usted quiere que suceda. Usted quiere que el martillo de la carrocería salte hacia encima después de golpear el metal laminado, con el sufridor permaneciendo en contacto con la parte inferior del metal, o saltar hacia encima solamente levemente. El sufridor, porque pesa más que el martillo, estará empujando hacia encima en respuesta al golpe del martillo, en vez que la cabeza del martillo esté empujando hacia abajo. Esto causa que el metal sea levantado donde se golpeó con el martillo, en vez de ser bajado. La menor cantidad de rebote que haga el sufridor (controlado por la presión que usted puso en el sufridor y que tan fuerte usted "golpeó" el martillo con su muñeca, causándolo que rebote), lo más que el metal será elevado.

Cuando esté haciendo la técnica de trabajo del martillo sin ser aplicado, con el sufridor en la parte de atrás del panel que se está trabajando y el martillo golpeando la superficie exterior, pero el martillo no golpea encima del sufridor, golpea apenas en un lado. Sin embargo, para que la técnica de trabajo del martillo sin ser aplicado sea efectiva, el martillo debe golpear apenas fuera de la ubicación del sufridor, debido a que es importante que una porción de la fuerza del golpe del martillo sea impartida en el sufridor.

Esta técnica es usada cuando usted tiene un área donde el metal laminado está levantado en un lugar y empujado adyacente en el área levantada - común a la mayoría de los daños de tipos de ranura. Casi cualquier golpe que cause que el metal sea empujado levantará el metal adyacente hasta cierto punto, y si el golpe era uno diagonal, en vez de un golpe directo, es probable que el metal adyacente a la ranura sea levantado considerablemente encima del contorno original del panel. Para trabajar el metal otra vez dentro de su forma, el lugar golpeado por el martillo, acciona el metal laminado hacia abajo, debido a que no es sostenido por el sufridor. El movimiento del metal laminado es transferido al sufridor, aunque, el cual es colocado anexo al área alta, y a los rebotes del sufridor, forzando el área baja que suba. Otra vez, lo más duro que el sufridor sea sostenido contra la parte trasera del metal laminado, habrá más desplazamiento, y lo menos que el martillo tiene que ser "golpeado," causándolo que salte afuera del metal, lo más que el área alta se forzará hacia abajo.

La palma de la mano le dirá cuando detener de darle figura al panel

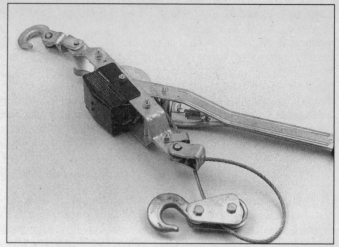

Un "winche" puede ser usado para halar partes de la carrocería en posición, pero asegúrese de que el vehículo está firmemente anclado (no conecte el cable a una construcción y no exceda la capacidad evaluada del winche)

La técnica del martillo aplicado y la técnica del martillo sin ser aplicado para trabajar la carrocería y trabajar el sufridor es usada para traer la parte trasera dañada del panel al contorno normal aproximado, en cual punto las técnicas de terminar el metal son traída en juego. En terminar el metal usted no solamente estará preparando la superficie para el terminando, pero eliminando áreas altas o bajas atraves de usar la punta del martillo y esmerilando.

Las herramientas primarias para pulir el metal son la esmeriladora de carrocería, la lima para la carrocería y el martillo. El primer paso es de trabajar el metal con la esmeriladora o la lima para localizar áreas altas y bajas. Un chapistero profesional de carrocería comenzará con una esmeriladora de la carrocería, pero el chapistero del hogar debe comenzar con la lima de la carrocería, desde que revelará mucho más fácil las áreas que necesitan trabajo adicional.

Cuando la lima de carrocería es pasada encima de un área reparada, cortará la cima de cualquier área y dejará las áreas bajas sin ser tocadas. Es esencial que una lima de carrocería sea usada para este tipo de trabajo, debido a su diseño especial de cortar metal laminado. Se debe usar con suficiente fuerza para trabajar el metal sin perturbar el panel. Después de repasar el área reparada con la lima, usted puede ver áreas que sean excesivamente altas y necesitarán más trabajo de martillo y sufridor. Es más probable, pero, usted encontrará muchas áreas bajas en el área reparada, apareciendo como metal sin haber sido llenado.

El martillo con punta es a menudo usado atrás del metal laminado trabajado para levantar las áreas bajas. Esto es una técnica difícil de dominar, debido a que usted está golpeando un área que usted no puede ver, pero la práctica producirá rápidamente la habilidad de golpear solamente el área correcta. Ponga la palma de su mano en el lugar bajo, entonces golpee suavemente el panel por detrás con el pico del martillo. Usted debe ser capaz de sentir donde llega el golpe y de acuerdo ajustar su puntería. Use un pico que no tenga punta para levantar el área baja con una serie de golpes ligeros. Después que el área haya sido levantada levemente, use la lima otra vez para determinar si el metal ha sido levantado lo suficiente. Repita la operación del pico y la lima hasta que la superficie esté lisa. El martillo de pico se puede usar también para aplastar áreas levantadas pequeñas del exterior del panel. No golpee el metal laminado demasiado duro o se abollará hacia adentro. Use la palma de su

Los gatos de botella están comúnmente disponibles y económicos, se pueden usar en conexión con bloques de madera para empujar la parte de la carrocería otra vez dentro de su lugar

mano para determinar cuando dejar de martillar.

Aunque el chapistero principiante debe aprender a trabajar el metal con una lima de carrocería primero, la esmeriladora de carrocería es una herramienta absolutamente esencial que hará muchos procedimientos de reparación mucho más rápido. La esmeriladora de carrocería no es un taladro eléctrico más grande con un disco de lijar en el. Una esmeriladora de carrocería es mucho más poderosa que cualquier taladro eléctrico y gira mucho más rápido. Si usted no es cuidadoso con ella, es bien fácil de cortar rápidamente atraves de un pedazo de metal laminado con una esmeriladora de carrocería.

Los discos para una esmeriladora de carrocería están disponibles en una variedad amplia de grados y de tipos con capas abiertas y cerradas. Los discos con capas cerradas son bien a menudo usado para el trabajo del terminando de la carrocería, mientras que los discos con capas abiertas son usados para remover pintura. Un disco de 24 grados de espesor es bien a menudo usado para trabajar un panel que se ha reparado.

Usando una esmeriladora de carrocería puede parecer difícil al principio, especialmente debido a que ellas son relativamente pesadas y porque a la velocidad de que ellas giran son difíciles de sostener, pero práctica, y usando ambos mangos, le ayudará a usted a dominar la técnica. Cuando esté usando la esmeriladora de carrocería, córrala atravéz del panel en un ángulo que produzca marcas circulares que le harán puente a las áreas bajas. Usted no quiere que el disco se coloque completamente plano en la superficie que va ser trabajada, desde que esto hará que la esmeriladora sea casi imposible de detener. También, usted no quiere golpear el metal en un ángulo demasiado agudo, que causaría que cortara adentro de la superficie. Un ángulo más leve es mejor, y usted debe aplicar apenas suficiente presión para causar que el disco se doble levemente. El área baja que aparece después de un paso con la esmeriladora debe ser trabajado con un pico, así como ellos fueron trabajados con la lima de carrocería.

Una vez que usted haya reparado todas las áreas bajas y el contorno esté correcto, cambie a un disco 60 de grados de espesor en la esmeriladora de carrocería y lo usa para pulir la superficie en preparación para aplicar el cebador. Este pulidor debe remover los rayones más profundos dejados por el disco de rectificación y la lima de carrocería. Si usted está usando la esmeriladora de carrocería en un área de corona inversa, corte el disco en una forma de estrella con seis a ocho puntas. Un disco redondo tenderá a cortar en el metal en un área de corona inversa, mientras que los puntos de corte de un disco en forma de estrella se doblarán y seguirán el contorno de la corona.

Halando la estructura usted mismo

Si el daño es mínimo, halar/empujando los componentes estructurales otra vez dentro de su lugar se puede hacer con tales herramientas comúnmente disponibles como gatos de tipo botella, un winche (un gancho con un cable operado a mano) y cadenas. También, las yardas para la renta de equipos pueden tener los gatos de carrocería disponibles para ser alquilados. Usted necesitará también varios bloques de madera de los tamaño de 2x4, 4x4 y 4x6 para usarlos para amortiguar y llenar el espacio libre cuando esté usando los gatos.

¡Lo principal de mantener en mente cuando procure remediar el daño estructural, hasta el daño mínimo, es de que halar y empujar en la partes de la carrocería del vehículo pueden ser muy peligroso! Si un gato se resbala o una cadena se zafa, las cosas pueden acontecer muy rápido y una lesión grave puede ocurrir. ¡Siempre use protección para los ojos y guantes de trabajo de cuero (para evitar los cortes con pedazos agudos de metal) y PIENSE ACERCA DE LO QUE USTED ESTA HACIENDO ANTES DE APLICAR CUALQUIER FUERZA CON UN GATO O EL WINCHE!

Si el trabajo que usted está encarado implica cualquier daño mínimo o deformación de un miembro estructural, obtenga ayuda profesional. Recuerde, aunque usted logre obtener una sección de una estructura del unibody otra vez dentro de su lugar, puede haber todavía roturas y otros daños escondidos que afectarán la integridad de la estructura y lo hace peligroso. Componentes de la carrocería que se pueden generalmente halar/empujar otra vez dentro de forma por un chapistero del hogar incluyen los paneles de los interiores de los guardafangos, pilares de refuerzos, puertas y ventanas - NO ATENTE de enderezar otros componentes del unibody. Déjelo que lo haga un profesional.

Cuando esté posicionando un gato, asegúrese de que está bien soportado para que no se resbale - use bloques de madera para proteger la estructura de metal - y trabaje muy lentamente cuando aplique fuerza. Usted pueda que tenga que usar un martillo o calor de una antorcha en conexión con un gato para hacer que el miembro estructural se mueva de regreso en su lugar. Si ése es el caso, tenga mucho cuidado para no comenzar un fuego y no sobrecalentar nada.

Cuando use un winche, asegúrese que los ganchos son asegurados a la carrocería del vehículo con una cadena de buena calidad o pernos y arandelas. ¡No use técnicas rápidas y materiales baratos aquí - su seguridad será arriesgada! También, no exceda la capacidad del equipo que va ser usado o un accidente podría ocurrir. Si un winche es usado, la carrocería del vehículo se tendrá que anclar en dos lados - el lado que va ser enderezado y el lado contrario. ¡ No ancle un winche a una construcción - trate de usar un árbol grande o algún otro objeto que no se fuera a mover cuando fuerza es aplicada!

Antes de hacer cualquier trabajo verdadero, lea las secciones en el Capítulo 3 para **Determinar la extensión del daño y Reparación o reemplazo**. También, lea la sección de **Herramientas y equipos** en el Capítulo 4 y la última Sección en este Capítulo - **Halando estructuras de unibody dobladas**.

Rellenos de plástico

En el Capítulo 5 explicamos cómo reparar abolladuras pequeñas usando llenador plástico para la carrocería. Si usted va a estar implicado en reparaciones más extensas de daño mayor, usted necesita saber más acerca del llenador para la carrocería - los tipos disponibles, cuál(es) usar, cómo mezclarlos, cómo aplicarlos y trabajarlos después de que ellos se sequen.

Los llenadores plásticos para la carrocería son livianos, se adhieren bien al acero usado en las carrocerías de los vehículos y llenan espacios vacíos muy bien. Sin embargo, hay muchos tipos diferentes de masillas, específicamente diseñadas para el uso en diferentes situaciones. Ellas incluyen masillas para el metal, masillas intermedias, masillas plásticas y masillas para abolladuras pequeñas. Refiérase a las tablas que acompañan para una explicación detallada del tipo de cada características, sus usos y los espesores admisibles que pueden ser construidos.

Los llenadores de plásticos para la carrocería entran en varios diferentes tipos y se deben usar con un endurecedor especial - esté seguro de comprar el tipo correcto para la reparación particular que usted está haciendo

Tipo		Propósito principal	Características
Llenador de metal	Tipo de superficie de cera	Reparación de abolladuras	• La cera trabaja hacia grandes o rayones encima de la superficie según se seca, haciéndola necesaria deformar la superficie con una herramienta surform (si papel de lija es usado directamente en la superficie con cera se atorará rápidamente) • Características gruesas de llenar son extremadamente buenas • Después que se seca, comparado con otros llenadores, es más duro y las características de lijar son inferiores
	Tipo liviano		• Contiene pequeñas bolas, haciendo que se aplasten cuando es aplicado con una espátula • Características gruesas de llenar son extremadamente buenas • Buenas características para lijar • Muy poroso
	Tipos para fibra		• Características gruesas de llenar son extremadamente de vidrio o aluminio buenas • Características superiores anti oxidación y durabilidad • Se puede usar para reparar pequeños orificios en el panel
Llenador intermedio			• Buenas características para lijar • Es difícil para poros con pequeños orificios que se formen en él, así que el llenador de plástico se puede eliminar y sellador de tipo laca se puede aplicar directamente encima inmediatamente del llenador
Llenador de plástico	Tipo de Espátula	Llena los poros y rayones de la lijadora en el metal; llena desperfectos hasta 0.080 de de profundidad en los paneles	• No se puede construir mucho espesor • Tiene grano fino y buena pulgada flexibilidad • Debido a que ningún contenido volátil se queda, no hay depilación después de cocinarlo • Las características de lijar son buenas
	Tipo de atomizar		• No se puede construir mucho espesor • Debido a que una pistola de atomizar es usada, puede ser aplicado fácilmente a cualquier localidad • El tiempo de secar es casi dos veces que el sellador aplicado con la espátula
Sellador de laca (compuesto vidriado)		Llena los poros en el sellador de plástico, pequeños desperfectos en la superficie del cebador y pequeños desperfectos en la pintura vieja	• Es suave y flexible • No se puede usar para elevar áreas bajas • Las características de pegarse son buenas • Mientras más grueso sea la acumulación, más largo será el tiempo de secarse

Tipos típicos de selladores de plástico, usos y características

	Llenador de metal	Llenador intermedio	Llenador de plástico		Sellador de laca (compuesto vidriado)
Espesor de la película para una aplicación	3/8-pulgada	3/8-pulgada	Aplicación con espátula 1/8-pulgada	Aplicación con un atomizador 3/64-pulgada	0.040-pulgada

Llenador de plástico para la carrocería - espesor permisible general 1 capa

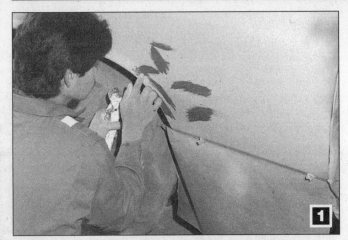

Masilla para reparaciones pequeñas es usada para llenar los rayones menores y otras imperfecciones descubiertas después de la aplicación del cebador

Un procedimiento típico de la reparación que requiere el uso extenso de llenador para la carrocería se debe de enfocar como sigue . . .

1   Seleccione el tipo de masilla que se va a usar. Usted tiene que saber cuando y donde usar los diferentes tipos de masillas si usted quiere el mejor resultado posible cuando haga las reparaciones de la carrocería. Las abolladuras que son más profundo de 1/8-pulgada (si más de 1/8-pulgada de masilla se debe usar) después que el metal se haya trabajado con un extractor y el martillo, debe ser llenado con metal o masilla de tipo intermedia primero, entonces llénelo con masilla de plástico. Una vez que la masilla de plástico se haya lijado, las imperfecciones secundarias se pueden llenar con masilla para orificios pequeños o una capa más de cebador.

Si llenador de metal, masilla intermedia o masilla plástica es usada encima de laca, laca acrílica, acrílico de urétano, laca de urétano de acrílico o pintura horneada (la mayoría de los vehículos nuevos tienen pintura horneada), problemas resultarán (las capas de pintura se pueden comenzar a separar), así que no las use encima de estos tipos de pinturas. En estos casos, la pintura vieja debe ser removida antes de aplicar llenador para la carrocería en el área de reparación.

2   Esmerile o lije la pintura y "desgaste en forma angular" el área donde el llenador será aplicado a la carrocería. Use papel de lija de 60 grados de espesor, menos cuando esté lijando la laca acrílica - use un espesor número 24 en la laca acrílica y continúe con un espesor 60 para remover las marcas dejada por la lijadora de espesor 24. Remueva la pintura de un área acerca de tres pulgadas más allá de la orilla de la abolladura, completamente alrededor.

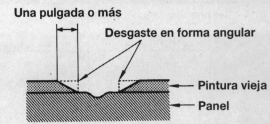

Nota: *Si áreas grandes son implicadas, pueda que sea una buena idea de usar arena con presión de aire para remover la pintura antes de tratar de lijar toda la pintura hacia afuera (el equipo para usar presión de arena está comúnmente disponible para el chapistero del hogar). Si presión de arena es usada, póngase protección para los ojos y esté seguro de limpiar el metal completamente cuando el trabajo esté completo. Otra alternativa es un removedor de pintura químico - esté seguro de seguir las instrucciones en el recipiente cuidadosamente y limpie el metal expuesto completamente antes de proceder con la aplicación de la masilla de sellar.*

3   Use aire comprimido para remover todo el polvo del área de reparación, entonces límpielo con una cera/removedor de silicona. Si está lloviendo o extremadamente húmedo, el panel se debe calentar con una calefacción (esté seguro de que no haya peligro para usarlo alrededor de la carrocería del vehículo que se está reparando) después de limpiar para evitar los problemas con la adherencia del llenador para la carrocería y secar.

4   Mezcle el material de masilla y el endurecedor. Esté seguro de seguir las instrucciones en el recipiente. Use un aplicador de tipo espátula para hacer la mezcla y trate de no crear burbujas de aire en el material - se comenzará a endurecer en

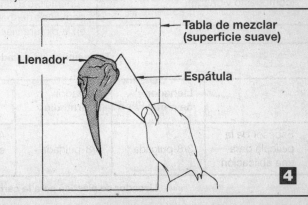

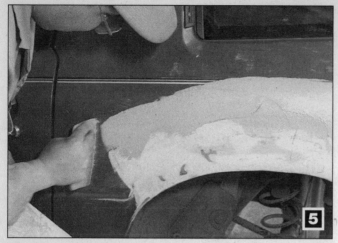

Use brazadas largas del aplicador, . . .

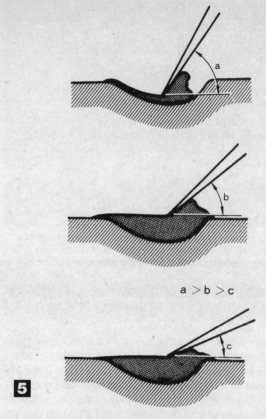

$a > b > c$

. . . acumule varias capas de masilla, disminuyendo el ángulo del aplicador con cada paso, . . .

. . . y trabaje desde el centro hacia afuera de la orilla de la abolladura

cuanto el endurecedor sea mezclado, así que trabaje rápidamente. **Nota:** *Si cantidades grandes de masillas son necesitadas, mezcle unas series pequeñas que puedan ser aplicadas antes de que se comience a endurecer mucho.*

5   *Aplicación general de masilla* - Mueva el aplicador en carreras largas y aplique ligera presión para asegurarse que tiene una buena adherencia. Es mejor construir la masilla en varias capas en vez de aplicar una capa gruesa - esto ayudará a reducir la formación de burbujas y vacíos. Para reducir los bordes formados por el aplicador, comience en el centro del área de reparación y gradualmente amplíe el contacto con el

material de masilla según usted mueve el aplicador hacia la orilla de fuera. Llene las abolladuras y áreas bajas y altas en la masilla inclinando el aplicador. Aplique capas adicionales de masilla antes que la previa se seque completamente.

6   *Aplicando masilla a las superficies niveladas* - La capa de la masilla debe ser delgada próxima a la orilla(s) del área de reparación. Superponga la primera tira de masilla 1/3 a 2/3 su anchura con la segunda tira y continúe aplicando tiras de aplicador de anchura hasta que el área entera esté cubierta. El espesor de la masilla debe ser más grande cerca del centro de la reparación e ir adelgazando hacia afuera de las orillas para que haya muy poca diferencia entre la altura de la masilla y el panel adyacente.

7   *Aplicando masilla a la superficies curvada* - Use un aplicador suave (plástico o caucho) para que la masilla pueda ser formada para conformarse con la superficie según se ha aplicado. Cuando la esté aplicando en áreas que incluyen

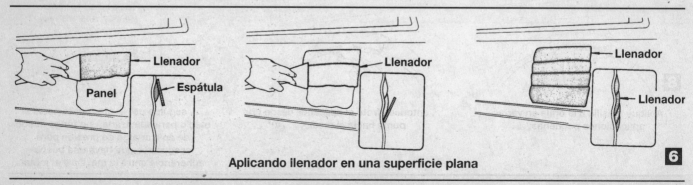

Aplicando llenador en una superficie plana

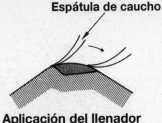

Espátula de caucho

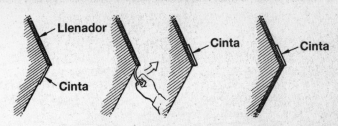
Llenador
Cinta
Cinta
Cinta

7 **Aplicación del llenador en la superficie curvada**

Aplicación del llenador en áreas con líneas en la carrocería

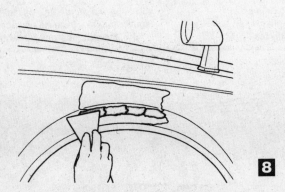

8

En una superficie tal como este labio del guardafango, aplique la masilla en el lado superior de la abolladura, . . .

líneas de la carrocería (los pliegues leves formados intencionalmente en el metal laminado), aplique un par de capas en la pareja de la cinta de aislar en una orilla de la línea de la carrocería y aplique masilla encima de la cinta. Permita que la masilla se seque por varios minutos, entonces remueva la cinta y ponga cinta nueva en la orilla de la masilla nuevo (no apriete demasiado duro). Aplique masilla al lado restante, hasta donde la masilla es cubierta con la cinta.

8   Aplicar masilla a un área que tenga una combinación de áreas planas y superficies curvadas es difícil. Si el contorno del panel no se sigue, una gran cantidad de llenador y lijar será requerido. Para llegar cerca de la forma original del panel, refiérase a la secuencia que acompaña las ilustraciones . . .

9   Permita que la masilla se seque antes de lijarla o moldearla. Normalmente, de 20 a 30 minutos de tiempo secándose es suficiente, aunque temperaturas bajas o humedad alta quiere decir que más tiempo será necesario.

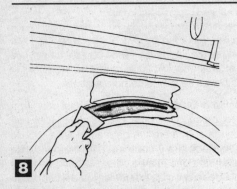

8

. . . úntela desde una punta a la otra (longitudinalmente) suavizándola, . . .

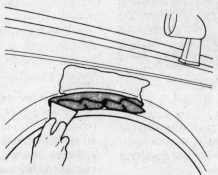

. . . entonces aplique más masilla a la orilla inferior de la abolladura . . .

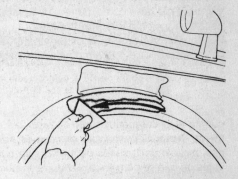

. . . y la aplica longitudinalmente para que haya muy poca diferencia en la altura entre la masilla previamente aplicada y la superficie lisa

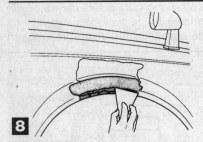

8

Aplique masilla a la orilla en varias aplicaciones pequeñas, . . .

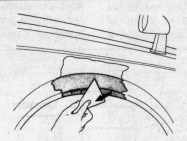

. . . entonces frote el aplicador desde una punta hacia el medio, . . .

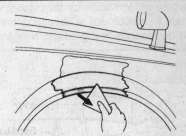

. . . seguido por la otra punta hacia el medio para suavizarla - no tenga miedo de aplicar algo de presión para asegurarse que haya una buena adherencia entre la masilla y el metal

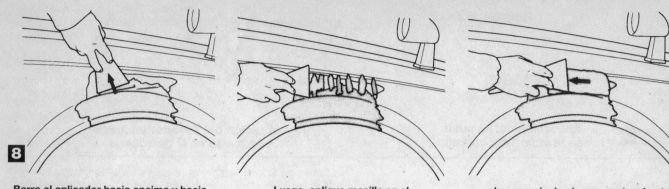

8

Barra el aplicador hacia encima y hacia afuera del pliegue en varios puntos

Luego, aplique masilla en el área encima del pliegue en pequeñas cantidades . . .

. . . y lo esparcía desde una punta a la otra suavizándolo - trate de no tocar la masilla aplicada previamente

10   Si un sellador de tipo cera para la superficie de metal fue usado, puede ser formado aproximadamente con una lima de tipo surform cuando esté medio seco y flexible. Usted tiene que dejar suficiente material para asegurarse que la superficie terminada, después de lijarla, no tendrá marcas de lima en ella, así que no trate de hacer el trabajo final con la lima de tipo surform. Si la masilla se pone demasiado dura, la herramienta de tipo surform no la cortará muy bien. Detenga la lima acerca de 30 o 40 grados de ángulo afuera de la dirección del movimiento y trabaje el área central de reparación hacia afuera en varias direcciones. Trate de emparejar la forma del panel según se está trabajando el material.

11   Para efectivamente lijar el área llenada, use una acción doble, lijadora orbital o en línea recta (dependiendo de la forma y el contorno del área del panel y otros factores, un tipo de lijadora será mejor que la otra). La lijadora de doble acción corta rápido y facilita desgastar en forma angular el borde del área de reparación, pero la almohadilla es pequeña y hará que la superficie sea ondulada si usted no está cuidadoso. La lijadora de línea recta asegurará una superficie de reparación nivelada, pero ellas son pesadas y vibran mucho. La lijadora de acción orbital es más pequeña y más liviana que la lijadora de línea recta y no es realmente la mejor elección para las superficies niveladas. Mueva la lijadora hacia encima y hacia abajo, diagonalmente y hacia adelante y hacia atrás hasta que la superficie del área reparada esté suave y plana.

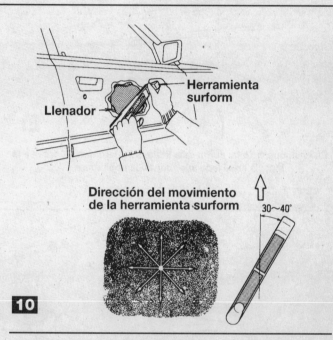

10

12   ¡Comience poniéndose una máscara aprobada para filtrar el polvo - No lije materiales de masilla sin una! Si es posible, use un retenedor para colectar el polvo en la lijadora.

11

Dependiendo del tamaño y la forma del área de reparación, use una lijadora orbital (mostrada aquí) . . .

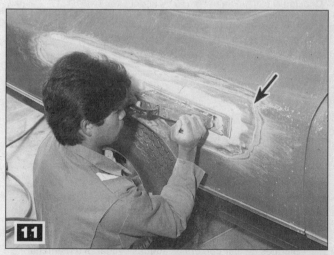

11

. . . o una lijadora de línea recta para formar la masilla y desgastar en forma angular la pintura (flecha)

Mueva la lijadora hacia adelante y hacia tras (1), diagonalmente (2 y 3) y hacia encima y hacia abajo (4) en el área entera de la reparación y en la pintura adyacente

11

Patrón de lijar

13 Lije ásperamente el área completa llenada con una lijadora con un papel de lija de un espesor 80 hasta que la superficie esté suave y empareje el contorno del panel - deje suficiente material para tener en cuenta el final lijado. Si la superficie no está plana, la lijadora todavía se puede usar para otorgarle figura si usted tiene cuidado.

14 Termine de lijar la superficie completa con un papel de lija de 180 grados de espesor hasta que el material de la masilla esté levemente más alto que el panel adyacente de la carrocería. Deje suficiente material para permitir lijar los rayones profundos en la masilla con la mano.

15 Guarde la lijadora y termine a mano. Use un papel de lija de 180 grados de espesor en un bloque de lijar (preferiblemente uno hecho de madera) y desgaste en forma angular el

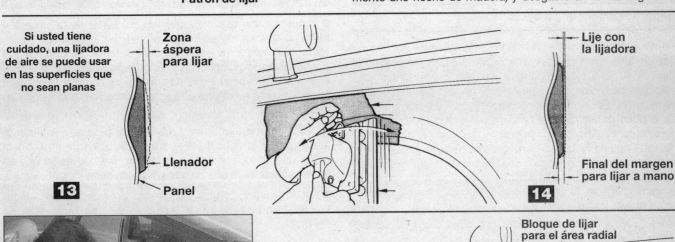

Si usted tiene cuidado, una lijadora de aire se puede usar en las superficies que no sean planas

Zona áspera para lijar

Llenador

Panel

13

Lije con la lijadora

Final del margen para lijar a mano

14

15

Concentre sus esfuerzos cerca de la orilla del área rellenada para desgastar en forma angular la masilla en el panel adyacente

Desgaste en forma angular

Desgaste en forma angular

Bloque de lijar para el área radial

Llenador

Papel de lija

Use un bloque de lijar que esté formado como la parte que va ser lijada para que la superficie sea uniforme

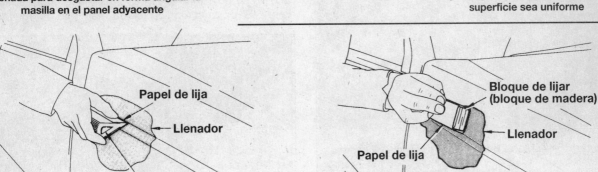

Papel de lija

Llenador

Bloque de lijar (para una línea de la carrocería)

15

Bloques de lijar con orillas agudas ayudarán a mantener las líneas de la carrocería agudas y rectas

Bloque de lijar (bloque de madera)

Llenador

Papel de lija

Un bloque pequeño de lijar de madera es muy efectivo para lijar la orilla de una línea estrecha área de reparación (estreche el material de masilla en el panel adyacente). Para áreas redondas, hundidas y arrugadas, bloques de lijar pueden ser hechos especialmente siguiendo el contorno del panel.

16   Después que las orillas se hayan desgastado en forma angular, repase el área completa con una lija MUY DELGADA para remover cualquier rayones dejado por la lijadora y empareje la superficie llena con el panel de la carrocería. Siga el mismo patrón que usted usó con la lijadora (Paso 11). Use la palma de su mano y las puntas de sus dedos para sentir por un paso donde la masilla se mezcla en el panel y para las áreas altas y bajas. Si mucha masilla es removida, más tendrá que ser aplicada y el proceso de lijar se tendrá que repetir.

Reparación mayor de óxido

La reparación menor de óxido (de orificios de dos pulgadas de diámetro o menos) fueron cubiertos con detalles en el Capítulo 5. Para áreas oxidadas que sean más grandes, dos enfoques para reparar son posible. Si el daño de la oxidación es extremo o extendido, sería probablemente mejor reemplazar el panel entero o, en el caso de las puertas, guardafangos delanteros, el capó y el maletero, componentes de la carrocería (vea Capítulo 7). Si el área oxidada es relativamente grande, pero generalmente limitada a esa área sola, puede ser recortada y un parcho de metal laminado se puede soldar o puede ser remachado en su posición o puede ser afianzado con tornillos. Proceda como sigue . . .

1   Remueva la pintura en un área de una a dos pulgadas alrededor del área de oxidación dañada. Use una lijadora y discos de lijar de espesor grueso.

2   Corte la moldura del metal oxidado con tijeras de hojalatero, un cincel de aire o una sierra de metales.

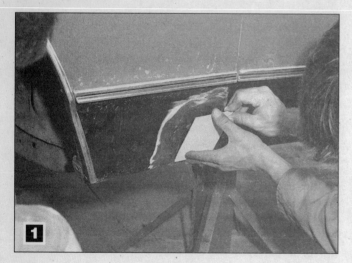

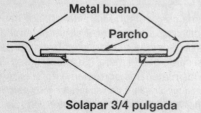

Metal bueno

Parcho

Solapar 3/4 pulgada

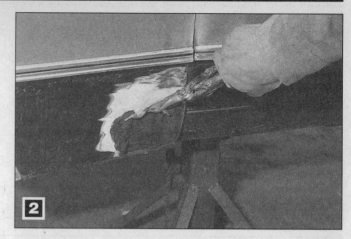

3   Aplique una sustancia química para detener la oxidación al metal adyacente, particularmente en el interior del panel. **Nota:** *Los productos químicos para detener la oxidación son hechos por varios fabricantes. Ellos reaccionan con la oxidación y se transforman en una substancia llamada "oxidación negra", que es químicamente estable y no continuará comiéndose el metal.*

4   Use un martillo de carrocería para pegarle gentilmente alrededor de la orilla de la abertura - la abertura misma y el metal bueno adyacente deben formar una depresión que se extiende acerca de una pulgada más allá del orificio.

5   Use aire comprimido para deshacerce de todo el polvo y la tierra, entonces limpie el área con una cera/removedor de silicona.

6   Corte un pedazo de metal laminado para que entre adentro de la depresión y descanse en el metal bueno - debe solaparse acerca de 3/4-pulgada. La superficie superior del parche debe ser levemente más baja que el panel adyacente. **Nota:** *Parches especiales de metal pre formados, que hacen pareja con ciertos contornos de la carrocería, están disponibles para algunos vehículos - chequee con una refaccionaría o chapistería.*

7   El parcho puede ser soldado, soldadura de punto, remachado en su posición o conectado con tornillos. Si tornillos de metal laminado son usados, trate de encontrar unos hechos de acero inoxidable y esté seguro de esmerilar las cabezas completamente hacia abajo después que el parcho sea asegurado en su posición para que la masilla lo cubra adecuadamente. Si un soldador es usado, esmerile completamente

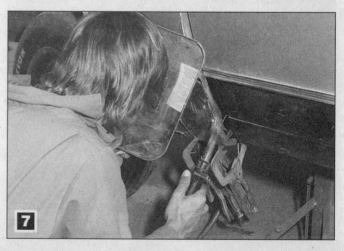

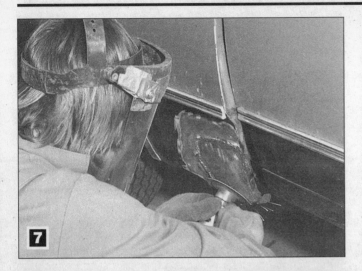

Después que el material de masilla ha sido
lijado completamente, . . .

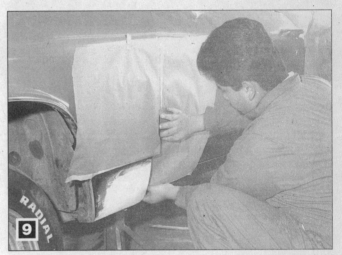

. . . proteja concinta adhesiva los paneles circundantes
de la carrocería . . .

hacia abajo el reborde - la acoplación entre el parcho y el
panel debe ser lo más liso como sea posible.

8   Refiérase a la Sección de **Llenador de plástico** en este
Capítulo y use un llenador de carrocería de fibra de vidrio o
tipo de aluminio para completar la reparación.

9   Después que el llenador para la carrocería haya sido terminado de ser lijado, aplique cebador y pintura como está descrito en los Capítulos 8 y 9.

10   Es muy importante de prevenir que el agua entre la parte
trasera del área de la reparación o la oxidación reaparecerá
rápidamente. Aplique compuesto contra la oxidación en la
parte trasera del panel y asegúrese que todos los orificios de
drenaje estén abiertos (si es aplicable). También, selle hacia
afuera cualquier abertura que podría permitir que el agua
entrara. Si la parte trasera de la reparación es accesible, aplique una cantidad de sellador de carrocería a la costura entre el
parcho y el panel original.

Técnicas de reparación para las carrocerías de fibras de vidrio

Reparando una carrocería de fibra de vidrio o panel no es
realmente más difícil que trabajar en el metal laminado - es
solamente que las técnicas y los diferentes materiales son
requeridos. Y, así como con el metal laminado, usted tiene que
aprender a usar los materiales correctamente si la reparación
va a ser efectiva.

Trabajando con fibra de vidrio y materiales de reparación de
fibra de vidrio puede causar algunos problemas, especialmente

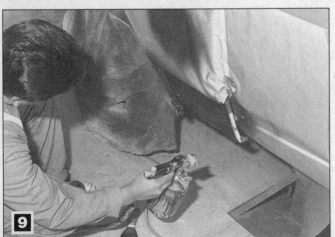

. . . y aplique más cebador y pintura (pintura de retoque aerosol
se puede usar, aunque una pistola de atomizar es preferida)

irritación de la piel causada por resinas o partículas de fibras de vidrio bien finas. A causa de esto, ciertas precauciones se deben tomar cuando esté trabajando con fibra de vidrio . . .

1 Use una crema protectora en sus manos, muñecas y los antebrazos. Aplique la crema uniformemente, trabájela en la piel, aplique una segunda capa, entonces detenga sus manos y los brazos debajo de agua fría por un minuto para acentuar la crema.

2 Remueva las mezclas de resina de su piel lo más rápido como sea posible - definitivamente antes de que comience a asentarse. El removedor de pintura o jabón y agua se puede usar para remover la resina.

3 Cuando esté esmerilando o lijando la fibra de vidrio, use un respirador para mantener las partículas de fibra de vidrio fuera de sus pulmones.

4 Si irritación de la piel debido al polvo de la fibra de vidrio comienza a aparecer, lave el área afectada con jabón y agua fría.

5 Algunos productos de resinas mezcladas producen vapo-res tóxicos y deben ser usados solamente en una área bien ventilada o aire libre.

6 Use la aspiradora inmediatamente después de terminar el trabajo de esmerilar y lijar.

Generalmente las reparaciones de las fibras de vidrio caen en una de las cuatro categorías:

- Reparaciones cosméticas menores (rayones, etc.)
- Reparación de construcción cosmética
- Reparación de parcho externa
- Reparación de parcho interna

Las dos primeras, la reparación de cosméticos menores y reparación de construcción cosmética, son muy parecidas a la reparación de rayones menores y abolladuras en el panel de metal, aunque algunas técnicas especiales sean requeridas. Los dos procedimientos finales de reparación, las reparaciones de parches externos y parches internos, son para daños mayores donde hay verdaderamente un orificio o una grieta completamente a través de la fibra de vidrio.

Reparación cosmética menor

1   Donde la pintura haya sido rasguñada hasta la superficie de la fibra de vidrio, pero la fibra de vidrio misma no ha sido penetrada, la reparación es esencialmente a la pintura. Comience por usar removedor de pintura para limpiar completamente el área del rayón.

2   Desgaste en forma angular la pintura en el área del rayón con papel de lija de 220 grados de espesor mojado o seco, trabajando hacia afuera aproximadamente dos pulgadas alrededor del rayón. No lije profundamente en la fibra de vidrio. Termine lijando con papel de lija mojado de 400 grados de espesor hasta que usted tenga una superficie lisa y desgastada en forma angular. Use una cera/removedor de silicona para limpiar completamente el área, entonces finalmente repase la superficie con una tela pegajosa.

3   Atomice una capa ligera de cebador, permita que se seque completamente, entonces rocíe otra capa. Tres o cuatro capas se deben aplicar, permitiendo que cada capa se seque completamente antes de aplicar la próxima. Entonces el cebador debe ser permitido que se seque por lo menos una hora.

4   Una vez que el cebador se seque completamente, se debe lijar ligeramente con papel de lija de 400 o 600 grados de espesor. La idea es de obtener una superficie bien lisa, pero no lijar atravéz del más cebador. Si usted lija a través del cebador, seque el área completamente, aplique más cebador, permita que se seque, entonces comience a lijar otra vez.

5   Permita que el área lijada se seque completamente, límpiela con una tela pegajosa para asegurarse que no hay residuos del cebador lijado, entonces atomice una capa de pintura de "retoque" (disponible en la mayoría de los concesionarios y tiendas de partes automotrices). Permita que la capa atomizada se seque por diez minutos más o menos, entonces atomice una serie de capas finales delgadas, permita que cada capa se seque antes de aplicar la próxima.

6   Permita que la pintura se seque por lo menos una semana, entonces use un compuesto de pulir bien fino para mezclar la pintura nueva con el final adyacente.

Construcción de la reparación cosmética

Nota: *Las siguientes fotos están codificadas para los procedimiento de paso a paso con un número en las ilustraciones en la parte izquierda superior de cada ilustración. El número es correspondiente al número para el procedimiento del paso.*

Construcción de la reparación cosmética se refiere a reparar un área dañada donde el daño es bastante profundo requiriendo el uso de masilla, pero la fibra de vidrio no ha sido penetrada completamente. Generalmente éste tipo de daño es en forma de una ranura profunda atravéz de la pintura y adentro de la fibra de vidrio.

La llave para reparar ésta clase de daño es obtener una superficie limpia para la masilla . . .

1   Para comenzar, el área se debe lavar completamente con cera/removedor de silicona, entonces una esmeriladora de mano se debe usar para remover la primera en la capa de la fibra de vidrio en el área de la reparación. La preparación ideal de la superficie sería de contar la fibra de vidrio en una "V," empezando en la superficie sin daño y siguiendo en un ángulo hacia abajo en la parte más profunda del área dañada, como una versión ampliada de desgaste en forma angular en el borde de la pintura. Esté seguro de usar una máscara de cara o un respirador cuando esté esmerilando la fibra de vidrio.

2   Limpie el área de reparación con una cera/removedor de silicona, entonces lo limpia con una tela pegajosa para remover cualquier residuo del lijado.

3   Para el material de masilla usted necesitará comprar una resina adhesiva de tipo epoxy hecha especialmente para la reparación de la carrocería de la fibra de vidrio. Generalmente el epoxy es mezclado con el endurecedor en una proporción de uno a uno (en vez de la proporción común de cincuenta a uno usada para los llenadores de plástico de la carrocería), pero esté seguro de chequear las instrucciones con el producto que usted compró para la proporción exacta de la mezcla.

4   Derrame el material de masilla en el área dañada con un cuchillo para masilla o aplicador de llenador para la carrocería, usando suficiente material para producir una superficie nueva más alto que la superficie original. Esté seguro de usar el cuchillo de masilla o aplicador para remover todas las burbujas.

Nota: *El epoxy toma considerablemente un tiempo más largo que la masilla plástica para curar. Uses luces de calor, colocadas de 12 a 18 pulgadas de distancia del área de reparación, para apresurar el procedimiento. Con luces de calor se curará generalmente en aproximadamente una hora. Si las luces de calor no están disponible, la masilla se puede curar a la temperatura de la habitación, pero el tiempo de curar será aproximadamente doce horas.*

5   Una vez que la masilla se haya curado, usted necesitará una esmeriladora y una lima de carrocería para trabajar el contorno aproximadamente hacia el área de la reparación del panel. Trabaje cuidadosamente para que usted no remueva mucha materia. Cuando usted lo tenga lo suficiente bajo a cerca del panel original, termine el contorno con papel de lija de 320 grados de espesor y un bloque de lijar, suavizando la masilla y mezclándola con la superficie original de la fibra de vidrio. Cambie a un papel de 400 grados de espesor y desgaste en forma angular la pintura hacia abajo hasta la fibra de vidrio.

6   Atomice varias capas más de cebador, permita que cada capa se seque antes de aplicar la próxima, entonces lije el área del cebador con papel de lija de 400 grados de espesor mojado o seco para obtener una superficie suave como un vidrio. Cuando usted haya terminado de lijar, permita que el área se seque completamente, límpiela con una tela pegajosa, entonces atomice una capa de pintura de aerosol "retoque" en bote (disponible en la mayoría de los concesionarios y tiendas de partes automotrices). Permita que la capa atomizada se seque por diez minutos más o menos, entonces atomice una serie de capas finales delgadas, permita que cada capa se seque antes de aplicar la próxima.

7   Permita que la pintura se seque por lo menos una semana, después use un compuesto de pulir fino para mezclar la pintura nueva en el final adyacente.

Reparación de parche externo

La reparación de parcho externa es bien a menudo usada en áreas agrietadas, tal como alrededor de los guardafangos de fibra de vidrio de las ruedas en las carrocerías de los Corvettes, o en los deflectores delanteros de fibra de vidrio. Cuarteaduras desarrolladas generalmente en áreas de alta vibración - es importante que la reparación cubra la grieta completa o el daño podría volver a ocurrir.

1   El primer paso en la reparación del parche externo es de remover toda la pintura afuera de la fibra de vidrio en varias pulgadas alrededor del área que va ser reparada. En el área de la grieta misma usted debe esmerilar hacia adentro de la fibra de vidrio (sin esmerilar completamente a través), hasta que una "V" sea formada.

2   Corte una tira pequeña de tela de fibra de vidrio, levemente más larga que la grieta y aproximadamente 3/4-pulgada de ancho. Si la grieta no es recta, corte la tela para emparejar la curvatura de la grieta.

3   Corte un segundo pedazo de tela de fibra de vidrio que se extenderá aproximadamente dos pulgadas en cada lado de la grieta. Esta tela no debe extenderse más allá del área que se ha lijado para descubrir la fibra de vidrio. Si usted no puede ajustar un pedazo de tela de este tamaño en el área lijada, lije más pintura hasta la fibra de vidrio. No reduzca el tamaño del parcho.

4   Siguiendo las direcciones en el bote, mezcle una cantidad pequeña de resina y endurecedor a la misma ves, después use una brocha para aplicar la resina en el área completamente lijada en el panel de reparación, especialmente adentro de la grieta.

5   Antes de que la resina se cure, coloque un pedazo pequeño de fibra de vidrio en la grieta y lo reviste liberalmente con resina. Coloque el segundo pedazo (más grande) de tela de fibra de vidrio en el área y lo satura completamente con resina, especialmente en las orillas.

6   Permita que la fibra de vidrio se cure completamente, después use una lijadora de mano (no una esmeriladora de carrocería) para lijar el área reparada hasta que se empareje ásperamente con el contorno original del panel. Cambie a un papel de lija de 280 grados de espesor y un bloque de lijar y suavice la superficie un poco más. No se preocupe de lijar demasiado hasta abajo, o apariencia de burbujas pequeñas en la fibra de vidrio, debido a que usted estará poniendo una capa de epoxy en el área de la reparación como una masilla.

7   Limpie la reparación con una cera/removedor de silicona, entonces la limpia con una tela pegajosa para remover cualquier residuo de lo que se lijó.

8   Compre un bote de epoxy hecho para la reparación de la carrocería de fibra de vidrio y lo mezcla con el endurecedor en la proporción especificada en las instrucciones. Esto será generalmente uno a uno.

9   Aplique el epoxy en el área dañada con un aplicador de llenador para la carrocería, aplique suficiente material para producir una superficie nueva levemente más alta que la superficie original. Usted querrá aplicar solamente una película muy delgada de epoxy - apenas lo suficiente para lijarla. Esté seguro de trabajar todas las burbujas fuera del epoxy.

10   Ponga luces de calor de 12 a 18 pulgadas en el área de reparación y permita que el epoxy se cure por lo menos una hora. Si las luces de calor no están disponible, permita que el epoxy se cure toda la noche (por lo menos doce horas) a la temperatura de la habitación.

11   Una vez que la masilla se haya curado, moldéela en el contorno con papel de lija de 320 grados de espesor y un bloque de lijar, suavizando la masilla y mezclándola en la superficie original de la fibra de vidrio. Cambie a papel de lija de 400 grados de espesor y desgaste en forma angular la pintura hasta la fibra de vidrio.

12   Atomice varias capas más de cebador, permita que cada capa se seque antes de aplicar la próxima, entonces lije el cebador con papel de lija de 400 grados de espesor mojado o seco.

13   Cuando usted haya terminado de lijar, permita que el área se seque completamente, límpiela con una tela pegajosa, entonces atomice una capa de pintura de un bote de aerosol para "retocar" (disponible en la mayoría de los concesionarios y tiendas de partes automotrices).

14   Permita que la capa atomizada se seque por diez minutos más o menos, entonces atomice una serie de capas finales delgadas, permita que cada capa se seque antes de aplicar la próxima.

15   Permita que la pintura se seque por lo menos una semana, después use un compuesto fino de pulir pintura para mezclar la pintura nueva adentro del final adyacente.

Reparación de parche interno

Una reparación de parche interno es usada cuando usted tiene un orificio o una grieta completamente através de un panel de fibra de vidrio.
Nota: *Las siguientes fotos están codificadas para los procedimiento de paso a paso con un número en las ilustraciones en la parte izquierda superior de cada ilustración. El número es correspondiente al número para el procedimiento del paso.*

1   Igual que con otros tipos de reparaciones de fibra de vidrio, la primera cosa que debe hacer es limpiar completamente el área que va ser reparada. En este caso, eso significa no sólo remover toda la pintura y lijar la superficie de la fibra de vidrio, pero lijar también el interior del panel de reparación y cortar todos los pedazos flojos o fragmentos de fibra de vidrio destrozada en el área dañada.

2   Esmerile la fibra de vidrio en un ángulo superficial extendiéndose por lo menos 1-1/2 pulgada hacia afuera de la que-

bradura, para que la fibra de vidrio en el área quebrada sea tan fina como un papel.

3   Lije la pintura por lo menos dos pulgadas en los lados alrededor del área que va ser reparada, entonces limpie el área de la reparación con una cera/removedor de silicona.

4   Corte un pedazo de película de liberación lo suficiente grande para que superponga bastante del área lijada y se extienda hasta las superficies pintadas. Si la película de liberación no está disponible, papel de poliestireno usado para envolver alimento se puede usar. Use cinta de aislar para conectar la película al panel de la carrocería, alargándolo y apretándolo para que se conforme con el contorno de la forma original del panel.

5   Corte cuatro o cinco pedazos de tela de fibra de vidrio, cada una aproximadamente dos pulgadas más grande en todas las direcciones que el área que va ser reparada.

6   Mezcle la resina líquida y el endurecedor en las proporciones especificadas en el bote, entonces empape el primer pedazo de tela de fibra de vidrio en la resina y la coloca encima de la hoja de la película de liberación, allanando todas las arrugas y las burbujas con una brocha de pintar. Repita el proceso con las otras hojas de fibra de vidrio, después use luces de calor colocadas de 12 a 18 pulgadas para apresurar que se cure la resina. Con luces de calor la resina se debe curar por lo menos en una hora. Si las luces de calor no están disponible, permita que la resina se cure toda la noche (por lo menos doce horas).

7   Cuando la resina se haya curado, remueva la cinta y la película de liberación permitiendo que el parcho de fibra de vidrio sea separado del panel.

8   Pele la hoja de la película de liberación hacia afuera por la parte trasera del parcho, entonces lije la superficie del exterior con papel de lija áspero (80 grados de espesor) para proporcionar una superficie buena de adherencia.

9   Taladre dos orificios 1/8-pulgada en el centro del parcho, en un área que se expondrá en el área dañada.

10   Mezcle una cantidad de adhesivo de epoxy con endurecedor y aplíquelo liberalmente en dos pulgadas de la parte exterior de la orilla entera del parcho.

11   Enrosque un pedazo de alambre o cuerda fuerte através de los dos orificios con las puntas que se salgan através de la superficie superior del parcho, ponga el parcho en su posición en la superficie interior del área dañada y use la cuerda o el alambre para halarlo hacia encima.

12   Tuerza el alambre o la cuerda alrededor de los pedazos de madera para tener el parche apretadamente contra el interior del panel hasta que el adhesivo de epoxy se cure. Las luces del calor, colocadas de 12 a 18 pulgadas en el área de reparación, apresurará el proceso de curar. Debido a que el epoxy es ocultado entre dos capas de fibra de vidrio, debe ser permitido que se cure por lo menos cuatro horas con las luces de calor, y doce horas si las luces de calor no están disponible.

13   Después que el epoxy deteniendo el parche se haya curado completamente, remueva el alambre o la cuerda.

14   Mezcle una cantidad de epoxy para usarlo como llenador y lo aplica en el área dañada con un cuchillo de masilla o aplicador de llenador para la carrocería. Aplique suficiente materia para producir una superficie nueva más alta que la superficie original. Esté seguro de usar el cuchillo de masilla o aplicador para trabajar todas las burbujas hacia afuera.

15   Use las luces de calor para curar el epoxy por aproximadamente una hora o permitir que se cure toda la noche si las lámparas de calentar no están disponibles.

16   Use una esmeriladora y una lima de carrocería para trabajar el contorno aproximadamente como el panel que se está reparando. Trabaje cuidadosamente para que usted no remueva mucho material. Cuando usted lo haya bajado cerca del panel original, termine siguiendo el contorno con papel de lija de 320 grados de espesor y un bloque de lijar, suavizando la masilla y mezclarla con la superficie original de la fibra de vidrio.

17   Cambie a un papel de lija de 400 grados de espesor y desgaste en forma angular la pintura hasta la fibra de vidrio.

18   Rocíe varias capas más de cebador, permita que cada capa se seque antes de aplicar la próxima, entonces lije el cebador con un papel de lija de 400 grados de espesor mojado o seco.

19   Cuando usted haya terminado de lijar, permita que el área se seque completamente, límpiela con una tela pegajosa, entonces atomice una capa de pintura de aerosol para "retocar" (disponible en la mayoría de los concesionarios y tiendas de partes automotrices).

20   Permita que la capa atomizada se seque por diez minutos más o menos, entonces atomice una serie de capas finales delgadas, permita que cada capa se seque antes de aplicar la próxima.

21   Permita que la pintura se seque por lo menos una semana, después use un compuesto de pulir bien fino para mezclar la pintura nueva alrededor de los finales adyacente.

Extrayendo abolladuras en las estructuras unibody (unidad compuesta de carrocería/chasis)

Cuando la palabra alineación sobresalga en una conversación, por lo menos donde personas involucradas con vehículos son concernidas, todos piensan inmediatamente acerca de poner las ruedas delanteras apuntando, e inclinada la cantidad correcta. Lo cuál está bien, a menos que usted esté trabajando en una carrocería, en cuál caso usted va a estar mucho más interesado en cómo las puertas cuelgan que cómo las ruedas rastrean.

Usted puede gastar horas tras horas extrayendo hacia afuera una abolladura, llenar, lijar, aplicar cebador y pintar - y la cosa completa será una perdida de tiempo si la puerta no cierra o el capó se sobresale una pulgada encima del lado de los guardafangos. Los paneles no sólo tienen que tener el contorno correcto, pero ellos tienen que acoplar correctamente y emparejar con los otros paneles alrededor de ellos.

Hay dos clases de alineación que estaremos tratando con: la alineación de la estructura básica - el unibody o el chasis - y la alineación de los varios paneles que son instalados con pernos o soldados a la estructura básica, tales como los guardafangos, las puertas y el capó.

Haciendo que la estructura básica, todo lo que se atornilla o se suelda al chasis, esté recto es una necesidad absoluta. Si la estructura inferior no está recta, nada más va a acoplar. Y eso quiere decir que usted debe de tomarse el tiempo para medir exactamente y para ajustar exactamente la estructura básica antes de hacer cualquier atento para alinear los paneles exteriores.

Si está tratando con un vehículo de tipo unibody (muy comunes estos días) o un chasis y una estructura inferior que

se le atornilla, o todavía un híbrido donde usted tiene una sección central del unibody con sub bastidores atornillados o soldado en el frente o atrás, es posible que todo esté tan completamente fuera de alineación que nada acoplará bien, y se mira perfectamente con el ojo. La única manera de averiguar si la estructura está correcta es con una cinta que medir.

Otra vez, no importa si usted está tratando con la construcción de un unibody o una carrocería con el chasis separado, el secreto es de seleccionar las "áreas" para las referencias de medir y hacer comparaciones de lado a lado. Los manuales de la carrocería de la fábrica a menudo dan las medida uniformes para la distancia del punto A al punto B, pero ellos no son realmente necesarios para decirle si la estructura está fuera de alineación. Lo qué es necesario son las figuras de comparación, tomadas de las áreas opuesta del vehículo.

Cualquier vehículo que usted esté trabajando con es básicamente simétrico. Esto es, el lado izquierdo y el lado derecho son imágenes de espejo uno y el otro. La distancia trasera izquierda del capó del lado derecho delantero del capó es la misma que la distancia del lado derecho trasero al lado izquierda delantero (asumiendo que el capó esté recto). La distancia de la cima del pilar del parabrisas a la orilla trasera inferior de la puerta en el lado derecho debe ser el mismo que en el lado izquierdo. La distancia de la esquina derecha inferior del parabrisas al punto donde los pernos del soporte de apoyo del radiador al guardafango del lado izquierdo delantero deben ser el mismo que la distancia de la esquina inferior de la izquierda del parabrisas al lado derecho del soporte de apoyo del radiador. Tomando las medidas y comparándolas de lado a lado es llamado verificación de tipo X, y es la única manera cierta de determinar si la estructura básica está recta antes de que usted empiece a atornillar o soldar los paneles exteriores en su posición. Las áreas más comunes de medir son:

• La parte inferior del parabrisas al borde del chasis del unibody en cada lado.

• El resorte superior, amortiguador o punto de montaje del puntal a un punto en el lado opuesto del área debajo del parabrisas.

• La parte superior del pilar del parabrisas en un lado del punto de afianzamiento del soporte del radiador en el lado opuesto.

• La rotula del brazo de control inferior de un lado al frente del chasis o unibody en el lado opuesto.

• La parte superior del poste del parabrisas a la parte del borde inferior de la puerta.

• La bisagra inferior de la puerta a la parte superior del pilar trasero.

• La parte delantera de la puerta delantera a la parte trasera de la puerta trasera.

• La parte superior del pilar del parabrisas en un lado a la base del pilar trasero en el lado opuesto.

• El punto de montaje de la bisagra del maletero en un lado al final del chasis o estructura del unibody en el lado opuesto.

• El punto de montaje de la bisagra del maletero en un lado al centro del mecanismo del cerrojo del maletero.

• La punta exterior del eje trasero (por lo general desde un lado del montaje del espárrago) al final del chasis o estructura del unibody en el lado opuesto.

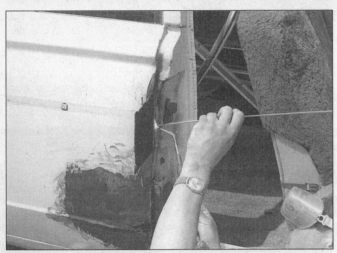

El daño al pilar de la puerta era mínimo, pero previno que la puerta se pudiera cerrar apropiadamente - para repararla, un plato fue soldado al pilar, . . .

. . . un aparato extractor fue conectado al plato . . .

Obviamente, los chequeos de X se pueden hacer en una amplia variedad de lugares. La mayor cantidad de chequeo que usted haga, las menores oportunidades que usted encontrará después de que usted comience a reemplazar paneles exteriores de que la estructura inferior esté algo virada.

Mantenga en mente que la mayoría de las medidas que usted haga pueda que muestre que la estructura está completamente recta - pero todo lo que toma es una área que esté fuera de lugar para que los paneles se cuelguen torcidos. Si un vehículo se envuelve en un accidente, digamos, en el guardafango del lado derecho delantero, es completamente posible que el poste del parabrisas derecho delantero sea empujado fuera de alineación. El techo en ese lado probablemente está muy alto, el poste de la puerta estará muy atrás, el parabrisas y el capó no acoplaran y la puerta no cerrará. Y la distorsión de la parte inferior del poste del parabrisas pueda que esté más o menos 1/4 de pulgada fuera de lugar.

Generalmente la mayor cantidad del daño de la estructura a un vehículo será hecho cuando se vuelca o cuando el impacto es ocasionado en un lado. En un accidente de un vuelco, es típico de que la estructura, incluyendo el para brisas y el pilar superior trasero y hasta el pilar de la puerta sea empujado fuera de figura, puede por lo general ser enderezado por gatos por la parte de adentro del vehículo. Pero, si colapso de la estructura general, es por lo general más efectivo de simplemente localizar un techo nuevo en un rastro, cortar el techo viejo y poner el nuevo en su lugar.

Cuando el daño estructural se haya extendido adentro del pilar de la puerta o, en el caso de un accidente lateral, la extensión del daño debe de ser cuidadosamente evaluado antes de comenzar el trabajo en el vehículo (vea **Determinado el tamaño del daño** en el Capítulo 3 para más información). Los pilares doblados de las puertas por lo general pueden ser enderezados en una maquina de alineación o empujado hacia afuera con gatos hidráulicas. En el caso de los vehículos con unibody, las estructuras del piso viradas pueden generalmente ser extraídas hacia afuera si el daño no es muy severo o, como una opción, una sección sin daño se puede cortar de otro vehículo y ser soldada en el vehículo que tiene el daño. Pero, daño mayor de la estructura al piso del unibody o una estructura separada del chasis debe de ser evaluada financieramente o hasta tratar de atentar de reparar el vehículo. Muy seguido el costo, en ambos tiempo y dinero, del procedimiento de enderezar donde este tipo de daño se ha hecho es más que el valor actual del vehículo.

. . . y el pilar fue cuidadosamente y deliberadamente halado otra vez dentro de alineación

La alineación de la puerta fue cuidadosamente chequeada en cada paso, para asegurarse de que el pilar no se movió demasiado

Notas

Capítulo 7   Reemplazo de los componentes de la carrocería

La cantidad del daño implicado, y el tiempo que le tomará para repararlo, es el factor más importante de considerar cuando esté decidiendo si reemplazar un componente, un panel o una sección de un panel, o de tratar de enderezarlo. También hay que tomar en consideración la cantidad de tiempo que usted esté dispuesto a invertir en un trabajo de reparación. Un chapistero profesional debe contar su tiempo como dinero, y equilibrar el costo del tiempo de reparar un panel contra el costo de un panel de reemplazo o un componente. El chapistero del hogar que hace su propio trabajo pueda que no considere el elemento del tiempo tan importante como un chapistero profesional de carrocería, y puede proporcionar más horas para reparar o enderezar un panel que un profesional. Y, al mismo tiempo, recuerde que un panel de reemplazo o un componente completamente nuevo casi siempre se verá mejor que un panel reparado, sin importar que tan cuidadosamente el trabajo de la reparación sea hecho.

Prácticamente cada parte de la carrocería de un vehículo está disponible en forma de reemplazo del fabricante, los suministradores del mercado alternativo o rastros. Hasta las estructuras inferiores están a menudo disponible, especialmente de rastros, aunque generalmente son reparados antes de ser reemplazados. El reemplazo es generalmente limitado a las partes del metal laminado tal como el techo, paneles laterales traseros y paneles laterales inferiores y componentes como los guardafangos, las puertas (cubiertos separadamente en el Capítulo 10), la tapa de capó y maletero o la puerta elevadora

trasera. **Nota:** *Tome algo de tiempo para leer a través de la Introducción en la sección para reemplazar los paneles en el Capítulo 1 y las primeras dos secciones en el Capítulo 3 para la información adicional.*

Componentes que se atornillan

Capó

El capó es normalmente atornillado a las bisagras en cada esquina de atrás, aunque algunos vehículos tengan las bisagras en el frente. Si el mismo capó va a ser instalado, esté seguro de pintar o rallar una marca alrededor de las cabezas de los pernos y alrededor de las orillas de los platos de las bisagras. Esto asegurará que el capó podrá ser puesto en posición nuevamente en la misma ubicación, minimizando los ajustes.

También, antes de aflojar los pernos de la bisagra, coloque una frazada vieja o un pedazo de cartón grande entre la orilla trasera del capó y el panel del capó para prevenir daño si el capó oscila hacia atrás durante el periodo de remover.

Con un par de ayudantes que le ayuden a detener el capó, remueva los pernos y levántelo fuera del vehículo.

Durante la instalación, coloque el capó en posición y mueva las bisagras y los pernos a sus lugares originales, usando las marcas que usted hizo como una guía. Refiérase a la Sección de *Alineación de los componente de la carrocería* en este Capítulo para el procedimiento de ajuste del capó.

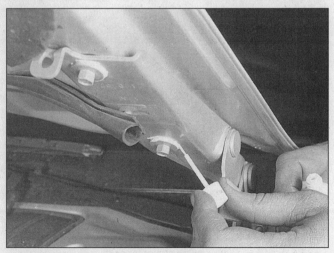

Marque las posiciones de las arandelas para los pernos de la bisagra al capó antes de removerlos para que ellos puedan entrar en sus mismos lugares para preservar la alineación del capó cuando sea reinstalado

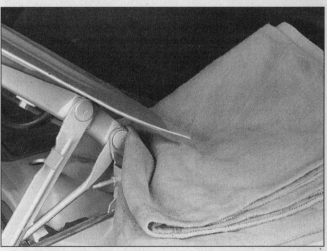

Proteja el parabrisas y el área circundante del capó por daños con trapos o cartón en caso de que el capó se resbale hacia atrás durante el periodo cuando se está removiendo

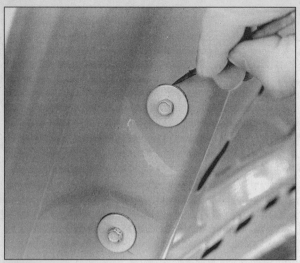

Antes de remover o instalar la tapa del maletero, pinte o ralle alrededor de las arandelas de las cabezas de los pernos para indicar las posiciones originales y la extensión del movimiento durante los ajustes

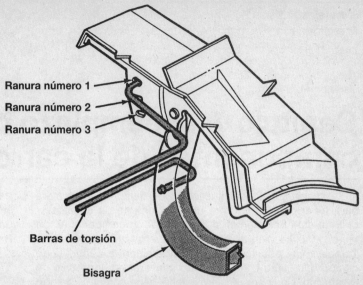

Detalles típicos del montaje de la barra de torsión para la tapa del maletero

Tapa del maletero

Remover, instalar y ajustar la tapa del maletero son esencialmente lo mismo que los procedimientos para el capó. Note, sin embargo, que muchos diseños de maleteros tienen las bisagras dentro de los miembros de apoyo, con solamente los pernos accesible. En esos casos, remueva los pernos y deslice la tapa del maletero fuera de las bisagras.

Las tapas de los maleteros tienen generalmente una característica ajustable de abertura que causa que se abra automáticamente cuando la cerradura o el picaporte es liberado. El diseño de este mecanismo varía de fabricante a fabricante, pero implica generalmente una barra de torsión puesta en posición entre las bisagras en alguna forma. Las puntas de las barras entran en unos orificios de alguna manera, generalmente permitiendo el ajuste de la tensión moviendo el final de la barra a un orificio diferente. Note que algunos diseños incorporan mucho más tensión que otros, que pueden dirigir a un peligro potencial de seguridad durante el ajuste. Consulte su manual de reparación para la información específica con respecto al modelo de su vehículo.

Puerta trasera que se eleva

La abrazadera o elevador traseros pueden ser removidos y pueden ser ajustados siguiendo la información para el capó encima. Para el acceso a las bisagras, usted tendrá que remover las molduras del interior y/o halar hacia atrás el tapiz interior del techo levemente. Haga esto cuidadosamente para evitar romper el material. Como el capó, la abrazadera o elevador trasero es bastante pesado y difícil de manejar, así que tenga por lo menos un ayudante disponible para ayudar durante el proceso de remover e instalar.

Guardafangos delanteros

Estos componentes son relativamente fáciles de reemplazar, debido a que ellos son realmente atornillados a la estructura del unibody en el borde superior, borde trasero, la parte delantera y ambas puntas del arco en la abertura de la rueda. Esté seguro de desconectar todos los alambres que van hacia

las luces montadas en los guardafangos o remueva los ensamblajes livianos antes de remover cualquier perno. Aplique cinta adhesiva a la orilla delantera de la puerta adyacente al guardafango - esto prevendrá daño a la pintura en la puerta según los guardafangos son removidos. El protector interior del guardafango debe ser removido primero (afianzadores plásticos son a menudo usado, así que planee comprar unos nuevos para la instalación del protector). Asegure el capó para que se quede abierto para que no se cierre inesperadamente.

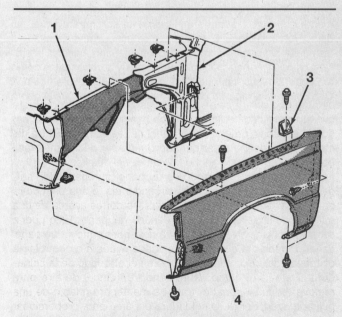

Los guardafangos delanteros son atornillados a la carrocería en varios lugares - esté seguro de separar todos los alambres o remueva los ensamblajes ligeros antes de remover los pernos de cualquier cosa

1	Protector para el guardafango	3	Estabilizador
2	Pilar delantero	4	Guardafango

Paneles soldados

Porque hay diferencias entre fabricante y fabricante de cómo los varios paneles exteriores son conectados a la estructura inferior, los paneles generalmente grandes, que serían retorcidos fácilmente por el calor, son soldados con soldaduras pequeñas de punto. Un ejemplo de esto es el techo, que es soldado con soldaduras pequeñas de punto en la estructura inferior, entonces llenado con soldadura de carrocería, o con soldadura de arco en su posición. Los paneles más pequeños, y los paneles con curvas de refuerzo para la estructura, no son tan fácilmente retorcidos por el calor. Ellos son a menudo soldados a la estructura inferior, con soldadura circulando el panel completo.

Si el daño al vehículo es tanto que cualquier parte del panel o un panel completo deba ser reemplazado, la primera tarea, debe ser hecha antes de que el panel dañado sea removido, es asegurarse de que el área que rodea el panel, y la estructura del soporte inferior, sea apropiadamente alineada (vea Capítulo 6 para más información).

Después de chequear y corregir la alineación de la estructura, es tiempo de remover el panel dañado. Cómo es removido, depende de cómo es conectado y qué herramientas usted tiene disponible. Los paneles que son soldados con soldadura pequeña de punto a la estructura pueden ser removidos fácilmente taladrando los punto de soldadura. Esto se puede hacer generalmente con una broca, aunque sierras especiales para orificios y cortadores de soldaduras pequeñas de punto están disponible (vea Capítulo 4 para más información). Un panel sostenido por muchas soldaduras pequeñas, o por uno afianzado en su posición por soldadura de fusión, puede ser removido generalmente con una antorcha cortante, si usted tiene cuidado. Los factores críticos son de limitar la distorsión del panel por calor a un mínimo absoluto y para evitar a comenzar un fuego en la tapicería.

Si usted tiene acceso a uno, no hay mejor herramienta para remover el panel que un cincel de aire. El cincel de aire cortará exactamente y rápidamente un panel soldado, o una sección de un panel, sin ninguna distorsión del metal laminado circundante por el calor. Esto es especialmente importante cuando reemplace artículos de los paneles laterales traseros, donde el trabajo de mezclar el panel de reemplazo adentro del metal laminado sin estar dañado puede ser hecho más fácil por los cortes exactos hecho con un cincel de aire.

Cuando esté trabajando en un panel que haya sido soldado por fusión a los paneles circundantes, o a la estructura principal, usted debe tratar de hacer los cortes acerca de una pulgada de la sección soldada dañada del panel. Esto podría ser muy útil si una antorcha se va usar para remover un panel dañado, debido a que el área soldada ayudará a controlar la distorsión del calor en los paneles en el otro lado de la soldadura. Todavía si usted está usando un cincel de aire para remover el panel dañado, trate de mantener un labio de una pulgada alrededor de la soldadura del área para proporcionar suficiente materia para conectar el panel de reemplazo. Recuerde cuando esté asegurando un panel de reemplazo de un rastro, donde usted lo tendrá que cortar hacia afuera de otro vehículo, para cortar más cerca de la soldadura, o quizás todavía en el otro lado, para darle lugar a la moldura y un labio para conectar el panel a su vehículo. En ambos casos, el recorte debe de ser hecho con cuidado y preciso para obtener un buen acoplamiento y una acoplación fácil del panel nuevo.

Reemplazo parcial de un panel, debido a la causa del daño por un accidente o porque el panel se haya oxidado, es probablemente la forma más común de reparación mayor de carrocería de los vehículos. Los paneles laterales inferiores, paneles inferiores de la puerta y bajo los paneles laterales traseros son las secciones más a menudo reemplazadas. Mientras que la puerta entera o paneles laterales traseros pueden ser reemplazados, es más común de reemplazar solamente la sección del panel que haya sido dañada.

Reemplazo del panel lateral trasero

Por ejemplo, miremos a un vehículo que sostuvo daño en la parte inferior del panel lateral trasero, entre la abertura de la rueda y el parachoque trasero, como resultado de un choque.

Primero, chequee para asegúrese que el daño es limitado al panel lateral trasero. Si se extiende en el pilar del techo o sección del maletero, un procedimiento más extenso de la reparación se requerirá. También chequee cuánto el panel lateral trasero es afectado. ¿Es limitado a la sección trasera del panel lateral trasero o se extiende encima y/o adelante de la abertura de la rueda? Si es limitado a la sección trasera, entonces un reemplazo solamente parcial del panel es implicado. Si se extiende más allá de la abertura de la rueda, entonces el panel entero debe ser reemplazado probablemente, junto con un guardafango interior. Un procedimiento típico de la reparación debe ser hecho como sigue. . .

1   ¿Si el vehículo tiene un chasis separado, el chasis está empujado hacia atrás del eje o las perchas de los resorte fueron dobladas fuera de forma? Si es un diseño de unibody, asegúrese que la estructura fundamental no haya sido dañada.

2   Usando un lápiz de grasa o tiza, señale el área para ser reemplazada. Cuando sea posible, siga el contorno del panel, pero también trate de hacer todos los cortes en líneas rectas. Esto hará la acoplación del panel de reemplazo al vehículo más fácil. Seleccione los puntos de referencia, tales como los calzos de los parachoques, molduras y aberturas de las puertas, y mida desde los puntos de referencia a la línea del corte. Apunte las medidas. Si usted va a reemplazarlo con un panel de un rastro, llévelo con usted cuando usted vaya a recortar el panel de reemplazo.

3   Con el panel de reemplazo en su taller o garaje, transfiera las líneas de corte del panel dañado al panel de reemplazo, usando marcas de referencia para asegurar la certeza.

4   Use un cincel de aire para cortar el panel de reemplazo a través de las líneas marcadas - mantenga los cortes rectos y exactos lo más posible. Note que en este punto usted todavía no ha cortado la sección dañada del metal laminado hacia afuera del vehículo (la sección que será reemplazada).

5   Posicione el panel de reemplazo cortado en la sección dañada, alineándolo con cuidado para asegurarse que cuidadosamente empareje con el contorno original de la carrocería. Usted podría taladrar unos cuantos orificios de 1/8-pulgada en ambos paneles de reemplazo y el panel dañado que está debajo y afiance el panel de reemplazo temporariamente en su posición con remaches.

6   Con el panel de reemplazo asegurado en el panel dañado, use un rallador para transferir el contorno del panel de reemplazo al metal laminado original.

La carrocería y el panel de reemplazo deben estar limpios antes de que algo sea soldado en su posición - aplique una sustancia química para detener la oxidación del metal expuesto de la carrocería (flechas) y el lado de la parte trasera del panel nuevo

7   Remueva el panel de reemplazo. Usted ahora tendrá una línea conveniente exacta de corte para remover el panel dañado. Note que en este tipo de reparación usted no quiere nada del metal laminado superpuesto, como si usted estuviera reemplazando el panel lateral trasero completo.

8   Con mucho cuidado use un cincel de aire para cortar el panel dañado en la parte interior de la línea rallada. Inevitablemente el cincel de aire causará algo de distorsión del panel que se afianza con la orilla del corte. Use un martillo y un sufridor (muy livianamente) para enderezar cualquier área doblada - haga lo mismo alrededor de la orilla del panel de reemplazo.

9   Use una brocha de alambre en un taladro eléctrico para limpiar las orillas de la abertura de la carrocería y el panel de reemplazo - si oxidación era la razón para la reparación, aplique una sustancia química para detener la oxidación al metal expuesto. **Nota:** *Productos químicos son hechos por varios fabricantes para detener la oxidación. Ellos reaccionan con la oxidación y se transforman en una substancia llamada "oxidación negra", que es químicamente estable y no continuará comiéndose el metal.* Después que el panel es instalado, aplique compuesto de antióxido a las áreas interiores del panel lateral trasero también.

Si remaches o tornillos son usados, deje una pestaña en la carrocería para que el panel nuevo se pueda conectar a él, y para taladrar una fila de orificios para aceptar los afianzadores

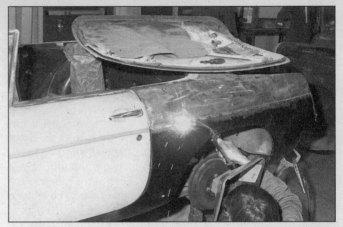

El panel soldado restaurará la carrocería a una apariencia de condición nueva y reduce significadamente la cantidad del llenador y trabajo de lijar requerido para terminar la reparación

Si la costura de soldadura está correctamente formada, muy poco trabajo de esmerilar se necesitará para preparar el área para la aplicación de la masilla

10   Posicione el panel nuevo en la carrocería y use grapas o remaches para detenerlo temporariamente en su posición.

11   Refiérase al Capítulo 12 y suelde con soldadura de punto el panel de metal laminado existente, entonces suelde la acoplación completa. Use una soldadura MIG (soldadora al metal con gas inerte) y siga las instrucciones para soldar paneles grandes.

12   Esmerile las soldaduras, entonces termine la reparación con masilla plástica.

Una alternativa para soldar la sección nueva del panel en su posición, una que es especialmente buena para el chapistero del hogar, es de instalar el panel de reemplazo con remaches (o tornillos) . . .

1   Después de trazar la forma del panel de reemplazo en el panel dañado con un rallador, haga el corte acerca de 1/2-pulgada en el *interior* de la línea. Esto resultará en una pestaña, donde se puede conectar el panel de reemplazo.

2   Posicione el panel de reemplazo y lo detiene en su posición con abrazaderas.

3   Taladre una serie de orificios en ambos paneles, por los bordes, después instale los remaches o tornillos. Si tornillos son usados, trate de encontrar afianzadores hechos de acero aniquilado.

4 Una vez que el panel esté firmemente conectado, use un martillo de carrocería para forzar los remaches o cabezas de los tornillos y el borde del panel de reemplazo levemente debajo del contorno original del panel. Si tornillos son usados, usted puede esmerilar las cabezas para evitar tener que usar mucha masilla más adelante.

5 Complete la reparación con masilla plástica. Esto no resulta en una reparación de la misma calidad como una soldadura, pero es mucho más rápido, y para el principiante que carece de las habilidades bien desarrolladas de soldar, serán más fácil y más efectivo.

Reemplazo del panel lateral inferior

Reemplazo del panel lateral inferior es muy similar al reemplazo del panel lateral trasero y es relativamente sencillo, otro que tener que trabajar cerca del piso. Es más fácil si usted puede poner el vehículo encima de estantes o rampas, donde usted tendrá más lugar para trabajar y poder ver mejor. Los paneles laterales inferiores generalmente son soldados con soldaduras pequeñas de punto en su posición - taladre hacia afuera la soldadura, remueva el panel y o remache, soldando con una MIG (soldadora al metal con gas inerte) o bronceoldadura en el panel nuevo en su posición es todo lo que es requerido. Mantenga en mente que casi en todos los casos, es más fácil de reemplazar un daño u oxidado en un panel lateral inferior que es repararlo.

Reemplazo de la lamina de la puerta

El panel más común de reemplazo parcial o lamina es el panel de la puerta. Las puertas son casi siempre dañadas en cualquier choque con la excepción de los choques delanteros o traseros, y ellos son también altamente susceptibles a daños de oxido debido a los drenajes de agua obstruidos. Use caución cuando repare una puerta que haya sido extensamente dañada por la oxidación. Bien a menudo una puerta oxidada tendrá también partes interiores dañadas por la oxidación, que significa que es más apropiado de reemplazar el componente entero con uno de un rastro.

Dependiendo de la extensión del daño y el diseño de la puerta, usted puede querer reemplazar la lamina entera o una parte de ella. Bien a menudo, reemplazando una sección debajo

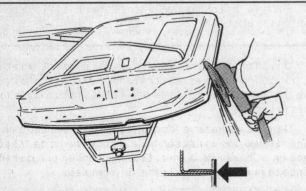

Para remover una lamina de la puerta, simplemente esmerile hacia afuera la orilla de la pestaña del dobladillo, completamente alrededor, y taladre hacia afuera cualquier soldadura pequeña en la orilla superior, cerca de la ventana

de la moldura (si una es usada) puede ser todo lo que es requerido. Si no hay moldura para esconder el remache o la costura de la soldadura, es una buena idea para reemplazar el panel entero de la puerta, debido a que trabajar el centro de un panel de corona baja, especialmente donde soldadura es requerido, es bastante difícil. Si la parte del panel original va a ser recortado, el corte debe ser hecho o en la línea de la banda (apenas debajo de la ventana) o debajo de la moldura (si uno es usado). El panel se debe cortar con un cincel de aire, dejando suficiente material para el panel de reemplazo de solaparse.

Usted notará que la orilla de la lamina de la puerta es sostenida al marco de la puerta con una pestaña comprimida de dobladillo. Use una esmeriladora para remover la orilla redonda del panel para separarlo del marco de la puerta. Ambos el panel exterior y lo que se deja de la pestaña simplemente se caerá, dejando el chasis preparado para el panel nuevo. La mayoría de los paneles de reemplazo vienen con la pestaña ya doblada, listo para resbalarlo encima del chasis. Todo lo que es necesario es rizar y, en algunos casos, unas soldaduras de punto para asegurar el panel al marco de la puerta.

Cuando conecte un panel de reemplazo con una coyuntura traslapada, use tornillos de metal laminado para detenerlo en su posición mientras que secciones cortas del panel alrededor del perímetro son soldadas, entonces remueva los tornillos y llene las roscas con masilla plástica.

Si el panel va a ser soldado al panel viejo, refiérase al Capítulo 12 y use una soldadura para el metal de gas inerte para afianzar el panel en su posición. Si es posible, haga la soldadura en la parte interior de la puerta para que usted no tenga que esmerilar la soldadura hasta el contorno de la puerta antes de aplicar masilla plástica.

Reemplazo de la lamina de la tapa del maletero y el capó

Los paneles de la tapa del maletero y el capó son exprimidos a la armazón que refuerzan los mismos paneles de la puerta de manera que estén asegurados a la estructura interior de la puerta, así que el reemplazo es similar - usted está trabajando con un pedazo de metal más grande. Antes de atentar de reemplazar la lamina de un capó o tapa de maletero, chequee con un rastro - un componente completo de reemplazo puede ser más barato de instalar.

Reemplazo de la lamina superior

El techo es generalmente el panel mayor más fácil de reemplazar en un vehículo. Por supuesto, usted tendrá que asegurarse primero de que la estructura inferior está apropiadamente alineada y, si no, póngala adentro de la forma apropiada otra vez. Una vez que la estructura inferior se haya empujado hacia afuera (si es necesario) y alineada con las puertas, el panel superior dañado (lamina) puede ser removido. Use un cincel de aire para hacer el corte acerca de una pulgada del molde, el parabrisas y las orillas traseras de la ventana y remueva el panel. La tira restante, que es generalmente una soldadura pequeña en la estructura fundamental, entonces pueden ser "pelada", que no estaba visible cuando el panel entero estaba en su posición, puede ser taladrado hacia afuera y la pestaña ser removida. Tornillos de metal laminado son usados para detener el panel nuevo en su posición, suéldelo con punto de soldadura en la estructura inferior, entonces use masilla plástica para completar la reparación.

Alineamiento de los componentes de la carrocería

Componentes delanteros

La mayoría de los vehículos tienen un chasis o, un sub chasis atornillado, o una sección laminada estructural de metal en el frente, donde el capó, los guardafangos, guardafangos interiores, el radiador/apoyo de la parrilla, componentes de la suspensión y, en algunos casos, miembros transversales de apoyo para el motor son atornillados o soldados. A causa de ésta característica de diseño, es común de reemplazar antes de reparar los componentes delanteros mayores. Una vez que la alineación de la estructura delantera haya sido chequeada y, si es necesario, corregida, solamente ajustes menores de los componentes conectados son necesarios.

Los fabricantes permiten ellos usando puntos de montajes ajustables para el capó y los guardafangos. En algunos casos láminas para ajustes son usadas para instalar los componentes en su ubicación. En otros, los orificios de montaje son alargados para permitir que el pedazo sea movido con relación a la estructura y el metal laminado circundante.

La razón principal por esto, aunque usted esté reemplazando un componente con una parte del rastro o instalando un componente nuevo directamente del fabricante, es que ellos muy rara vez acoplan correctamente. Las tolerancias en los componentes pueden "acumular", dirigiendo a un capó que esté recto y verdaderamente directo, pero uno que no acoplará con los guardafangos ni el capó. En la fábrica, cuando el vehículo viene en la línea de ensamblaje, esto es corregido generalmente por uno o más especialistas que usan nada más sofisticado que sus ojos, algo de apalancamiento y un 2x4 para acoplar el panel. Usted no tendrá que constantemente mover la línea de ensamblaje para tener con que contender, así que usted puede tomar un poquito más de tiempo cuando esté ajustando la altura del guardafango y la localidad del picaporte y la bisagra, etc. Sin embargo, usted encontrará todavía que un bloque de madera grande de 2x4 vendrá a mano para virar el panel para un acoplamiento perfecto.

Ajuste de los componentes delanteros debe de ser enfocado en abrir el capó para emparejar la forma del capó. En casi todos los casos, el apoyo de los guardafangos y el radiador son atornillados en su posición, entonces el capó es instalado y todo es cambiado alrededor hasta que el capó acople. Aunque el capó se pueda mover hacia adelante y hacia atrás, también como hacia encima y hacia abajo, durante la alineación inicial (poniendo el orificio en la forma correcta) usted debe mover el apoyo de los guardafangos y el radiador - entonces mueva el capó según sea requerido para el acoplamiento final.

Mover un guardafangos es simplemente una cuestión de aflojar todos los pernos, entonces hacerle palanca al guardafango en la dirección requerida. En algunos casos, especialmente cuando esté moviéndolo hacia adelanta o hacia atrás, usted tendrá que usar un gato hidráulico - esto debe ser hecho como último recurso, cuando nada más hará que el capó se acople correctamente. Antes de que usted haga los cambios mayores en la alineación, baya de regreso y repita todas las medidas de chequeo X (Capítulo 6) para asegurarse de que la estructura del unibody o el chasis está recta.

Bien a menudo cuando reparación delantera mayor del metal laminado ha sido hecho en un vehículo, la abertura del capó acabará siendo demasiado estrecha al frente. La mejor manera de curar este problema (otra vez, asumiendo que

Los guardafangos pueden ser ajustados removiendo los pernos de afianzamiento (no se olvide de los pernos en el soporte de apoyo de radiador) . . .

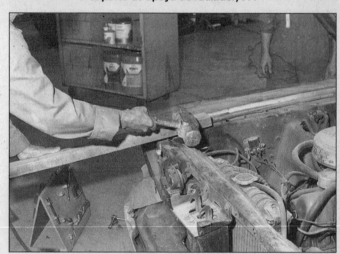

. . . y persuádalos hacia adentro o hacia afuera, hacia adelante o hacia atrás, con un gato o un martillo grande y un bloque de madera

usted haya hecho los chequeos X necesarios y la alineación de la estructura está correcta), es de remover los pernos de los guardafangos (no deje de observar los pernos en el soporte de apoyo del radiador), use un gato hidráulico o un martillo y un bloque de madera grande para separar los guardafangos y agregar láminas para ajuste, un número igual en cada lado, a los pernos entre los guardafangos y el apoyo del radiador.

Una vez que usted tenga el panel alineado lo más cerca a la parte correcta como sea práctico, es tiempo de usar los ajustes del capó para poner las partes perfectas.

Comience con las bisagras del capó, porque ellas solamente le darán más distancia de movimiento - más opciones para la colocación - que cualquier otro punto de ajuste. Moviendo los platos de la bisagra o el mismo capó, después de aflojar los pernos, agregar o restar arandelas/láminas de ajustes debajo de las cabezas de los pernos, usted puede mover el capó hacia encima o hacia abajo, o hacia adelante o hacia atrás en la abertura del capó. Recuerde de apenas aflojar los pernos cuando haga los ajustes y apriételos un poquito cuando esté chequeando por acoplamiento. Los resortes de la bisagra pueden fácilmente cambiar la posición del capó cuando usted trate

Afloje los pernos de la bisagra al capó para mover el capó hacia adelante o hacia atrás o de lado a lado

El frente del capó, adyacente al lado de cada guardafango, es normalmente ajustado aflojando las contratuerca en los parachoques del capó y los gira levemente para elevarlo o para bajarlo

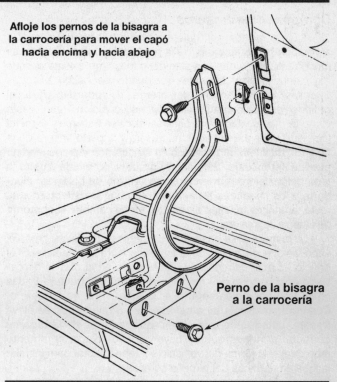

Afloje los pernos de la bisagra a la carrocería para mover el capó hacia encima y hacia abajo

Perno de la bisagra a la carrocería

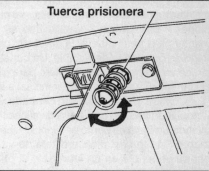

Tuerca prisionera

Este tipo de picaporte de capó puede ser ajustado para detener el capó cómodamente contra los parachoques después que la contratuerca se haya aflojado

de cerrarlo, y moverse otra vez cuando usted lo abra, haciendo los ajustes una repetición que no lo llevará a ningún lugar.

La mayoría de los capós tienen parachoques de caucho instalados en el apoyo del radiador para controlar la altura delantera, mantenga el capó bajo tensión cuando se esté cerrando, para reducir la vibración en el metal laminado. Antes de hacer cualquier otro ajuste en la parte delantera del capó, use los parachoques para poner la altura apropiada con relación del lado de cada guardafango (generalmente, los parachoques se pueden girar para levantarlos o bajarlos después de aflojar una contratuerca en el poste roscado). Recuerde, que el capó debe descansar firmemente en los parachoques cuando esté en la posición cerrada. Use el ajuste del picaporte para asegurarse que el capó está sostenido firmemente contra los parachoques.

Ocasionalmente, especialmente cuando usted haya comprado un capó nuevo del fabricante original o una compañía del mercado alternativo, usted encontrará que está "virado" levemente. Eso es, todavía con todos los ajustes correctos, una esquina pueda que esté demasiado alta mientras que la otro esquina se alinea perfectamente con los guardafangos. Para repararlo, saque el 2x4 (un bloque de madera pequeño trabajará) o un martillo grande de caucho y dele al metal laminado un empuje en la dirección que usted quiere que baya. Coloque el bloque (o el martillo) entre la orilla del capó y la cima de los guardafangos, bloqueándolo, entonces inclínese suavemente en el capó para doblarlo levemente. La idea es de "alabear" el capó un poquito para ponerlo en alineación, no lo doble verdaderamente (en el sentido de poner un rizo en el metal). Trabaje lentamente y cuidadosamente hasta que usted lo tenga correcto.

Los ajustes finales del capó son hechos con el mecanismo del picaporte, una mitad es instalada en el capó y la otra mitad en el apoyo del radiador. Así como con las bisagras del capó, el picaporte del capó se puede mover generalmente del lado ha lado y hacia encima y hacia abajo (detenga el capó cerrado cómodamente contra los parachoques de caucho).

La manera más fácil de ajustar la posición del picaporte del capó es de aflojar los pernos levemente, solamente lo suficiente para que el mecanismo del picaporte se mueva cuando presión es aplicada, entonces cierre el capó. El mecanismo del picaporte debe centrarse cuando el capó sea cerrado. Abra cuidadosamente el capó y apriete los pernos. Finalmente, ajuste el picaporte del capó hacia encima o hacia abajo según sea necesario para que el capó sea sostenido cómodamente contra los parachoques. También, chequee para asegurarse que el gancho de seguridad para el capó esté trabajando.

Componentes traseros

Ajustar la tapa del maletero o puerta elevadora trasera apropiadamente después de la reparación de un choque, es mucho más difícil que el ajuste del capó, simplemente porque hay menos lugares de ajustes que pueden ser hecho. Mientras que los guardafangos delanteros y soportes para el radiador/parrilla son atornillados en su posición y son, hasta cierto punto, ajustable, los paneles laterales traseros y el metal laminado debajo de la ventana trasera y la parte trasera de la tapa del maletero son soldado en su posición y en general no pueden ser móvido. Esto significa que si no puede ajustar la tapa del maletero moviendo el mecanismo de bisagras, picaporte y los chequeos X han mostrado que la estructura está recta, entonces la única alternativa es de cambiar el contorno de la tapa del maletero.

La primera cosa que tiene que ser chequeada, así como el capó, es si el orificio es de la forma correcta para la tapa. Si el orificio es muy estrecho en una punta o en la otra, o demasiado ancho, entonces hay algo mal con la estructura y más chequeo, y posiblemente halar la estructura, es requerido. Cuando trate con la tapa del maletero o puerta que se eleva trasera, usted tiene que asumir que la forma de la tapa es correcta (a menos que se haya dañado e incorrectamente reparada), y la forma del vehículo se debe adaptar para instalar la tapa en términos del tamaño completo.

Una diferencia mayor entre la tapa del capó y la tapa del maletero es en la forma que sella - el capó, para todas intenciones y propósitos, no sella. Eso es, no es esperado que mantenga el agua afuera. El maletero, por el otro lado, es asumido de que sea impermeable. Un burlete de caucho es usado alrededor de la orilla del maletero para alcanzar esto. Refiérase al Capítulo 5 para chequear como sella el burlete.

Con la tapa del maletero centrada y el picaporte ajustado apropiadamente, si está fuera de alineación debe ser corregido usando un 2x4, así como el capó. El ajuste más común necesitado en la tapa del maletero será de un contacto más grande contra el burlete en un lado o en el otro, o posiblemente en ambos lados. La manera más fácil de hacer este ajuste es de colocar un bloque de madera (o martillo de caucho) entre la orilla inferior de la tapa del maletero y el picaporte, entonces empuje hacia abajo suavemente en el lado que necesita más un contacto mayor con el burlete. Si ambos lados se deben bajar, obtengan a un amigo para ayudarlo y haga ambos lados al mismo tiempo envés de tomar el chance de alabear la tapa del maletero haciendo un lado a la vez.

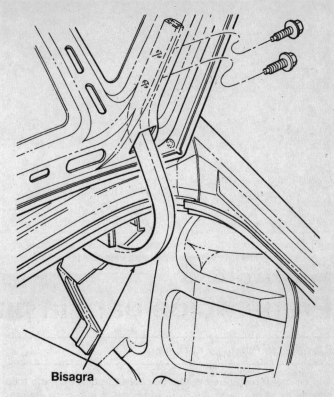

Bisagra

Una bisagra típica que se acopla en un miembro que no permite mucho ajuste para la tapa del maletero

La mayor parte del tiempo, el desajuste de la tapa del maletero significará que no hace contacto completo con el burlete. Ocasionalmente, sin embargo, donde especialmente se ha hecho trabajo extenso de chapistería, el burlete será demasiado alto, o mantiene la tapa del maletero para que no se cierre o levante la orilla encima de los guardafangos. Si este es el caso, utilizando un martillo de caucho bajará generalmente la pestaña para alinear bastante la tapa.

La tapa del maletero puede estar levemente fuera de alineación en varias áreas. Moviendo el bloque de madera o martillo de caucho alrededor y aplicando juiciosamente la presión puede entrar otra vez dentro de alineación. Recuerde, tenga cuidado cuando esté "virando" el metal laminado - un poquito de paciencia puede prevenir daño y reparaciones innecesarias.

Capítulo 8
Preparación para la pintura

Preparación de la pintura vieja

La mejor pintura en el mundo, aplicada con el grado más alto de experiencia, no se mirará mejor que una capa de pintura de casa aplicada con una brocha, si empieza a caerse o está llena de áreas peladas, cubiertas de ampollas o se está burbujeado. Y eso es exactamente lo que acontecerá en su trabajo nuevo de pintura si la pintura vieja no se condiciona apropiadamente antes de que usted empiece a aplicar el material nuevo.

Probablemente cerca del noventa por ciento de los problemas que ocurren con un trabajo de pintura nueva puede ser trazado directamente a la preparación impropia de la superficie vieja. Si usted no remueve todas las huellas de contaminantes hacia afuera del terminado, la pintura nueva no se pegará. Si usted no lija apropiadamente los pequeños rayones del cebador y rayones en la pintura vieja, ellos aparecerán claramente cuando la pintura nueva sea aplicada. Si usted se olvida de esas áreas difíciles de alcanzar, como debajo de las asas de las puertas y en las persianas del capó, la pintura probablemente se pelará después de un par de días, y usted acabará haciendo la mitad del trabajo de pintura otra vez - o vivir con un vehículo que tiene rasgos feos.

¡La primera cosa de hacer es limpiar el vehículo - completamente! Y no solamente con jabón y agua. Para obtener la superficie limpia realmente, usted necesita un limpiador diseñado especialmente para la preparación de las superficies pintadas. Ellos son referidos generalmente a como solventes o removedores de silicona (DuPont **Prep-Sol**, Ditzler **Acryli-Clean** y 3M **Limpiador de Propósito General de Adhesivo y Removedor de Cera** son los más comunes). La silicona, usada en muchas ceras y los limpiadores, es el enemigo número uno de la pintura nueva, seguido de cerca por la cera y el aceite, así que asegúrese que usted obtiene un limpiador que sea efectivo para remover la silicona.

La mayoría de los removedores de cera/silicona son aplicado con un trapo limpio, entonces inmediatamente removidos con otro trapo. Algunos incluyen instrucciones de no usar

El solvente removedor de cera/silicona es probablemente el artículo más importante necesitado para preparar la carrocería para el cebador y la pintura nueva - si no se usa para limpiar, el cebador/pintura nueva no se podrá adherir apropiadamente y el trabajo final de pintura no será satisfactorio

almohadillas abrasivas, tal como Scotch-Brite, para la aplicación. ¡En cualquier caso, siga las instrucciones en el recipiente - y use bastante trapos! No tiene mucho sentido de disolver la silicona, la cera y el aceite, entonces tratar de limpiarla con un trapo sucio que dejará una película de esos contaminantes que usted está tratando de remover. Y no trate de hacer el trabajo con trapos de taller. La mayoría de ellos contienen residuos de solventes grasientos usados para lavar los trapos. Su mejor apuesta es de comprar trapos especiales para este tipo de trabajo de una refaccionaría, úselos y los tira según ellos se llegan a contaminar.

Debido a que lijar no removerá realmente silicona ni aceite, es muy importante que usted limpie el vehículo entero con removedor de cera/silicona. Esto es especialmente verdadero en los lados duros de alcanzar tales como las áreas alrededor de los postes para los limpia parabrisas, cilindros para las cerraduras, antena de radio, etc. Y no se olvide adentro de las puertas y la tapa del maletero. La mejor manera de asegurarse de que a usted no se le olvida nada es de trabajar solamente una pequeña área a la vez, asegurándose de que usted la tiene completamente limpia, entonces muévase a la otra área.

Con todos los contaminantes removidos de la pintura vieja, es tiempo de comenzar a lijar. Este no es el lijado final que usted estará haciendo antes de aplicar la pintura, pero la limpieza de la primera capa de pintura para producir una superficie que se pueda trabajar. A causa de esto, usted usará un grado relativamente áspero de papel de lija, usándolo seco, y buscando por una superficie mate e incluso algo rasguñada.

Use un papel de lija de 320 grados de espesor para lijar la pintura vieja. Mientras hemos dicho repetidas veces en este manual que lijar debe ser hecho solamente con un bloque de lijar para producir un final plano, este es un caso donde usted debe usar el papel de lija con su manos - una mano para lijar y la otra siguiendo para sentir la superficie lijada.

Doble el papel de lija en tres (esto le dará a la palma de su mano algo que agarrar y mantener el papel para que no se resbale) y comience a lijar en un área pequeña en línea recta, hacia adelante y hacia atrás. Cuando usted termine con un área pequeña, corra su otra mano, sintiendo por imperfecciones pequeñas o "áreas brillantes" sin lijar. Las mellas pequeñas en la pintura y rayones profundos aparecerán aquí, pero no se preocupe por ellos en este momento. Haga una nota donde ellos están para que usted pueda regresar a ellos cuando usted haya terminado de lijar ásperamente la superficie completa del vehículo.

Es importante que cada pulgada cuadrada de la superficie vieja del vehículo sea lijadas con papel de lija de 320 grados de espesor hasta que tenga una apariencia áspera y mate. Si observa todavía brillo, todavía cuando limpió con una tela limpia para deshacerse del residuo del lijado, no se ha lijado lo suficiente. La parte superior, capa brillante de pintura tiene que ser removida o la pintura nueva simplemente no se pegará al terminal viejo. Sea especialmente crítico alrededor de las orillas de los paneles, tales como la orilla de la parte trasera del capó y las orillas de los paneles de la puerta donde ellos se envuelven alrededor en los paneles interiores de la puerta, desde que las áreas sin lijar aquí tienen un contorno agudo que la pintura se puede pelar fácilmente. Hablando de los paneles interiores de la puerta (y dentro de la tapa del capó y del maletero), estas áreas generalmente no necesitan un extenso lijado como los paneles exteriores, debido a que ellos probablemente no han sido revestidos repetidas veces con ceras, pulidores, etc. Pero ellos deben ser limpiados completamente con removedor de cera/silicona y, donde sea práctico, ellos deben ser lijados.

Con la superficie completa lijada ásperamente, es tiempo de regresar y reparar esas mellas y rayones profundos que usted notó durante el período de lijar. Si usted los deja, ninguna cantidad de capas de cebador y lija antes de pintar los eliminará, y ellos serán dolorosamente obvios cuando usted atomice la pintura nueva. Ellos tienen que ser removidos en este punto y la única manera de hacerlo es lijándolos hasta que ellos se mezclen con la pintura vieja. Entonces aplique más cebador en el metal y lo lija hasta que el cebador se mezcle con la pintura.

Aquí hay otra de esas áreas donde lijar debe ser hecho con un bloque de lijar, en vez de con la mano. Si usted usa su mano para lijar hacia afuera una mella o un rayón, usted dejará una depresión en la pintura de la forma de su dedo (o posiblemente su mano entera). Aunque la depresión será probablemente invisible en esta etapa, o todavía en la etapa de aplicar el cebador, aparecerá agudamente en la pintura nueva.

Comience con el mismo papel de lija de 320 grados de espesor que usted usó para lijar ásperamente el terminado y lije con un bloque y papel de lija la mella o el rayón hasta que usted alcance el fondo de la imperfección. Esto necesariamente no quiere decir que lo lije completamente hasta el metal, aunque en muchos casos, especialmente en golpes pequeños hechos por las puertas, esto será el caso. Lije entre 1 y 1-1/2 pulgadas alrededor de la mella o el rayón en forma angular hasta la base de la primera capa de pintura existente. Asegúrese de que no haya dejado una "orilla" cuando usted termine de lijar o aparecerá luego.

Cuando usted piense que haya obtenido que el área esté mezclada apropiadamente en el borde, límpiela con removedor de cera/silicona, después use un cebador de laca de tipo aerosol para proteger el área. Permita que el cebador se seque completamente, entonces aplique otra capa y una tercera capa después de esa. No aplique el cebador tan pesado que se corra, pero no lo aplique apenas como una niebla. Usted quiere acabar con una capa relativamente gruesa de cebador en el área lijada.

Cuando el cebador esté completamente seco, tome una hoja de lija de 400 grados de espesor mojada o seca y lije hasta suavizarlo sin usar agua. Usted no necesita obtener una superficie suave como un vidrio como el que usted querrá más adelante cuando usted esté lijando la capa completa de cebador, pero usted necesita una superficie suficiente lisa para revelar cualquier líneas del borde entre la mella y la pintura vieja. Si usted tiene apropiadamente desgastado el borde de la pintura vieja, usted no debe ser capaz de decir donde las puntas del área lijada y la pintura vieja comienzan.

Si usted va a ir directamente al proceso de pintura, limpie el vehículo completo con removedor de cera/silicona otra vez (teniendo cuidado de que las áreas cebadas no se remuevan cuando se esté limpiando), entonces haga una limpieza con una tela pegajosa seca para remover cualquier residuo del procedimiento de lijar. Lea la Sección de *Usar Cebadores* en este Capítulo antes de proceder. En muchos casos donde la pintura nueva es aplicada sobre la pintura vieja lijada, un sellador o cebador sellador debe ser usado luego.

Técnicas de lijar

El secreto a un buen trabajo de pintura es el trabajo de lijarlo hecho antes de que usted todavía haya sacado la pistola de atomizar. Si la superficie donde usted va a aplicar la pintura no está lisa y limpia, el trabajo terminado no quedará bien - y quizás puede estar equivocado al grado de que usted tendrá que removerla y comenzar completamente de nuevo. Hacer un trabajo de pintura de primera clase puede tomar fácilmente dos o tres días, solamente una hora más o menos es lo que verdaderamente toma para aplicar la pintura en el vehículo. El resto es preparación y lijado - mayormente lijando, lijando y lijando más.

Y tengamos una cosa clara desde el comienzo. No hay manera de obtener la superficie lijada de un vehículo apropiadamente para pintarlo, lijándolo en seco. Para obtener una superficie que esté lo suficiente lisa para producir el trabajo de pintura de alta calidad que usted está tratando de obtener, usted tiene que lijar con lija mojada, que significa que usted va a necesitar un abastecimiento de agua, un área donde el agua se pueda drenar (para que no se escape para las yardas de los vecinos), papel de lija mojado o seco y ropa que usted no le importe si se moja - porque usted se mojará. Es posible, apenas, de lijar con un vehículo con un cubo de agua antes de que con una manguera, pero los resultados son generalmente menos que satisfactorio, y nosotros recomendamos altamente que usted use una manguera con un suministro constantemente de agua corriendo para hacer el trabajo de lija mojada.

En general, hay dos etapas para terminar de lijar un vehículo. Lijando el final viejo (asumiendo que el vehículo no se le haya removido la pintura completamente hasta el metal), y lijar la capa del cebador. Ya hemos mirado como lijar la pintura vieja ásperamente y terminar de lijar el metal es protegido en la Sección de *Uso de cebadores*, así que comencemos con el lijado final que usted deberá hacer antes de aplicar más cebador.

Lijando inicialmente

Usted no necesita mucha agua para lijar mojado, pero usted necesita un suministro constante, y es mejor si el agua proviene de una fuente que no rasguñe ni haga pequeños golpes en la superficie que se está lijando. La mayoría de las mangueras tienen un acoplador de bronce en el final y cuando usted está tratando de mantener su balance en una escalera para que usted pueda alcanzar el techo, líjelo con una mano y detenga la manguera con la otra, es casi garantizado que el final de bronce va a poner algunos golpes pequeños en la pintura. Una respuesta es de cortar el final de la manguera, pero esto estropea la manguera para acoplarle una regadera u otra manguera. Una manera más práctica de prevenir el daño de la manguera es de envolver el final de la manguera con un trapo, atándola o aplicándole cinta adhesiva, entonces prenda el agua bien baja para que el trapo no se salga hacia fuera. Otra vez, usted no necesita mucha agua - la que pasará através del trapo debe ser suficiente.

En el lijado final, el patrón en que usted lija es extremadamente importante. La cosa que usted no quiere hacer es de lijar en círculos, que es una tendencia muy natural, pero una que se debe evitar porque deja marcas circulares que se notarán si usted lija de esa manera. Lije en una línea recta y, donde sea posible, haga que las líneas corran en la longitud del panel que usted está trabajando, en vez que de un patrón en cruces.

Aunque lijar mojado puede ser hecho con el papel sostenido en la mano, desde que usted no está realmente cortando en la pintura, es mejor de usar un bloque de lijar. Si usted está lijando paneles largos y planos, use un bloque duro de caucho. Si usted está lijando áreas de curvas (corona alta), use un pedazo de esponja en vez del bloque de lijar. Para áreas apretadas, prosiga y use su mano, con el papel doblado en tres para darle a la mano algo en que agarrarse.

La parte más dura de este principio de lijar mojado será de tomar el "tacto" de cómo trabajar el papel. Usted estará usando un papel de lija relativamente de grado áspero (para el lijado mojado), digamos papel de lija de 220 o 280 grados de espesor, y va a tener que aprender a sentir la diferencia entre un papel de lija que corta y el papel que se desliza encima de la superficie. Si el papel se obstruye con residuos de pintura, se resbalará encima del terminal final o excavará en el terminal final. En cualquier caso, no estará haciendo el trabajo correctamente. El papel se debe mantener limpio mientras se está lijando (para eso es que se usa el agua corriendo) para que no se resbale o agarre, pero tendrá apenas ese sentido de que agarra "muerde" que le dice que está lijando apropiadamente.

Aunque usted mezcle todos los bordes de las áreas reparadas, las mellas y los rayones en las superficies ásperas lijadas (*Preparación de la pintura vieja*), usted puede querer trabajarlas un poco más cuando la lije mojada. Recuerde, lo más liso que sea la cubierta inferior, lo más liso que el trabajo final de pintura será. Lije con agua hasta que las capas viejas de pintura y de cebador sean desgastada en forma angular, 3/4 a 1 pulgada le dará una superficie realmente lisa para trabajar con más adelante.

Lijando el cebador

Cuando el cebador es atomizado en un panel, si ha sido mezclado correctamente y atomizado correctamente, se secará en una textura levemente áspera. La textura áspera debe ser lijada, sin remover completamente el cebador, antes de que la capa final pueda ser aplicada.

Aplicar cebador está cubierto en *Uso de cebadores*, así que asumamos que usted ha protegido el vehículo entero y está listo para lijar.

Para comenzar, será mejor si usted le dio al cebador un par de días para que se "cure" antes de lijarlo. Mientras que la mayoría de los cebadores pueden ser lijados en una hora o menos después de aplicarlos, es mejor si usted le da tiempo en abundancia para que se endurezca y encoja antes de lijarlo (esto toma por lo menos dos días).

Si está lijando relativamente un cebador fresco, o ha esperado un par de días, la idea es de suavizar la capa del cebador, no cortar adentro o através. Si usted corta através del cebador cuando lo esté lijando mojado no es un desastre - usted tendrá que aplicar más cebador y esperar que se seque, pero puede tomar tiempo y frustrarse si usted quiere continuar con el trabajo de pintar el vehículo.

Para lijar el cebador usted querrá tener un buen suministro de papel de lija mojado o seco de 600 grados de espesor. Esto es el papel de lija uniforme más fino que usted puede obtener, y lo que usted necesitará para obtener el final suave realmente. Rompa una hoja de papel en la mitad, la dobla en tres, y use su mano y una gran cantidad de agua para remover la capa de "residuo" del cebador. Esto es un caso donde lo menos que usted lije, lo mejor que usted estará, debido a que la idea es de obtener la superficie lo más suave posible, no lije hacia afuera imperfecciones en la superficie (que deben haber sido corregidas). Después de lijar cada sección, corra su mano en la superficie mientras está todavía mojado para chequear por la uniformidad. Cualquier áreas sin lijar aparecerán claramente.

Cuando usted haya obtenido que el cebador esté liso, aire comprimido se debe de usar para soplar todo el polvo afuera de la superficie, entonces comience aplicando cinta adhesiva (*Vea técnicas de proteger*). Cuando usted haya aplicado la cinta adhesiva completamente al vehículo entero y preparado para la primera capa de color, limpie el cebador con removedor de cera/silicona (sí, límpielo otra vez - no hay manera de que usted pueda obtener una superficie muy limpia antes de pintar). Limpie el solvente con toallas limpias y usted está listo para comenzar a pintar.

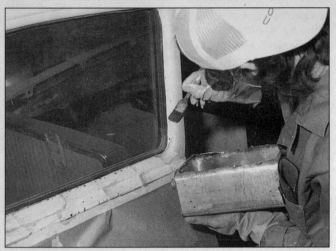

Aplique el removedor químico de pintura con una brocha, permítalo que trabaje por varios minutos . . .

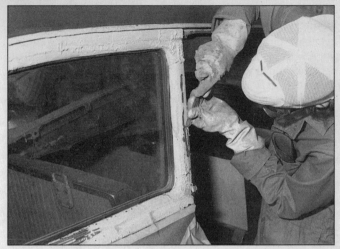

. . . (hasta que la pintura se haga ampollas y se separe del metal laminado), entonces ráspelo hacia afuera con un cuchillo de masilla y lana de acero

Usando removedores de pintura

Si la pintura está gravemente deteriorada, usted debe considerar removerla para prevenir los problemas de incompatibilidad completamente con la pintura nueva. Las cantidades grandes de pintura pueden ser removidas relativamente fácil con removedores de pintura de sustancia química (ellos son muy efectivos porque ellos no alabearán ni de otro modo afectarán el metal de la carrocería).

Antes de usar un removedor de pintura químico, esté consiente que varias precauciones se deben tomar . . .

- ¡Trabaje solamente en un área bien ventilada!

- Siempre use protección para los ojos y guantes de caucho cuando esté usando removedores de pintura con sustancia química. Si algo le cae a usted en sus ojos o en su piel, heridas ocurrirán.

Antes de aplicar el removedor de pintura a la carrocería del vehículo, empapele cualquier área que usted no piensa pelar (aplique una capa doble de material de proteger cuando usted esté usando removedores de pinturas). Esté especialmente cuidadoso de proteger cualquier grietas que podrían permitir que el material penetrara en áreas que usted no quiere que esté en contacto. Remueva todos los pedazos de moldura.

Use una brocha barata para aplicar el removedor de pintura a la carrocería, un panel a la vez. Fluya el removedor en una dirección solamente - no trate de cepillarlo hacia afuera. No sea tacaño con el removedor o usted acabará repitiendo el procedimiento. La sustancia química elevará la pintura efectivamente y será fácil de rasparla hacia afuera con un cuchillo de masilla. Si laca de acrílico es implicada, se pondrá muy pegajosa y será más duro removerla con un raspador. Usted puede que necesite usar lana tosca de acero.

De todos modos, permita que el removedor "trabaje" por lo menos 15 minutos, o hasta que la pintura esté completamente ablandada, tratando de rasparla hacia afuera. Cuando esté todo afuera, lave el metal expuesto, entonces lije y remueva cualquier residuo de pintura que quede con papel de lija de 60 grados de espesor.

Preparando el metal virgen para pintarlo

Las superficies de metal descubiertas deben ser limpiadas químicamente para asegurarse de una buena adherencia del cebador. Limpiar el metal es un proceso de tres pasos que incluye *limpiar* para remover aceite, grasa, cera y otros contaminantes, la aplicación de un *condicionador de metal* para remover la oxidación, la corrosión y el uso de una *capa de conversión* para asegurar la mejor adherencia posible del cebador. Este proceso es generalmente ignorado completamente o hecho incorrectamente, que dirige a una adherencia pobre del cebador/pintura y eventualmente corrosión.

Limpiar

Use removedor de pintura o rebajador de pintura para limpiar el metal. Aplíquelo a la superficie y remuévalo mientras el metal está mojado todavía con un segundo limpiador de tela. Trabaje en áreas cuadradas de dos o tres pies y use suficiente limpiador.

Acondicionado

Mezcle el condicionador de metal (disponibles en las tiendas de suministro de pintura automotriz) con agua en un cubo plástico. Siga las instrucciones en el recipiente. Aplíquelo a la superficie del metal descubierto con una esponja o tela, entonces la limpia hacia afuera con una segunda tela limpia. Si oxidación está presente, trabaje el acondicionador hacia adentro con una brocha tiesa o una almohadilla abrasiva del tipo Scotch-Brite.

Capa de conversión

Usando una almohadilla de Scotch-Brite o una brocha tiesa, aplique el material de capa de conversión (disponibles en las tiendas de suministro de pinturas automotrices) a la superficie del metal y lo deja de dos a cinco minutos. No trate de proteger un área demasiado grande - el material se debe enjuagar antes de que se seque. Comience de nuevo si se seca antes de que usted pueda enjuagarlo. Límpielo hacia afuera con agua fría, una esponja o una tela saturada con agua. Enjuague la esponja o la tela para mantenerla limpia regularmente. Limpie el metal con una tela seca limpia y permítalo que se seque con aire.

Usando cebadores

Cebadores, más correctamente llamados "superficies cebadas", son los protectores inferiores más comunes usados para el terminando de las carrocerías de los vehículos. Ellos son usados para construir y nivelar áreas de desgaste en forma angular o superficies ásperas y para proporcionar una superficie lisa para la pintura. Las superficies cebadas tienen varias características únicas . . .

- **Adherencia** - ellas proporcionan un lazo fuerte entre el metal laminado o pintura vieja y la pintura nueva

- **Resistencia al óxido** - ellos resisten la formación de la oxidación donde ellos se adhieren al metal laminado

- **"Construir"** - ellos son capaces de llenar áreas lijadas y marcas de la lijadora en la pintura vieja, metal laminado y masillas

- **Facilidad del lijado** - ellos pueden ser lijados bien lisos y nivelado rápidamente y fácilmente

- **"Mantener"** - ellos previenen que la pintura se esté absorbiendo, que resultará en un final sin brillo

- **Velocidad de secar** - una buena superficie de cebador debe estar lista para lijar en tan poco tiempo como 30 minutos

Los tres tipos principales de cebadores son: *Laca Nitrocellulose, esmalte alkyd* y *laca acrílica*. Cebador de laca Nitrocellulose es probablemente más común porque se seca rápido y es más fácil de lijar. Sin embargo, su uso debe ser limitado a áreas de reparaciones pequeñas. El cebador de esmalte de alkyd tiene solamente un inconveniente - toma mucho tiempo para secar (dos o tres horas). Es duro, flexible, resistente al oxido y es excelente para proteger paneles grandes y volver a pintar un vehículo completo. Cebador de laca acrílica combina la característica de secarse rápidamente como el cebador de laca con la durabilidad del cebador de esmalte. Tiene buena propiedad de "construir" y se adhiere bien al aluminio, plástico y la fibra de vidrio, así que es magnífico para el terminando de los vehículos de modelos más modernos.

Otros productos comunes de protección inferior que se pueden confundir con el cebador son los selladores o los cebadores selladores (algunos cebadores selladores también como sello son conocidos como "cebadores selladores", mientras que los otros solamente sellan). Los selladores cebadores hacen el mismo trabajo como los cebadores de superficie, pero ellos sellan también mejor en una capa de pintura vieja lijada para proporcionar el color uniforme cuando la pintura nueva es aplicada. Los selladores no tienen las mismas características como los cebadores - ellos son aplicados sobre una capa cebada o de pintura lijada para mejorar la adherencia entre la pintura vieja y la pintura nueva, proporciona un fondo uniforme para el color y "base" para la pintura nueva y para formar una barrera para el solvente para ayudar a prevenir hinchazón de un rayón de la lija que se vea atravás.

Los selladores son generalmente basados en laca, así que ellos son fáciles de aplicar y se secan rápidamente. Los cebadores selladores son generalmente basados en esmalte. Ellos pueden ser usados para cebar el metal expuesto y como un sellador debajo de cualquier trabajo de pintura de esmalte.

El tipo de sellador para usar depende de la pintura que va ser aplicada. Chequee con una tienda de pintura automotriz para estar seguro de que usted empareja el sellador cebador o sellador correctamente con la pintura que usted intenta usar. Dependiendo de la condición de la pintura vieja, el tipo de pintura nueva que se vaya usar y las reparaciones que fueron hechas, a veces diferentes tipos de selladores se deben usar:

1   Para mejorar la adherencia cuando aplique las siguientes pinturas . . .

- **Laca alkyd sobre esmalte** - un sellador se tiene que usar

- **Esmalte sobre esmalte** - un sellador se debe usar

- **Laca sobre esmalte** - reparación de una área seleccionada no deben ser un problema, pero un sellador se debe usar, especialmente cuando haga un panel completo o un trabajo de pintura completo

- **Laca sobre laca** - no se necesita un sellador para la adherencia, pero ayudará con la adherencia y esconder los rayones de la lija

2   Para producir una "adherencia" uniforme - Si la pintura vieja está buena y dura y una superficie buena para el cebador es usada para las reparaciones de las áreas seleccionadas, entonces un sellador no es necesario. Si está dudoso acerca de la pintura vieja o el cebador, use un sellador también.

3   Para mantener que se "vea atravás" un mínimo - Si los rayones de la lija son visible en la protección inferior, ellos se verán atravás de la pintura. Es mejor estar seguro que tener que lamentar, así que use un sellador en estos casos (especialmente si áreas grandes son implicadas).

La decisión de usar cierto tipo de más cebador, cebador de superficie, cebador sellador y/o sellador depende en si o no la superficie del vehículo está suave o áspera, metal expuesto o pintado, si está pintado, el tipo de pintura que tiene, y en el tipo de pintura que usted piensa aplicar. Los fabricantes de pintura ofrecen una variedad de productos que se deben usar en combinaciones especificadas para tener un mejor resultado, así que chequee con su taller local de pintura automotriz antes de comprar más cebadora y pintura - ellos le recomendarán los artículos que son compatible.

El primer paso y el más importantes cuando esté aplicando cebador es de preparar la superficie de la carrocería primero. Use aire comprimido para remover todo el polvo y la

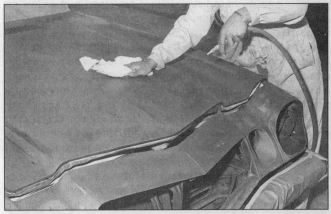

Después de lijar, y antes de aplicar más cebador, use aire comprimido y una tela limpia para remover todo el polvo y los residuos de la carrocería - no deje de observar roturas y coyunturas entre los paneles de la carrocería

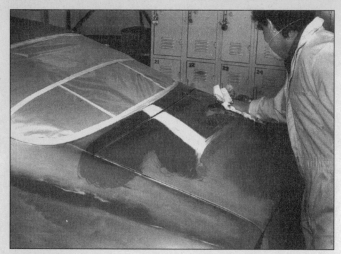

Entonces limpie la carrocería completa con removedor de cera/silicona una vez más - trabaje en un área pequeña y la seca, entonces después muévase a la próxima sección del vehículo

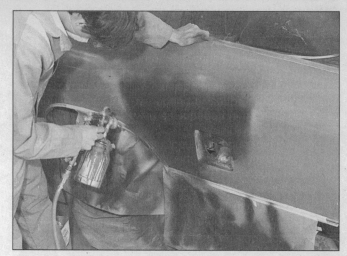

Cuando esté aplicando cebador a áreas aisladas de reparación (en comparación con paneles enteros), traslape la capa del cebador en la pintura existente

tierra de las áreas de las coyunturas y receso, entonces limpie el vehículo completo con removedor de cera/silicona. Si la pintura vieja ha sido removida completamente, exponiendo el metal, refiérase a la Sección de *Preparar el metal para pintar* en este Capítulo antes de proceder.

Después, ponga cinta adhesiva y empapele todas las molduras y vidrios así como si usted fuera a pintar, entonces mezcle el cebador. Siempre recuerde que ni laca ni acrílico van sobre esmalte a menos que usted usara un sellador especial para la superficie, e incluso eso no es recomendado. La única forma que usted puede poner una buena pintura sobre esmalte es con esmalte de fábrica horneado, donde la pintura es seca y transparente. Hasta los trabajos de esmalte horneados del mercado alternativo, donde se usó un horno para hornear la pintura, se hará ampollas y sangrará.

Sin importar que clase de pintura va ser usada - esmalte, laca o acrílico - use el cebador recomendado de propósito multi con el rebajador de pintura apropiado (pida consejo en su taller local de pintura automotriz). Mézclelos según las direcciones en el bote, que es generalmente acerca de dos partes de rebajador de pintura a una parte de cebador, entonces bátalo completamente. Para cebador, ajuste la pistola de atomizar para que el patrón de atomizar esté acerca de 8 pulgadas de ancho, 12 pulgadas de la cabeza de pistola (vea Capítulo 9 para el ajuste de la pistola de atomizar).

Si el patrón es demasiado ancho, habrá un lugar delgado en el centro; si es demasiado estrecho, el patrón aparecerá como un patrón apretado. El ajuste del (patrón) es en la perilla superior encima del mango en la pistola de atomizar. La segunda perilla es para el ajuste del material (cebador o pintura).

Haga varios pasos de práctica en un pedazo de cartón con el regulador de presión del compresor ajustado a 60 psi (libras por pulgadas cuadradas). Dese cuenta que cuando el gatillo de la pistola de pintura es presionado por primera vez, hay un momento cuando solamente aire sale hacia afuera, rápidamente seguido por la pintura. Practique haciendo un paso, mantenga la pistola a una distancia constante de la superficie hasta que el paso sea completado. Comience el paso en un lado, oscile horizontalmente al otro límite del otro lado, eleve o baje la pistola casi la anchura del patrón y regrese. Mantenga la pistola casi en un patrón de anchura más

bajo y haga un segundo pase. La pistola se debe mantener paralela a la superficie, así que una punta del patrón no esté más cerca que la otra. Vea Capítulo 9 para más información de las técnicas de pintar.

Si usted está aplicando cebador a un área de reparación aislada, solape el cebador en la pintura existente acerca de una o dos pulgadas completamente alrededor de la superficie lijada.

Si el vehículo entero va a ser preparado, comience con las puertas y el capó. Atomice el cebador uniformemente, en carreras suaves. Cuando esto sea hecho, permítalo que se seque de 10 a 15 minutos, entonces cierre todo y comienzo en el metal exterior.

Comience a atomizar en la parte de encima, que es el área más dura de alcanzar, y recuerde estas sugerencias . . .

- Ponga la manguera de aire en su hombro y deténgala hacia afuera del vehículo con su otra mano

- Envuelva un pedazo de trapo alrededor del punto de acoplación de la pistola para evitar que gotee pintura hacia afuera cuando pinte con la pistola en una posición boca abajo

Esté seguro de mantener la manguera del aire fuera del vehículo cuando esté aplicando el cebador (o pintura) - póngasela encima de su hombro cuando esté atomizando la parte superior del vehículo . . .

. . . y deténgala con su mano libre cuando esté atomizando las secciones inferiores

- Si el cebador se está aplicando correctamente, aparecerá suave y mojado por período de tiempo corto; si se observa como granillo, el cebador está demasiado grueso o usted está deteniendo la pistola demasiado fuera de la superficie

- Si el cebador se corre, está demasiado delgado o usted está deteniendo la pistola demasiado cerca de la superficie

- Si el cebador se alterna de mojado-seco-mojado o mojado-corrido-mojado, los pasos que usted está accionando son inconsistente

Cebador es la base básica de un trabajo de pintura fino, así que no economice. Toma alrededor de un galón de cebador sin rebajador para la superficie de un vehículo ordinario, así que siga moviendo alrededor hasta que usted esté seguro que usted lo cubrió bien.

Despues que el cebador se haya secado por 20 o 30 minutos, la cinta adhesiva puede ser removida. Aunque es posible de ir directo hacia adelante y lijar el vehículo (seco) y continuar con la pintura, es una buena idea de permitir que el cebador se cure por varios días, o un par de semanas si es

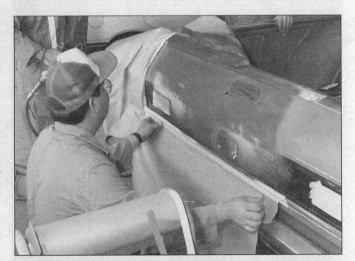

Compre cinta adhesiva de calidad profesional y papel de una tienda de suministro de pintura automotriz - no use cinta de ferretería y no compre cinta adhesiva que haya estado almacenada por mucho tiempo

posible. El cebador se encogerá según se seca, así que permita tiempo para que se cure completamente antes de pintar.

Despues que el cebador se haya curado y se haya encogido, use removedor de cera/silicona otra vez, lavando completamente el vehículo, hasta en las roturas más diminutas. Esto es esencial - cualquier substancia extranjera arruinará invariablemente un trabajo de pintura que podría ser perfecto de otro modo. Por ejemplo, hasta las marcas dejadas por su dedo dejarán manchones oscuros debajo del color final. Cuando lave el vehículo con solvente, siempre use trapos limpios libres de pelusas. No use toallas de taller, porque ellas a menudo están limpias con solventes de bajo grado que contienen contaminantes que prevendrá una buena adherencia de la pintura. Si removedor de cera/silicona no está disponible, en una emergencia usted puede usar rebajador de laca, aplicado con un trapo mojado y removido inmediatamente con un trapo seco. No espere ni un minuto si usted usa rebajador de pintura, porque ablandará rápidamente la superficie de cebador.

Técnicas para poner cinta adhesiva

Una de las maneras más fáciles de notar la diferencia entre un trabajo de pintura aficionado y uno profesional es de observar cuanta pintura hay en la moldura, el vidrio, el chasis, etc. En otras palabras, que tan buen trabajo de proteger fue hecho antes de comenzar el trabajo de pintura.

El problema de proteger con cinta adhesiva es que comienza fácil y rápidamente llega a ser un trabajo aburrido, consumo de tiempo y hasta a veces un trabajo incómodo. Usted está trabajando generalmente con muchos pedazos pequeños que se tienen que proteger exactamente si el trabajo terminado de pintura se va a observar bien, también áreas grandes de vidrio que se tienen que proteger también con papel y cinta adhesiva. Antes de que usted haya llegado hasta la mitad, usted pueda que comience a preguntarse por qué usted no permitió que un profesional hiciera el trabajo. Espere un momento. Ponerle cinta adhesiva al vehículo correctamente es esencial para un buen trabajo de pintura - y el trabajo extra tendrá su valor.

La llave a un buen trabajo de proteger comienza antes de que usted se acerque al vehículo - con la cinta adhesiva que usted compre. Y en este caso nosotros no estamos hablando de la cinta adhesiva de su ferretería local. La cinta adhesiva se seca rápidamente, y la cinta adhesiva trabajará bien en las puertas de su casa y los gabinetes de la cocina pero será un desastre en su vehículo. Vaya a un taller profesional de suministro de pintura automotriz y compre cinta adhesiva fresca. Cuando usted recoja el rollo de cinta adhesiva y lo apriete usted debe ser capaz de sentir que tan fresco está. El rollo de cinta adhesiva debe sentirse suave. Si no lo hace, encuentre otra tienda. La cinta adhesiva está disponible en dos tipos generales. Un tipo es para el uso con pinturas que se secan con el aire y el otro tipo es para el uso con esmalte que se debe cocinar en un horno.

La próxima cosa que usted necesitará comprar es cinta adhesiva. La mayoría de las personas, cuando cubran con cinta adhesiva el parabrisas, ventanas de los lados, la parrilla, etc., sacan el periódico de ayer para proteger. Y mientras que esto quizás trabaja bien, lo más probable que no trabaje. El periódico se rompe fácilmente, permitiendo que la pintura entre, que tendrá que ser removida luego. Si la pintura es

Use capas dobles de cinta adhesiva y papel cuando esté aislando
los paneles de la carrocería anexo a un panel reparado - la
pintura se acumulará invariablemente encima de la cinta
adhesiva y el papel podría empaparse y filtrarse,
causando daño a la pintura inferior (encima)

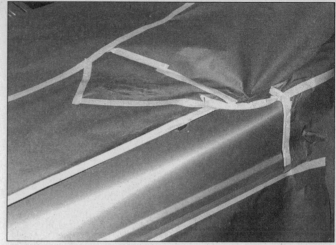

Muchos pedazos de moldura pueden ser removidos más rápidos
y más fácil que aplicarle cinta adhesiva (izquierdo)

diluida mucho, hasta intencionalmente como una capa de niebla, puede manchar atravès del periódico y lo peor de todo, el
periódico rara vez protege en una firma plana, dejando bolsi-
llos que coleccionan polvo que acabarán luego adhiriendo en
el trabajo de pintura nuevo. Un rollo de cinta adhesiva de trabajo pesado no cuesta mucho y puede hacer su trabajo
mucho más fácil.

Finalmente, antes de comenzar el trabajo, gaste algo de
tiempo tratando de figurar que pedazos de moldura usted
puede remover, destornillar, remover el retenedor o de otro
modo retirarla (vea Capítulo 11). Remover un parachoques es
un trabajo mayor - hasta que usted comience a protegerlo.
Entonces usted se dará cuenta que gastar diez minutos removiendo los pernos es más fácil que los treinta minutos que
gastó tratando de poner la cinta adhesiva y el papel para proteger todos los cromos o plásticos negros. Remover los pedazos de moldura hacia afuera puede ser igualmente un dolor de
cabeza, pero esos pedazos de moldura, especialmente
los pedazos que le dicen a todo el mundo que usted está
manejando un Super Burpfire XCSS-3400, puede tomarle a

ustedes todo el día para enmascararla correctamente.

Pero, si usted no puede remover la moldura, y simplemente tiene que ser cubierto con cinta adhesiva, tómese su
tiempo y hágalo correcto. Aplique la cinta adhesiva uniformemente, sin alargarla, use una hoja de navaja o cuchillo de tipo
X donde sea necesario para asegurarse que no protege un
área que necesita ser pintada, y comience el trabajo de proteger hasta que apenas esté preparado para comenzar a pintar.
La cinta adhesiva se secará rápidamente una vez que usted la
instale en el vehículo, y mientras más se seca lo más difícil que
será de removerla una vez que usted haya acabado de pintar.

Si usted está pintando solamente una porción del vehículo, los paneles adyacentes se tendrán que proteger también.
Aquí, es una buena idea para usar una capa doble de papel y
cinta adhesiva, para prevenir que la pintura se acumule por
debajo del panel.

Si usted está haciendo pinturas en diferentes áreas
pequeñas, técnicas de cubrir con cinta adhesiva inversas se
deben usar para ayudar a que se mezcle la pintura y haga la
transición menos notable. Esto es hecho aplicándole un
pedazo de papel sobre el área reparada, entonces levántelo
hacia encima y aplíquele cinta adhesiva para ponerlos en su
posición presentando una superficie en curva a la pistola de

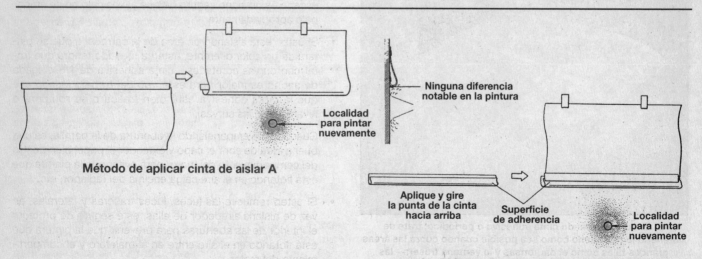

Método de aplicar cinta de aislar A

Ninguna diferencia
notable en la pintura

Localidad
para pintar
nuevamente

Aplique y gire
la punta de la cinta
hacia arriba

Superficie
de adherencia

Localidad
para pintar
nuevamente

Método de aplicar cinta de aislar B

Los talleres profesionales de pintura tienen cubiertas para los neumático, pero bolas de basura de plástico grande trabajan muy bien (asegúrese que no haya ningún espacio donde la pintura pueda entrar - es difícil de remover del caucho)

atomizar. Usted puede repetir la aplicación de cinta adhesiva en los lados y en el fondo del área de la reparación para formar una máscara completamente alrededor.

Esté seguro de proteger los neumáticos/ruedas para que ellos no reciban cebador o pintura en ellos. Papel y cinta adhesiva se pueden usar para protegerlos, pero la forma más barata, más fácil, y más efectiva de proteger que usted puede usar son bolsas plásticas grandes de basura - deténgalas en su lugar con cinta adhesiva si es necesario.

Mantenga los siguientes consejos en mente según usted está trabajando - ellos hacen que el trabajo de pintura se vea más profesional . . .

• Corra la cinta adhesiva en pedazo de tiras largas en la moldura que va ser cubierta - evite los pedazos cortos que le darán a la pintura una costura para que se fugue

Si usted está usando cinta adhesiva o periódico, trate de obtenerlo lo más plano como sea posible cuando cubra las áreas grandes tales como el parabrisas y la ventana trasera - las arrugas y depósitos en el papel pueden colectar polvo, que pueden terminar en la pintura fresca

Corra la cinta adhesiva en longitudes de tiras hacia abajo del pedazo de la moldura que va ser empapelada - evite los pedazos cortos que le dan a la pintura una grieta para fugarse

• Cuando esté aplicando cinta adhesiva a la moldura del cromo, es mejor dejar un pequeño espacio libre entre la orilla de la cinta adhesiva y la orilla de la moldura que tener que la cinta adhesiva se superponga a la superficie que va ser pintada (es más fácil de limpiar el exceso de pintura del cromo que retocar un lugar omitido en la carrocería)

• Una pluma de escribir puede ser útil para envolver cinta adhesiva en las orillas de la parte trasera de los pedazos de la moldura - asegurará que la moldura esté completamente cubierta, pero hay todavía lugar para que la pintura entre debajo de la orilla de la moldura

• Si usted está usando cinta adhesiva o periódico, trate de obtenerlo lo más plano como sea posible cuando cubra las áreas grandes tales como el parabrisas o ventana trasera - los dobleces y las arrugas en el papel atraparan polvo, que se volará luego a la pintura fresca

• Un área clave para proteger que siempre aparece como un trabajo de pintura de uno que no es un "profesional" es la parte inferior del lado del vehículo - la pintura en el tubo de escape es un signo seguro de que el vehículo no se empapeló apropiadamente

• Si usted está aislando un área de la carrocería que se pintará de un color diferente, usted a menudo tendrá que tratar con curvas apretadas - cinta adhesiva de 1/8-pulgada de ancho es mejor para este tipo del trabajo (asegúrese que la cinta adhesiva está bien fresca o se romperá o levantará en las curvas)

• Cuando esté empapelando la abertura de la parrilla, es una buena idea de abrir el capó y extender el papel bien dentro del compartimiento del motor para evitar que la pintura que está flotando en el aire caiga encima del radiador, etc.

• Si usted remueve las luces, luces traseras y laterales, en vez de aislarla alrededor de ellas, esté seguro de proteger el interior de las aberturas para prevenir que la pintura que está flotando en el aire entre en el maletero y el compartimiento del motor

Abra el capó y extienda la cinta adhesiva hacia abajo en la parte de encima del radiador antes de empapelar la abertura de la parrilla

• Cuando usted haya acabado de pintar, permita que la pintura se seque al grado donde usted la puede tocar con sus dedos sin dejar ningunas marcas, entonces comience a remover la cinta adhesiva

• Si usted comienza a remover la cinta adhesiva hacia arriba demasiado rápido, usted se arriesga a que la orilla pegajosa de la cinta adhesiva se pegue en la pintura fresca y dejar marcas

• Si usted espera demasiado tiempo después de pintar (como un día más o menos) para remover la cinta adhesiva, usted notará que se ha secado hasta que se rompe en vez de ser removida, haciendo el trabajo de limpiar mucho más duro de lo que debe ser

Ponga papel en el interior de todas las aberturas para mantener pintura fuera del interior, el maletero y el compartimiento del motor

Capítulo 9   Pintar

Equipo de pintura

No hay manera que usted pueda hacer un trabajo decente de pintura en un vehículo à menos que usted entienda completamente la operación del equipo para aplicar la pintura que usted está usando.

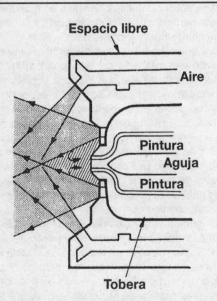

¡Detalles externos de la tapa de la pistola de combinación de atomizar de aire - los pasajes de aire y pasajes de la pintura se deben mantener limpios!

Pistolas de atomizar

La pistola de atomizar pintura es un dispositivo que usa presión de aire para atomizar una materia, en este caso, pintura. Para dar un acabado nuevo automotriz, dos tipos de pistolas de pintura son comunes. Una tiene la pistola (mezclador) y el recipiente (embace) de pintura íntegro, la otra tiene el recipiente de la pistola separado por una manguera extra. Los dos tipos son además dividido con purgador y sin purgador, en combinación de mezcla externa e interna, y pistolas de presión, gravedad o de suplemento de succión.

La pistola del tipo de purga es la más común y es diseñada sin una válvula de aire. El aire pasa a través de la pistola todo el tiempo, que mantiene que la presión del aire no aumente en la manguera. No dispositivos de control para la presión del aire hay, así que la pistola es usada con compresores pequeños de baja presión. Más adecuado para la pintura automotriz, es el diseño sin purgador que tiene una válvula de aire para apagar el aire según el gatillo es liberado. Tal pistola puede controlar ambos el flujo de aire y la pintura con la manipulación del gatillo.

La pistola de atomizar de mezcla interna, mezcla el aire y la pintura adentro de la tapa, pero este diseño no es bien apropiado para el trabajo automotriz. Mejor es la pistola externa de mezclar, que mezcla, atomiza el aire y la pintura apenas afuera de la tapa. Una pistola de suplemento de succión usa la fuerza de una corriente de aire comprimida para causar un vacío, que causa que la pintura sea forzada hacia afuera del recipiente. La tobera del líquido se extiende levemente más allá del aire de la tapa en este diseño. Si la tobera del líquido está plana con la tapa del aire, las posibilidades son que la pistola es de un tipo

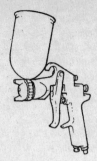

Tipo suministrada por gravedad

Tipo suministrada por succión

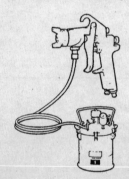

Tipo suministrada por presión

Las pistolas de atomizar comúnmente usadas para la pintura automotriz vienen en tres tipos básicos - suplemento de gravedad, suplemento de succión y suplemento de presión (un pintor de hogar probablemente terminará usando una pistola de suplemento de succión)

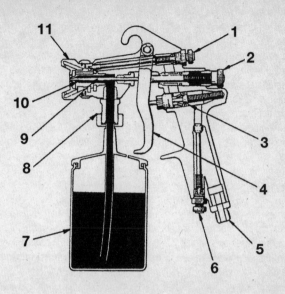

Componentes de la pistola de atomizar de suplemento de succión

1	Perilla para el ajuste del patrón	6	Perilla para el ajuste del aire
2	Perilla para el ajuste del volumen	7	Recipiente
3	Válvula de aire	8	Acoplador para la pintura
4	Gatillo	9	Válvula de tipo aguja
5	Acoplador para el aire	10	Tobera
		11	Tapa de aire

de suplemento de presión donde la pintura es forzada a la pistola por presión de aire en el recipiente conectado en la pistola de atomizar.

La tapa de aire está localizada en la tobera extrema de la pistola de pintar, con una cara moleteada para que se pueda agarrar y pueda ser removida a mano. Tal tapa puede tener de uno a cuatro orificios para que el aire sea dirigido adentro de la corriente de la pintura para atomizar la mezcla. Como regla, la pistola de un taller ordinario tendrá dos orificios, pero mientras más orificios disponibles es mejor. Los materiales pesados atomizarán mejor con orificios múltiples en la tapa.

Una tobera removible pequeña es sostenido en el cuerpo de la pistola por la tapa de aire. Esto es la tobera que mide y controla el flujo de la pintura en la corriente del aire. La tobera para controlar el líquido es un asiento para la aguja de la válvula líquida, que controla el flujo del material desde el recipiente. Estas toberas están disponibles en una gran variedad

de tamaños de toberas. Mientras más grande es el tamaño de la tobera, la mayor cantidad de pintura que se puede aplicar. La aguja y la tobera del fluido vienen en parejas, desde 0.086-pulgada, pero para el uso regular algo entre 0.036 a 0.045-pulgada es mejor.

A causa de la manera que una pistola de succión es hecha, tiende a aplicar una capa desigual en cualquier superficie pero una superficie vertical. Esto es porque la pintura en un recipiente inclinado fluirá sobre el respiradero en la tapa del recipiente. La solución parcial es de remover el respiradero periódicamente y mantenerlo hacia la parte trasera del recipiente. El mismo flujo de aire que atomiza la pintura crea una absorción. Si áreas muy grandes son pintadas, donde el ajuste del fluido es completamente abierto para el patrón máximo, la presión de la atomización puede llegar tan alta como de 35 a 40 libras, que significa que la presión requerida para operar la absorción es más que esa requerida para atomizar la pintura. La pistola suministrada por presión elimina la mayor parte de las desventajas de la pistola de suplemento por succión, pero requiere más habilidad, porque aplica un volumen más grande de pintura en menos tiempo.

Es absolutamente imprescindible mantener todo el equipo de pintar lo más limpio como sea posible - esto quiere decir de limpiar la pistola después de cada uso. Si la pistola no se limpia, la pintura se secará en las toberas y será difícil de limpiar. Cuando limpie una pistola de suplemento de succión, afloje la copa y detenga la manija de la pistola encima de ella con el tubo de absorción dentro del recipiente. Destornille la tapa del aire varias vueltas, entonces cubra la tapa con un trapo y hale el gatillo. Presión de aire se desviará a los pasajes líquidos y forzará cualquier pintura en la pistola otra vez adentro de la copa.

Vacíe la copa y la limpia completamente con rebajador de pintura, entonces vierta una pequeña cantidad de rebajador de pintura en él. Atomice el rebajador de pintura adentro de la pistola para limpiar los pasajes de los líquidos. Es una buena idea de mantener una pequeña cantidad de rebajador de pintura para limpiar la pistola. Limpie el albergue de la pistola con un trapo y rebajador de pintura o use una brocha de cerda (método preferido).

La tapa de aire debe ser removida y debe ser limpiada sumergida en rebajador de pintura limpio. Seque la tapa con aire comprimido. Si los orificios pequeños están tapados, sumerja la tapa por un periodo más largo, entonces abra los orificios con un palillo de dientes o pelo de escoba. No use un objeto de metal por que puede ampliar el orificio.

Nunca sumerja la pistola de atomizar completa en el solvente, porque esto permite que lodo y tierra se colecten en los pasajes de aire o remueva los lubricantes necesarios para una operación suave de la pistola. Los puntos de lubricación incluyen los empaques para la aguja de la válvula, empaques para la válvula del aire y balero para el gatillo. La aguja para la válvula de líquido se puede cubrir ligeramente con jalea de petróleo. Nunca use una solución de alcalina cáustica para limpiar una pistola de atomizar, porque corroe el aluminio y las partes moldeadas. Toma solamente unos minutos para limpiar una pistola después de usarla, pero a veces la limpieza requiere horas si la pistola se ha dejado sin limpiar por un período de tiempo largo.

Compresores de aire

Los compresores de aire son generalmente clasificados como de etapas sencillas y de dos etapas. La unidad de etapa sencilla tiene un solo cilindro y producirá acerca de 100 psi (libras por pulgadas cuadradas). Una unidad de dos etapas tiene cilindros gemelos de tamaños desiguales con un enfriador entre los cilindros y bombeará bien sobre 100 psi (libras por pulgadas cuadradas). En un diseño de dos etapas, aire es comprimido primero en el cilindro grande, entonces comprimido un poco más por el cilindro pequeño antes de ser alimentado adentro del tanque de almacenaje de alta presión.

El tamaño del compresor necesitado dependerá enteramente en el trabajo. Una persona que hace su propio trabajo en el hogar puede generalmente trabajar muy bien con un compresor de una sola etapa que detendrá por lo menos 60

psi (libras por pulgadas cuadradas) mientras que la pistola es operada. Una pistola de pintura requiere un promedio de 8.5 pies cúbicos por minuto de aire.

Rara vez incluido con un compresor nuevo es un regulador, que es usado para mantener un chequeo cercano del suministro de aire para las pistolas de pintar. El regulador previene también aceite, agua y tierra que entren en las líneas de aire. El regulador tiene numerosos elementos de filtrar para atrapar los materiales extranjeros y un drenaje para liberar el aceite y la humedad. Los medidores en el regulador muestran cuánta presión está exactamente disponible y que cantidad ha sido usada.

Es importante usar el tipo correcto y tamaño de la manguera de aire también. Hay dos tipos de mangueras de aire disponible: Un tipo para aire y un tipo para pintura. La manguera de aire es generalmente roja. La manguera para la pintura es negra o marrón. El tamaño de la manguera es generalmente de 5/16 pulgada de diámetro interior para las pistolas de suplemento de succión.

Respiradores

Otra parte muy importante del equipo necesitado cuando esté aplicando pintura con un equipo de atomizar es un respirador, que filtra los vapores, el polvo y la tierra que de otro modo entrarían en sus pulmones. Usted no puede exagerar la importancia de un respirador, así que compre uno bueno y úselo correctamente. ¡Nunca mezcle o atomice cebador ni pintura, especialmente en un área encerrada, sin un respirador!

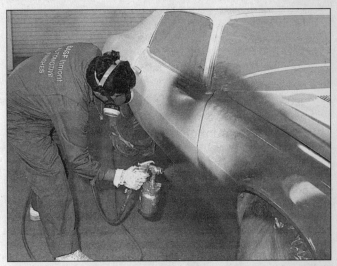

Un buen respirador es absolutamente esencial cuando esté atomizando la pintura (note que algunas pinturas - urétano de acrílico y poliuretano para ser específicos - a menudo requiere **RESPIRADORES ESPECIALES** - esté seguro de leer cuidadosamente la etiqueta en el bote de pintura y siga todas las instrucciones)

Tipos de pinturas

Es muy importante saber qué tipos de pinturas están disponibles para el uso, cuando esté terminado un vehículo. No haga una elección sin información cuando venga esta fase muy importante del trabajo de carrocería - usted ha hecho mucho trabajo para llegar al grado donde la pintura es solamente el único paso restante. Sin embargo, si no es hecho

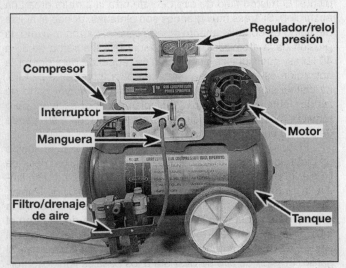

Componentes típicos de un compresor de aire

Las pinturas más comunes en uso hoy en día, para las reparaciones de un área y trabajos completos de pintura, son lacas de acrílico, esmaltes de acrílico y urétano de acrílico

Muchos aditivos de pintura están también disponible - esté seguro de usar los materiales hechos por un solo fabricante para asegurar la compatibilidad

correcto, nadie sabrá que trabajo tan magnífico de enderezar, llenar, lijar y cebar usted hizo. ¡Todo lo que ellos ven es la condición del trabajo de pintura!

Una de las mejores fuentes de ayuda cuando esté tratando de decidir qué tipo de cebador, pintura, rebajador(es) de pintura y otros aditivos de usar para cierto tipo de reparación, o una pintura completa, es su taller automotriz local para el suministro de pintura. Ellos normalmente tienen la mayoría de las pinturas automotrices comúnmente usadas - *laca acrílica,*

esmalte acrílico, esmalte de urétano de acrílico y *poliuretano* de uno de los tres fabricantes mayores: DuPont, las Industrias PPG (Ditzler) o los Productos Automotrices R-M. Debido a que las tres compañías venden cebadores, selladores, pinturas, rebajadores de pintura, reductores y muchos aditivos, usted debe ser capaz de comprar todo lo que usted necesita bajo un techo y estar seguro que todo es compatible, debido a que proviene de un fabricante.

Laca acrílica

Para los pintores del hogar, la laca de acrílico es relativamente fácil de usar y menos tóxica que las pinturas comunes. Se puede atomizar en un rango amplio de temperatura (desde 65 a 100 grados F), seca rápidamente y puede ser aplicada dondequiera y el polvo puede ser controlado. Es ideal para los vehículos más antiguos, debido que casi cualquier color en existencia se puede emparejar con laca acrílica. Tiene algunos inconvenientes, sin embargo - se debe lijar y debe ser pulida

Después de la pintura, el material más importante que usted necesitará es rebajador de pintura (para laca) o reductor (para esmaltes)

Laca acrílica de DuPont

Esmalte acrílico de DuPont

Esmalte de urétano de acrílico de DuPont

para producir un brillo y no es tan duradera como otras pinturas (se astilla y es afectada por la intemperie fácilmente, especialmente si el vehículo es mantenido afuera en vez de un garaje). DuPont llama a su laca de acrílico *Lucite*, Ditzler les llama *Duracryl Acrylic Lacquer* o *Basecoat/Clearcoat system* y R-M vende *Alpha-Cryl*. Rebajador de pintura especiales y capas transparentes especiales están también disponibles a través de todos los tres.

Esmalte acrílico

El esmalte acrílico es difícil de aplicar y debe ser atomizado en un ambiente totalmente libre de polvo (una cabina para atomizar), así que no es una pintura buena para el que pinta en el hogar. Se correrá o se doblegará fácilmente y también toma mucho tiempo para secarse. Puede ser una buena elección si usted deja que un profesional aplique la pintura, porque es duradera, se mira bien (puede ser lijada y pulida, así como la laca, para un brillo magnífico), es fácil de emparejar con los colores existentes y es generalmente menos costosa que un trabajo de pintura de laca. El esmalte de acrílico de DuPont es llamado *Centari*, Ditzler es conocido como *Delstar* y R-M vende el *Super Máx*.

Poliuretano

Desarrollado principalmente para usarlo en los aviones, es también usado extensamente en flotillas de vehículos y en algunas aplicaciones automotrices. La durabilidad es un riesgo - es resistente a que se astille, resiste la intemperie y no es afectada por la gasolina, aceite, fluido de frenos y otros productos químicos y por lubricantes automotrices relacionados. Es, sin embargo, muy difícil de aplicar, así que experimentar de antemano con otras pinturas es un requisito antes de usarla. Requiere también una cabina de atomizar, toma tiempo para secar y, debido a que contiene isocyanates - un catalizador que es perjudicial a los pulmones - es muy tóxico. Su otro inconveniente principal es el límite de la selección de colores. DuPont produce una pintura muy conocida de poliuretano llamada *Imron*.

Esmalte de urétano acrílico

Este tipo de pintura es muy similar a la de poliuretano, pero se desarrolló especialmente para la industria automovilística. Contiene también un catalizador tóxico, así que respiradores especiales y ropa protectora se deben usar cuando esté apli-

cándola. No es absolutamente necesario, pero aplicarla debe ser hecho en un lugar de atomizar. Aunque los fabricantes de pintura declaran que es fácil de usar por pintores sin experiencia, alguna práctica con laca lo habilitará a aplicar urétano de acrílico con más confianza (aunque se seca rápido, corre y derrame ocurrirá). La durabilidad es su punto fuerte; es muy resistente a rayones y desconche. La mayoría de los colores de fábrica de los medianos de los setenta pueden ser emparejado y los colores de la fábrica, pueden ser mezclados especialmente para emparejar precisamente los colores OEM (equipo original del fabricante) para los trabajos o reparaciones pequeñas, están disponible para vehículos más modernos. Ditzler vende una pintura de urétano de acrílico llamada *Deltron*, que es relativamente fácil para un pintor sin experiencia de aplicar, proveyendo que las instrucciones que acompañan la pintura sean seguida de cerca. R-M vende *Diamont Sistema 88* que está supuesto también de ser fácil de aplicar.

Un sistema nuevo de pintura DuPont, llamado *Cronar*, que es muy similar al esmalte del urétano de acrílico, se ha introducido recientemente. Substituye la química de "polyoxithane" para isocyanates sin sacrificar la calidad, produciendo un acabado nuevo super rico, alto de brillo que es más seguro de apli-

Componentes del sistema de pintura Cronar DuPont

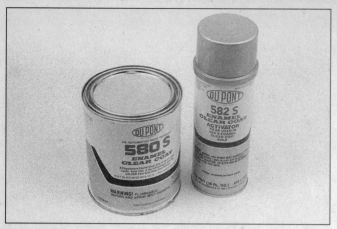

Componentes de pintura de capa transparente

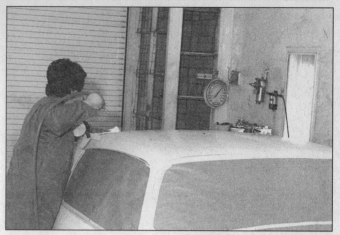

¡Use aire comprimido y removedor de cera/silicona para remover todo el polvo del vehículo y preparar la superficie para la pintura - usted simplemente no puede limpiar demasiado las cosas!

car. Es extremadamente duradera, debido a que estabilizadores ultravioletas son usados para proteger contra daño y desteñir de la luz del sol, contaminación industrial y otros elementos.

Cronar es también muy versátil - se puede usar para reparaciones de áreas pequeñas, reparación de paneles y trabajos completos de puntuar. El sistema de pintura Cronar incluye materiales compatibles para cada etapa de reparación, desde metal expuesto hasta la aplicación de una capa transparente. Cronar se puede usar como una pintura de una "sola etapa" (pintura solamente, ninguna capa transparente) o con una capa transparente - un tipo para reparación de una área pequeña y otra capa transparente para el panel y los trabajos completos de pinturas.

Si usted quiere más información para este sistema nuevo de pintura, póngase en contacto con su concesionario de pintura automotriz DuPont local.

Capa de base/sistemas de capas transparentes

Los vehículos más modernos son terminados en la fábrica con lo qué es llamado una capa de base/sistema de capa transparente. Con este tipo de enfoque, una capa de base de color es aplicada primero, entonces una capa clara de pintura es aplicada en la capa de base para protegerla y producir un brillo más profundo. Sistemas semejantes del mercado alternativo han sido desarrollados por todos los tres fabricantes mayores de pinturas para reparaciones y trabajos completos de pintura. Si usted está trabajando en un vehículo con una capa transparente, obtenga la mayor información posible como usted pueda de los varios productos del mercado alternativo de una tienda automotriz de pintura, antes de comprar algo o hacer cualquier trabajo de pintura.

Si usted está planeando de hacer su propia pintura, antes de pagarle a un profesional para que lo haga, lo más que usted sepa acerca de la pintura, lo mejor que será para usted. Todas las compañías que fabrican las pinturas en esta Sección también suministran folletos, los catálogos e incluso hojas detalladas de instrucción para usar sus pinturas, los productos relacionados y solución de problemas que puedan ocurrir. Visite su taller automotriz local de pintura y recoja la mayor información como usted pueda antes de decidir qué usar y cómo aplicarlo. Como fue mencionado anteriormente, trate de usar solamente un fabricante para cebador, sellador, rebajador o reductor, pintura y aditivos para la pintar - si usted lo hace, usted evitará los problemas que resultan de los productos incompatibles.

Técnicas para pintar

Disparar la pintura

Hay tres cosas que usted **debe hacer** antes de que usted empiece a pintar un vehículo. La primera es de **limpiar el equipo** de pintura, la segunda es **limpiar la pintura**, y la tercera es de **limpiar el vehículo y remover todo el polvo**.

Limpiando el equipo de pintura, así sea suya o una pistola y un compresor que usted alquiló en algún lugar, es uno de esos secretos "profesionales" que hace la diferencia entre un trabajo de pintura bueno y un acabado nuevo excelente. Sin importar que tan bien usted limpió su pistola de atomizar la última ves que usted la usó, va a ver algo de mugre, tierra o polvo en ella. Removiéndolo antes de que usted comience a atomizar la pintura puede hacer una diferencia grande en el resultado final.

Limpiar la pintura es todavía más importante, porque no importa que tan bien la pintura sea mezclada, habrá algunos bodoques en ella y ellas pueden obstruir la pistola de pintar bien rápido.

La mayoría de las pinturas se tendrán que rebajar antes de que ellas puedan ser atomizadas por la pistola (por ejemplo, casi todos los esmaltes necesitan de ser adelgazados con rebajador de pintura con dos partes de rebajador a una parte de pintura) y algunos endurecedores necesitan acrílicos, intensificadores y otros aditivos. Mézclelos primero, después use un colador de pintura (no un colador de alambre, pero uno profesional, un colador de **pintura**), para verter la pintura diluida desde el bote adentro de la pistola de atomizar. **Caución:** *¡Nunca vierta pintura sin colar (ni pintura sin rebajador) en una pistola de atomizar!*

¡Apriete el mango de cierre en la copa de la pistola de atomizar firmemente, pero recuerde que no importa que tanto usted lo aprieta, fugas acontecerá! A causa del diseño de la pistola de atomizar, la copa está sin sellar, y se fugará, si no alrededor de la conexión entre la pistola y la copa, entonces afuera del orificio de aire. Y si usted no toma precauciones, tal como envolver una tela absorbente alrededor de la cima de la copa, el escape goteará pintura por todas partes en el centro de ese panel grande que usted acaba de atomizar sin una sola gota que se haya corrido.

Esté seguro de soplar todas las rajaduras, costuras. . .

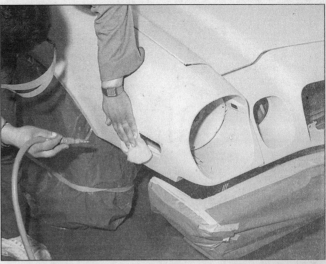

. . . y áreas de receso - si usted no lo hace, la ráfaga de la pistola de atomizar removerá de su localidad el polvo y otros residuos, que acabarán mezclando con la pintura

Antes que usted comience a aplicarle la pintura a su vehículo, *¡pruebe la pistola!* Ajuste el regulador en el compresor para que entregue la presión de aire recomendada a la pistola de atomizar (lea las instrucciones que vino con la pintura). Gire ambas perillas superior (patrón) e inferior (volumen de pintura) hacia adentro completamente, entonces gire la perilla del patrón completamente hacia afuera y la perilla de la pintura hacia afuera hasta que apenas la primera rosca se muestre. Prepare un pedazo plano de metal contra una pared, detenga la pistola a una distancia de seis pulgadas, hale el gatillo completamente hacia atrás y entonces lo libera. No hay necesidad de mover la pistola de atomizar. Todo lo que usted quiere hacer es obtener una muestra del patrón.

El patrón que usted obtenga debe ser parejo de encima hasta abajo, sin espacios blancos y áreas excesivamente mojadas. Si no está así, haga ajustes *pequeños* a la pistola. Si ellos no resultan en un patrón constante, la pistola necesita probablemente una limpieza completa.

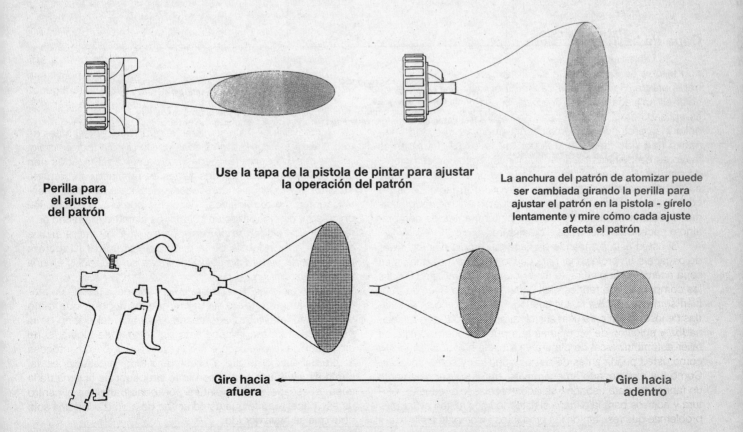

Perilla para el ajuste del patrón

Use la tapa de la pistola de pintar para ajustar la operación del patrón

La anchura del patrón de atomizar puede ser cambiada girando la perilla para ajustar el patrón en la pistola - gírelo lentamente y mire cómo cada ajuste afecta el patrón

Gire hacia afuera ←——————————————→ **Gire hacia adentro**

Gráfica para el patrón de identificación y resolución de problemas de la pistola

Patrón	Causa	Solución
Vibración	1. El aire entrando en el pasaje de la pintura desde el empaque de la aguja de la válvula. 2. El aire entrando en el pasaje de la tobera de la pintura y la hoja cónica de la pistola. 3. El aire entrando desde la tuerca de instalación del recipiente de la pintura o acoplación de la pipa de la pintura. 4. Insuficiente pintura en el recipiente. 5. El pasaje de la pintura obstruido. 6. La viscosidad de la pintura muy espesa. 7. El orificio en la tapa del contenedor obstruido.	1. Apriete la tuerca del sello de la aguja de la válvula. Lubrique o reemplace el sello. 2. Limpie la hoja cónica. Apriete la tobera de la pistola. 3. Apriete el acoplador. 4. Rellene con pintura. 5. Limpie la pistola. 6. Rebaje la pintura. 7. Limpie el orificio.
Patrón de luna creciente	1. Orificio lateral obstruido. 2. Tapa del aire dañada. 3. Tobera de la pistola obstruida. 4. Tobera de la pistola dañada. Gire la tapa 180 grados. Si la desviación cambia, el problema permanece con la tapa de aire. **Obstruido**	1. Limpie los orificios de los lados. 2. Reemplace la tapa del aire. 3. Limpie la tobera de la pintura. 4. Reemplace la tobera de la pintura.
Patrón dividido	1. Tobera de la pintura obstruida. 2. Tobera de la pintura dañada. 3. Tobera de la pintura no está instalada correctamente.	1. Limpie la tobera de la pintura. 2. Reemplace la tobera de la pintura. 3. Reinstale la tobera de la pintura.
Patrón de centro ancho	1. Calibre de la tobera agrandado debido al desgaste. 2. Orificio central alargado. 3. Presión de aire muy baja. 4. Viscosidad de la pintura muy espesa.	1. Reemplace la tobera de la pintura. 2. Reemplace la tapa de aire y tobera de la pintura. 3. Aumente la presión de aire. 4. Rebajador de pintura.

Perilla para el ajuste de la pintura

Gire hacia afuera ◄——— **Ajuste del volumen** ———► Gire hacia adentro

El volumen de pintura saliendo de la tapa del aire se puede ajustar girando la perilla para ajustar la pintura en la pistola

Debido a que usted ha obtenido un patrón parejo, recogiendo apenas la cantidad correcta de pintura. Ahora usted tiene que poner su mente, y las manos, para mover la pistola de atomizar en la manera correcta para aplicar la pintura en el metal en una capa constante, sin perder áreas o lugares tan pesadamente cubiertos con pintura que ellos comienzan a correrse o derramarse.

Así como el béisbol o golf, el secreto es en la oscilación. Cada vez que usted atomice pintura en el panel, usted va a comenzar apuntando la pistola (no hacia) el panel que va ser pintado. **Después** que usted haya halado el gatillo y la pintura comience a fluir, tuerce su muñeca hasta que la pistola esté señalando **al** panel, de ocho a doce pulgadas de distancia. Según su muñeca gire la pistola apuntando directamente en el panel, la mano debe comenzar a moverse hacia abajo del panel, deteniendo la pistola entre ocho a doce pulgadas de distancia. No se mueva demasiado rápido, porque puede causar una "niebla" en la pintura en vez de dejar una capa completa, y no se mueva demasiado lento, que dejaría corrida en la pintura. Al final del panel, no suelte el gatillo - manténgalo deprimido mientras que usted está girando la muñeca, una vez más, la pistola de atomizar debe de estar apuntando hacia abajo del panel en vez de directamente a él.

La primera vez que usted pinte un vehículo, usted va a encontrar que el problema más grande que usted tendrá es de aplicar una capa consistente de pintura. Eso es una gran parte de la razón por qué el movimiento de la muñeca al principio y al final de cada paso. Esto produce un área "traslapa," donde el próximo paso de la pistola se puede poner en marcha sin una aplicación de pintura pesada o desigual. Si la pintura no se

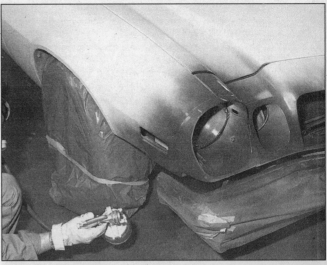

Detenga la pistola de atomizar para que esté apuntando al panel, pero no apuntándolo directamente a él, entonces apriete el gatillo y gire la pistola hasta que esté al ángulo correcto con el panel

traslapa uniformemente, vetas serán visible cuando la pintura se seque.

Aquí es donde usted va a chocar con las primeras diferencias mayores entre los tipos diferentes de pintura.

Si usted está pintando con esmalte, usted tendrá que tener en cuenta el hecho que se seca lentamente, y no puede ser aplicado todo de repente. Si usted trata de poner una capa llena y

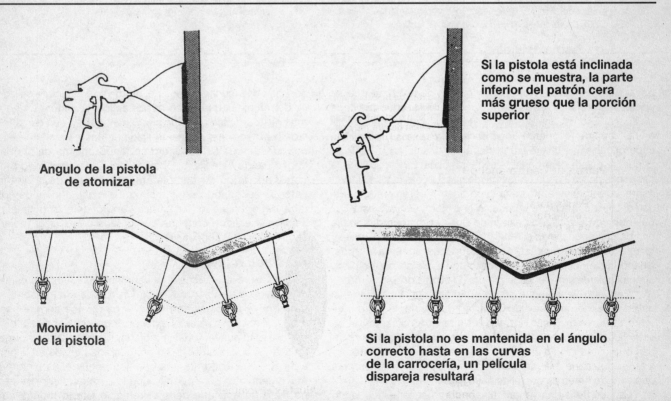

Angulo de la pistola de atomizar

Movimiento de la pistola

Si la pistola está inclinada como se muestra, la parte inferior del patrón cera más grueso que la porción superior

Si la pistola no es mantenida en el ángulo correcto hasta en las curvas de la carrocería, un película dispareja resultará

La pistola debe ser sostenido a un ángulo correcto (en ambas las posiciones verticales y horizontales) y moverla paralelamente con el panel para evitar la aplicación de una película desigual de pintura

Debido a que el rebajador de pintura es más delgado en la orilla exterior del patrón, las brazadas se deben traslapar acerca de una cantidad de 1/3 a 2/3 de la anchura del patrón como está mostrado aquí

1 La pistola es sostenida en el punto A según se comienza a atomizar

2 Aplicación de la pintura se comienza en el punto B y termina en el punto C

3 La pistola es movido hacia abajo acerca de la 1/2 de la anchura del patrón de atomizar (D a E)

4 De C a F, solamente aire es descargado de la pistola

5 La descarga de la pintura se comienza otra vez en la F y continúa en la G

6 La pistola es movida hacia abajo otra vez acerca de la 1/2 de la anchura del patrón de atomizar (H a I)

7 El procedimiento es continuado sin ser interrumpido hasta que el panel entero esté cubierto (punto J)

---

pesada de esmalte en una superficie, es garantizado que se correrá. Es preferible, la primera vez que usted aplique una capa pegajosa. Eso es, una capa muy ligera, de pintura casi neblinosa. Tomará solamente unos pocos momentos para que la capa pegajosa se quiere a una etapa pegajosa al toque, que es lo que se quiere para poner la segunda capa. La segunda, una capa más pesada debe ser permitida secar por lo menos quince minutos, entonces atomice la capa final. Y no se preocupe si usted obtiene una parte corrida en la pintura. Cuando esté trabajando con esmalte, es esperado que habrán corridas. Moje una brocha pequeña en el rebajador de pintura para el esmalte y lo usa para **remover** lentamente (no propague) la corrida. Cuando usted haga el próximo paso con la pistola de atomizar, apenas aplique una niebla de pintura en el área que se corrió.

Recuerde, el esmalte se seca lentamente. En general, si usted no tiene un horno de secar en su garaje, la pintura se tendrá que dejar secar por dos o quizás tres días, antes de estar lista para ser trabajada. Si usted encuentra algunas corridas que usted perdió cuando usted estaba pintando, usted va a tener que darle a la pintura por lo menos dos semanas para que se cure antes de que ellas puedan ser lijadas.

La laca tiene una ventaja mayor sobre el esmalte cuando esté pintando - una vez que usted termine de aplicar una capa de pintura al vehículo, el área donde usted comenzó está completamente seca y puede recibir una segunda capa. Además,

con laca hay mucho menos peligro de que la pintura se corra o se derrame, así que usted puede aplicar la pintura un poquito más gruesa desde un principio. Sin embargo, con esmaltes de laca o acrílico que requieren lijarlo, varias capas son necesarias, desde que usted estará cortando encima de la primera capa cuando esté lijando, hay siempre una posiblidad de que usted pueda cortar completamente através de la pintura si usted la aplicó todo en una capa. La manera ideal de aplicar laca sería aplicarla en varias capas, dele dos días para secarse, líjela con papel de 600 grados de espesor mojado o seco, entonces atomice varias capas más.

Acabado nuevo

De regreso al esmalte (y este incluiría hasta los esmaltes de acrílico "rápidos de secar"). Un par de días después que usted haya acabado de pintar, la pintura se sentirá seca al toque. Y está seca - en el exterior. Pero por debajo, la pintura todavía está suave, todavía mojada, y estará así por lo menos un mes. A causa de esto, no ponga nada pesado en la pintura a menos que usted quisiera que se marque en la pintura permanentemente. Para permitir que la pintura inferior se seque, no trate de aplicarle cera al vehículo por lo menos cuatro meses (seis serían mejores), y tenga mucho cuidado cuando usted lave el vehículo. El esmalte inferior que no ha tenido la oportunidad de secarse puede ser rasguñado fácilmente, y puede desarrollar áreas permanente de manchas de agua si usted lo lava con nada menos que agua fresca y falla de secarlo completamente con una gamuza inmediatamente después de lavarlo.

Muchas pinturas requieren que sean lijadas después de que la pintura sea aplicada para sacarle el brillo completo a la pintura. Aunque el lijando para el color no sea hecho, todas las pinturas de laca se deben pulir para terminar el trabajo.

Pinturas tales como éstas que se secan rápidamente generalmente no fluyen juntas como los esmaltes que se secan más lentos. Por lo tanto, habrá una superficie dispareja - casi una cubierta como arena se siente en la pintura final. Es esta superficie dispareja lijando y puliendo se hace con el propósito de remover.

No hay secreto grande para el lijado de color de otra manera que usar los materiales y saber cuando parar. Los materiales correctos son papel de lija de 600 grados de espesor mojado o seco y una gran cantidad de agua. Nunca use un grado más áspero de papel para hacer el lijado de color. Si usted permite que el papel se seque, o falla de lavar el residuo de lijar, las posibilidades son de que usted raye la superficie, llevándolo a la necesidad de tener que pintar nuevamente. Mantenga el agua corriendo (este es el tiempo de usar una manguera de agua - no un cubo de agua), asegúrese de que usted no raye la pintura con la punta de la manguera, y lije *solamente hasta que la superficie se sienta como un vidrio suave*. Chequee como se siente la superficie bien a menudo, debido a que no toma mucho para remover la primera capa áspera.

Cuando usted termine el lijado de color, permita que el vehículo se seque completamente, y cuando usted lo observe usted jurará que usted tendrá que volver de regreso al primer paso, remueva toda la pintura, y comience otra vez. El final se observará mate, probablemente hasta que los rayones o manchas, e incluso quizás tenga que chequear si hay película desigual gris. No se aterrorice - esa es la manera que se debe de mirar.

Ahora usted tiene que hacer que la pintura brille. Para esto usted va a necesitar compuesto de pulir a máquina, compuesto de pulir a mano, una caja de almidón de maíz y un pulidor eléctrico. Alquilar un pulidor eléctrico es lo mejor - aunque usted pueda hacer el trabajo con un disco de pulir en un taladro eléctrico. No trate de usar una máquina de alta velocidad como una esmeriladora de carrocería con una rueda de pulir en ella o

usted atravesará completamente através de la pintura.

Ese es el problema más grande que un pintor va a tener cuando vaya a pulir un trabajo de pintura - ir completamente sobre toda la pintura. Pulir requiere un toque muy ligero. Vaya lento, y use agua si es necesario para afinar el compuesto de pulir. En este punto, usted está probablemente figurando que la manera más segura para hacer esto sería de olvidarse del pulidor eléctrico y pulir solamente con la mano. Bien, usted puede hacerlo, pero le va a tomar *mucho tiempo*, y usted probablemente no obtendrá un buen resultado igual que si usted lo hace con un pulidor eléctrico. Los compuestos de pulir diseñados para el uso con un pulidor eléctrico son mucho más fino que los pulidores de mano, y dan un final más fino. Pero si usted trata de usar los compuestos de máquina a mano, usted estará dando brillo todavía cuando su vehículo se detenga de estar en marcha y llegara a ser un vehículo clásico. Usted tendrá suficiente trabajo de pulir a mano cuando haga las áreas que el pulidor eléctrico no alcanzó.

Una vez que usted haya repasado el vehículo completo con compuesto de pulir, usted encontrará que todas las vetas y películas se han eliminado, y la pintura brilla. Pero hay una cosa más que usted debe hacer como el toque final. Repase la superficie entera con una tela muy suave y cantidades liberales de almidón de maíz, que es un compuesto de pulir *muy fino*. Cambiará el brillo a un resplandor.

Con el vehículo estacionado en la sombra, usando agua fresca o fría y ningún jabón o limpiador, lave la pintura completamente, entonces la seca inmediatamente con una gamuzas. ¡En cuanto usted la tenga séquela completamente, aplica una capa de cera buena (vea Capítulo 2), entonces retroceda, sonríase, y dese una palmada en la espalda usted mismo - ¡usted lo hizo!

Problemas para pintar

En las siguientes páginas, los problemas más comunes que usted encontrará cuando pinte un vehículo son ilustrados y descritos (no necesariamente listados según la frecuencia de cuanto ocurre). También en el esquema están las causas, la mejor manera de remediar cada problema y maneras de prevenirlos para que no sucedan otra vez o en otros trabajos de pintura.

Sangrando
(foto en la página 9-21)
Descoloración del terminal de la pintura original o se está filtrando através de la pintura nueva.

Causas:
Contaminación - generalmente en forma de tintes solubles o pigmentos en el final viejo antes de que fuera vuelto a pintar. Esto es especialmente verdadero con sombras rojas más viejas.

Prevención:
Limpie completamente todas las áreas que van a ser pintadas antes de lijar, especialmente cuando aplique los colores más pálidos encina de colores más oscuros. Evite usar los colores más pálidos sobre pinturas más viejas o rojas a menos que un sellador sea aplicado primero.

Solución:
Aplique dos capa medias de sellador (DuPont 2184S Bleederseal, por ejemplo), entonces aplique la pintura nueva. Esté seguro de seguir las instrucciones que acompañan al sellador.

Ampollándose

(vea la foto en la página 9-21)

Burbujas apareciendo en la película de la pintura, comúnmente meses después de la aplicación.

Causas:	Prevención:
1 Limpiar inapropiadamente o reparar la superficie. Partículas pequeñas de tierra dejadas en la superficie pueden actuar como una esponja y detener humedad. Cuando el acabado nuevo es expuesto al sol (o cambios bruscos en la presión atmosférica), la humedad se expande y construye presión. Si la presión es lo suficiente grande, ampollas se formarán.	1 Limpie completamente las áreas antes de que vayan a ser pintadas. Esté seguro que todas las superficies están completamente seca antes de aplicar protectores inferiores o pintura. No toque un área limpiada - los aceites en sus manos contaminarán la superficie.
2 Rebajador de pintura o reductor incorrecto. Use un rebajador que se seque rápidamente o reductor, especialmente cuando el material es atomizado muy seco o en una presión excesiva. Aire o humedad se puede atrapar en la película de pintura.	2 Seleccione el rebajador de pintura o reductor más adecuado para las condiciones del taller (lea la etiqueta en el recipiente cuidadosamente).
3 Espesor excesivo de la película de la pintura. Insuficiente tiempo para secarse entre capas o una aplicación demasiado pesada de los protectores inferiores pueden atrapar solventes, que se fugan más tarde y producen ampollas en la pintura.	3 Permita el tiempo apropiado para que se sequen los protectores inferiores y la pintura. Esté seguro de permitir que cada capa "se seque" antes de aplicar la próxima.
4 Líneas de aire comprimido contaminadas con aceite, agua o tierra.	4 Drene y limpie el regulador de presión de aire para remover la humedad y la tierra atrapada frecuentemente. El tanque del compresor de aire se debe drenar también diariamente.

Solución:
Si el daño es extenso y severo, la pintura debe ser removida completamente hasta la protección inferior o metal, dependiendo de la profundidad de las ampollas, entonces pintura nueva debe ser aplicada. En casos menos severos, las ampollas pueden ser lijadas, rectificadas y vueltas a pintar.

Astillar

(vea la foto en la pagina 9-21)

Escamas pequeñas de la pintura que se caen

Astillas son generalmente causadas por piedras y otros objetos duros. Mientras que el pintor no tiene control en las condiciones locales del camino, y no puede prevenir el daño asociado, usted puede tomar pasos para reducir sus efectos si usted sabe por adelantado que tales condiciones existirán. Para detalles en las causas, la prevención y la solución para astillar, vea *Pelar* en esta Sección. Si usted toma los pasos para hacer el trabajo bien hecho, usted puede ayudar a reducir los problemas de astillas.

Filamento blanco y pálido

(vea la foto en la pagina 9-21)

Una neblina blanca lechosa que aparece en las pinturas de laca.

Causas:	Prevención:
1 En tiempo húmedo caliente, las góticas de humedad llegan a ser atrapadas en la película mojada de la pintura. Las corrientes de aire de la pistola de atomizar y la evaporación del rebajador de pintura tienden a hacer que la superficie derramada se enfríe con el aire circundante, que causa humedad en el aire para condensar en la película mojada de la pintura.	1 En tiempo húmedo caliente, trate de programar la pintura temprano en la mañana, cuando las condiciones de la temperatura y la humedad son más adecuadas. Use rebajador de pintura de laca de acrílico DuPont 3602S.
2 Presión de aire excesiva.	2 Use los ajustes apropiados de la pistola y las técnicas.
3 Un rebajador de pintura "muy rápido."	3 Seleccione el rebajador de pintura que sea más adecuado para las condiciones existente del taller.

Solución:
Agregue retardador DuPont 3979S a la pintura rebajada y aplique capas adicionales.

Marcar con tiza

(vea foto en la pagina 9-21)

La formación en el final causado por polvo de pigmento no sostenido más tiempo por el aglutinador, que hace que la pintura se observe mate.

Causas (otra que exposición normal):	Prevención:
1 Rebajador de pintura o reductor incorrecto, que pueden reducir la durabilidad de la pintura.	1 Seleccione el rebajador de pintura o reductor que sea más adecuado para las condiciones existente del taller.
2 Materiales no están mezclado uniformemente.	2 Bata todos los pigmentos de protectores inferiores y las pinturas bien.
3 Película muerta de pintura.	3 Llegue o exceda un poquito los espesores mínimos de la película.
4 Niebla excesiva cuando esté terminando una aplicación color metálica.	4 Aplique el color metálico tan uniformemente como sea posible para que rocío no sea requerido. Cuando capas de niebla sean necesarias para nivelar las escamas, evite usar reductor directamente.

Solución:

Remueva la pintura del área afectada lijándola, entonces limpie y pinte nuevamente.

Mancha química

(vea la foto en la pagina 9-22)

Manchas de descoloración de la superficie.

Causas:

Partículas contaminantes que se caen en la pintura en presencia de humedad o lluvia - generalmente debido a actividad industrial adyacente.

Prevención:

Mantenga el vehículo fuera del áreas donde las actividades industriales son extensas. Lave el vehículo con detergente y agua tan pronto como sea posible después de la exposición.

Solución:

Después de lavar con detergente y agua, limpie el área afectada con compuesto de frotar y cera. En casos severos, lije hasta la capa del cebadora y vuelva a pintar.

Cuarteaduras (cuarteaduras de línea, micro cuarteaduras)

(vea la foto en la pagina 9-22)

Una serie de roturas profundas que se parecen a cuarteaduras de barro. A menudo en la forma de un árbol con tres ramas y en ningún patrón definido, ellas son generalmente la pintura y a veces la protección inferior también.

Causas:	Prevención:
1 Espesor excesivo de la pintura (capas de pintura excesivamente gruesas magnifican la tensión y las fatigas normales que pueden resultar en grietas bajo condiciones normales).	1 No amontone capas de pintura. Permita suficiente tiempo entre capas para que se seque. No la seque con el aire de la pistola.
2 Materiales no mezcladas uniformemente.	2 Bata todos los protectores inferiores y las pinturas completamente. Manchas y - donde sea necesario - agregue Eliminador de Ojo Pez a la pintura.
3 Insuficiente tiempo "para secarse."	3 Igual que el 1.
4 Uso incorrecto de aditivos.	4 Lea y siga cuidadosamente todas las instrucciones en la etiqueta (aditivos no específicamente diseñados para una capa de color pueden debilitar la película final de la pintura y hacerla que se cuartee más rápido).

Solución:

Las áreas afectadas deben ser lijadas a un terminal liso o, en casos extremos, removerlos completamente hasta el metal, y vuélvalo a pintar.

Nota: *Las causas, la prevención y la solución para el Agrietado, Líneas de rayones y Micro rayones son de cerca relacionados. Por esa razón, las causas, la prevención y la solución para las Línea de rayones y Micro rayones son incluidos luego.*

Líneas rayadas

(vea la foto en la pagina 9-22)

Similares a las agrietadas, excepto las líneas o roturas son más paralelas y tienen un rango desde muy cortas hasta acerca de 18 pulgadas de largo.

Causas:	Prevención:
1 Espesor excesivo de la pintura.	1 No amontone capas de pintura. Permita suficiente tiempo para que se seque. No la seque con una pistola de aire.
2 Preparación de la superficie inapropiada. A menudo la aplicación de pintura nueva sobre pintura vieja que se estaba agrietando y no removida completamente.	2 Limpie completamente el área que se va a pintar antes de lijarla. Esté seguro que la superficie está completamente seca antes de aplicar más cebadora o pintura.

Solución:

Remueva la pintura completamente hasta el cebador y aplique pintura nueva.

Micro rayado

(vea la foto en la pagina 9-22)

La apariencia es como una pintura mate severa de la pintura, pero cuando es examinada completamente con un vidrio de aumento, contiene muchas roturas peque ñas que no tocan. Micro cuarteaduras es el principio de la avería de la pintura, y puede ser una indicación que los problemas tales como grietas se desarrollarán.

Solución:

Lije la capa de pintura para remover las roturas, entonces vuelva a pintar según sea requerido.

Líneas o rajaduras que aparecen en la pintura

(vea la foto en la pagina 9-22)

Aparece como roturas pequeñas (a menudo llamadas patas de gallo) que completamente cubren un área en una manera irregular.

Causas:

Taller demasiado frío (tensión de la superficie de la pintura original es alta y literalmente se quiebra debajo la acción ablanda de los solventes que han sido aplicados).

Prevención:

Seleccione el rebajador de pintura o reductor más adecuado para la condición existente del taller. Programe la pintura para evitar los extremos de temperatura y humedad en el taller o diferencias entre la temperatura en el taller y la temperatura del vehículo (haga que el vehículo esté a la temperatura del cuarto de pintar antes de pintar).

Solución:

Hay dos maneras de vencer las líneas o rajaduras que aparecen en la pintura: (1) continúe aplicando capas mojadas de pintura para que se funda con las líneas y fluya la pintura junta (usando el rebajador más mojado posible que las condiciones del taller de pintura permitirán); y (2) use un rebajador de pintura rápido tal como el DuPont 3613S, que permitirá hacer un puente en la capa subsiguientes de pintura en el área (este es un caso donde hacer un puente es una curación y no una causa del problema).

Separación del biselado

(vea la foto en la pagina 9-22)

Aparece como marcas estiradas (o roturas) biseladas. Ocurre durante o rápidamente después que la pintura es aplicada sobre cebador de superficie basada en laca.

Causas:	Prevención:
1 Amontonar el cebador en capas pesadas y mojadas. El solvente es atrapado en las capas del cebadoras que no hayan tenido suficiente tiempo para prepararse.	1 Aplique apropiadamente reductor de cebador de superficie en capas entre finas y medias (150% de reducción preferida con DuPont 3661S) con suficiente tiempo entre capa para permitir que los solventes y el aire se escape.
2 Material no mezclado uniformemente. A causa del contenido alto del pigmento del cebador de superficie, es posible que se comience a asentar después que fue rebajado. Demora de usar el material sin removerlo resulta en una película con pigmento sostenidos conteniendo vacíos y grietas, causando que la película actúe como una esponja.	2 Bata todos los pigmentos de los cebadores y las pinturas completamente. Seleccione el rebajador de pintura adecuado para las condiciones existente del taller. El rebajador de pintura DuPont 3661S en las superficies cebadas minimizan magníficamente esta posibilidad.
3 Rebajador de pintura incorrecto.	3 Seleccione solamente rebajador de pintura que sea recomendado para las condiciones existente del taller.
4 Superficie impropiamente limpiada o preparada. Cuando no es limpiada apropiadamente, las capas de la superficie de los cebadores pueden arrastrarse o pueden separarse de la orilla a causa de que no estaba mojado apropiadamente y adherencia pobre.	4 Limpie completamente el área que se va a pintar antes de lijarla.
5 Secando inapropiadamente. Soplar con la pistola de atomizar después que la superficie del cebador es aplicada resulta en secar la superficie antes que solvente o aire de las capas inferiores sean liberados.	5 Aplique más cebador a la superficie en capas finas a medianas con suficiente tiempo entre capas para permitir que los solventes y el aire se escapen.
6 Uso excesivo (y acumulación de la película) del compuesto vidriado.	6 El compuesto vidriado debe ser limitado para llenar las imperfecciones secundarias. Si es aplicado demasiado pesado (o demasiado grueso) se encogerá eventualmente, causando grietas del biselado.

Solución:
Remueva la pintura del áreas afectada y vuelva a pintar.

Ojos de pez

(vea la foto en la pagina 9-23)

Pequeñas, aberturas como cráter en la pintura después que fue aplicada.

Causas:	Prevención:
1 Superficie impropiamente limpiada o preparada. Muchas ceras y pulidores que contienen silicona, la causa más común de ojos de pez. Las siliconas se adhieren firmemente a la película de la pintura y requieren esfuerzo extra para removerlas. Las cantidades pequeñas en el polvo del lijado, trapos, o de vehículos que se están puliendo bien cerca pueden causar este problema.	1 Remueva todos los rasgos de silicona completamente limpiando el área de reparación con removedor de cera/silicona (DuPont 3919S Prep Sol, por ejemplo). El uso del Eliminador de Ojo de Pez no es un reemplazo para la preparación de la superficie buena.
2 El final viejo o las reparaciones previas pueden contener cantidades excesivas de aditivos de silicona usadas durante su aplicación. Generalmente limpiar el solvente no removerá la silicona incrustada.	2 Agregue Eliminador de Ojo de Pez.
3 Contaminación de la línea de aire.	3 Drene y limpie el regulador de presión de aire para remover la humedad y la tierra frecuentemente atrapada. El tanque del compresor de aire se debe drenar bien a menudo.

Solución:
Después que la pintura afectada se haya secado, aplique otra capa doble de pintura que contenga la cantidad recomendada de Eliminador de Ojo de Pez. En casos severos, áreas afectadas se deben lijar y vueltas a pintar.

Levantando

(vea la foto en la pagina 9-23)

Distorsión o encoger de la superficie mientras la pintura se está aplicando o mientras se está secando.

Causas:	Prevención:
1 Uso de materiales incompatibles. Los solventes en la pintura nueva atacan la pintura vieja, que resulta en un efecto deformado o arrugado.	1 Evite los materiales incompatibles tales como un rebajador de pintura con productos de esmalte, o con los selladores y cebadores incompatibles.
2 Insuficiente tiempo para secarse. La pintura se levantará si es esmalte de alkyd y esté parcialmente curada. Los solventes de la capa que es aplicada causan hinchazones localizadas o se disuelven parcialmente que más adelante deforman la superficie.	2 No amontone capas de pintura. Permita suficiente tiempo para que se seque. La capa final de la pintura debe ser aplicada cuando la capa previa esté soluble o después que se haya secado completamente y es insensible a los solventes de la pintar.
3 Secado inapropiado. Cuando los protectores inferiores sintético de esmalte no están completamente seco, pintar con laca puede resultar en que la pintura se levante.	3 Lo mismo que 1 y 2.
4 Efecto del final viejo o la reparación previa. Laca aplicada encima de un terminado de esmalte secado al aire causará que se levante.	4 Lo mismo 1.
5 Superficie impropiamente limpiada o preparada. El uso de un cebador de tipo esmalte o sellador en un final original de laca, que va a ser pintado con laca, resulta en que se levante debido a un efecto de emparedado.	5 Lo mismo 1.
6 Rebajador de pintura o reductor incorrecto. El uso de rebajador de pintura en laca de esmalte aumentará la cantidad que se hincha y la distorsión, que puede dirigir para que se levante, particularmente cuando se esté usando dos tonos o vuelva a pintar.	6 Seleccione el rebajador de pintura o reductor que sea correcto para el final aplicado y adecuado para las existencias de las condiciones del taller.

Solución:
Remueva la pintura del áreas afectada y vuelva a pintar.

Moteando

(vea la foto en la pagina 9-23)

Ocurre solamente en pinturas metálicas cuando las hojuelas flotan juntas para formar la apariencia de manchas o apariencia removida.

Causas:	Prevención:
1 Mucho rebajador de pintura o reductor.	1 Seleccione el rebajador de pintura o reductor que sea adecuado para las condiciones existentes del taller y mezcle todos los materiales apropiadamente. En tiempo de frío y húmedo use un solvente seco que se seque más rápido.
2 Materiales no mezclado uniformemente.	2 Bata todos los pigmentos de las pinturas - especialmente metálicas - completamente bien batidas.
3 Aplicándolo muy mojado.	3 Use los ajustes apropiados de la pistola, las técnicas y presión de aire.
4 Deteniendo la pistola de atomizar demasiado cerca del trabajo.	4 Lo mismo que 3.
5 Patrón desigual de atomizar.	5 Mantenga la pistola de atomizar limpia (especialmente la tobera del fluido de la aguja y la tapa de aire) y en buena condición de trabajo.
6 Temperatura baja del taller.	6 Lo mismo que 1.

Solución:
Permita que la pintura se seque y aplique una capa doble de secador o dos capas simple, dependiendo de que pintura usted está usando.

Cáscara anaranjada

(vea la foto en la pagina 9-23)

Formación desigual de la superficie - muy parecida a la parte exterior de una naranja - que resulta por góticas de pintura atomizadas inapropiadamente. Las gotas de pintura se secan antes que ellas pueden fluir hacia afuera y ser suavizadas.

Causas:	Prevención:
1 Ajuste inapropiado de la pistola y técnicas (presión de aire demasiado baja, patrón de atomizar demasiado ancho o aplicando la pintura de la pistola a una distancia excesiva causa que góticas de pintura lleguen a secarse demasiado antes que ellas golpeen la superficie y ellas permanezcan como están formada por la tobera de la pistola).	1 Use los ajustes apropiados de la pistola, técnicas y presión de aire.
2 Taller demasiado caliente (cuando la temperatura del aire está demasiado alta, las góticas de pintura pierden más solvente y se secan antes de que ellas puedan fluir y nivelarse apropiadamente).	2 Planee la pintada para evitar los extremos de temperatura y de humedad. Seleccione el rebajador de pintura o reductor que sea adecuado para las condiciones existentes. El uso de un rebajador de pintura que se evapora más despacio o reductor, vencerá este problema.
3 Secado inapropiado (oscilar la pistola antes que góticas de pintura tengan la oportunidad de fluir juntas causará una superficie como cáscara de naranja).	3 Permita suficiente tiempo para que se seque. No la seque con la pistola de atomizar.
4 Tiempo inapropiado para que se seque o tiempo de aplicar una capa nueva. Si la primera capa de esmalte se permitió que llegara a secarse demasiado, el solvente en las góticas de pintura en las siguientes de las capas se absorberán adentro de la primera capa antes de que un flujo apropiado sea logrado.	4 Permita tiempo apropiado para que se sequen los cebadores y las pinturas (no demasiado largo y no demasiado corto).
5 Rebajador de pintura o reductor incorrecto. Pintura no diluida completamente o pintura rebajada con rebajador de pintura que se evaporan rápidamente o reductores que causan que las góticas atomizadas lleguen a secarse antes de que alcancen la superficie.	5 Seleccione el rebajador de pintura o reductor que sea más adecuado para las condiciones existente del taller para proporcionar el flujo y el nivel bueno de la pintura.
6 No suficiente rebajador de pintura o reductor.	6 Redúzcalo a la viscosidad recomendada con el rebajador/reductor de pintura apropiado.
7 Los materiales no se mezclaron uniformemente. Muchos terminales son formulado con componentes que ayudan al coalescence - si ellos no son mezclados apropiadamente, una cáscara anaranjada resultará.	7 Bata todos los pigmentados de cebadores y las pinturas completamente.

Solución:

Compuesto puede ayudar - un compuesto de pulidor para esmalte, compuesto de pulidor para la laca. En casos extremos, líjelo hasta obtener una superficie lisa y volver a pintar, usando un rebajador de pintura que se evapora más lento o reducir la presión de aire hasta la presión correcta.

Pelar

(vea la foto en la pagina 9-23)

La pérdida de la adherencia entre la pintura y substrato (pintura y cebador y/o pintura vieja, o cebador y metal).

Causas:	Prevención:
1 Limpieza inapropiada o preparación. El fracaso de remover el polvo del lijado y otros contaminantes de la superficie mantendrán que la pintura entre en contacto apropiado con el substrato.	1 Limpie completamente todas las áreas que van a ser pintadas. Es siempre una práctica buena de lavar el polvo del lijado en el área que va ser terminada con DuPont 3812S o limpiador 3939S.
2 Tratamiento inapropiado del metal.	2 Use el condicionador de metal y la capa de conversión correctas.
3 Los materiales no mezclado uniformemente.	3 Bata todos los pigmentados de los cebadores y las pinturas completamente.
4 Fracaso de usar el sellador apropiado.	4 En general, los selladores son recomendados para mejorar la adherencia de la pintura. En ciertos casos (esmaltes de alkyd sobre terminados de laca) los selladores son requeridos para prevenir que se pelen.

Solución:

Remueva la pintura de un área levemente más grande que el área afectada y vuélvala a pintar.

Pequeños orificios

(vea la foto en la pagina 9-23)

Pequeños orificios o grupos de orificios en el acabado nuevo, o en la masilla o el llenador para la carrocería, generalmente es el resultado de solventes atrapados, aire o humedad.

Causas:	Prevención:
1 Superficie impropiamente limpiada o preparada. Humedad dejada en las superficies del cebador pasará através de la pintura mojada para causar pequeños orificios.	1 Limpie completamente todas las áreas que van a ser pintadas. Esté seguro que la superficie esté completamente seca antes de aplicar más cebadora o pintura.
2 Contaminación de las líneas de aire. Humedad o aceite en las líneas de aire entrará en la pintura mientras se está aplicando y causa pequeños orificios cuando es liberada durante la etapa de secar.	2 Drene y limpie el regulador de presión de aire para remover frecuentemente la humedad y la tierra atrapada. El tanque de aire del compresor se debe drenar también.
3 Ajuste incorrecto de la pistola o la técnica. Si los ajustes o las técnicas resultan en capas excesivamente mojadas, o si la pistola es sostenida demasiado cerca de la superficie, pequeños orificios ocurrirán cuando el aire o excesivo solvente sea liberado durante el período de secar.	3 Use los ajustes apropiados de la pistola, las técnicas y la presión de aire.
4 Rebajador de pintura o reductor incorrecto. El uso de un solvente que es demasiado rápido para la temperatura del taller tiende a causar que el pintor atomice demasiado cerca de la superficie para obtener un flujo adecuado. Cuando el solvente es demasiado lento, es atrapado por capas subsiguientes encima.	4 Seleccione el rebajador de pintura o reductor adecuado para las condiciones que existen en el taller.
5 Secado inapropiado. Ventilar una pintura nueva puede accionar aire en la superficie o causar que se seque - ambos resultan en pequeños orificios cuando los solventes retenidos en las capas inferiores suben a la superficie.	5 Permita suficiente tiempo para que se seque. No lo seque ventilando con la pistola.

Solución:
Lije el área afectada hasta que esté lisa y vuelva a pintarla.

Corrida o derrame

(vea la foto en la pagina 9-24)

La aplicación pesada del material atomizado que falla de adherirse uniformemente a la superficie.

Causas:	Prevención:
1 También mucho rebajador de pintura o reductor.	1 Lea y siga cuidadosamente todas las instrucciones en la etiqueta. Seleccione el rebajador de pintura y reductor que sea adecuado para las condiciones existente en el taller.
2 El rebajador de pintura o reductor incorrecto.	2 Seleccione el rebajador/reductor de pintura apropiado.
3 Espesor excesivo de la película sin permitir el tiempo apropiado para que se seque.	3 Permita suficiente tiempo para que se seque entre capas.
4 Presión de aire baja (causando la falta de atomización), deteniendo la pistola muy cerca o haciendo pasos lentos de la pistola.	4 Use los ajustes apropiados de la pistola, las técnicas y la presión de aire.
5 La superficie del taller o el vehículo están demasiado frío.	5 Permita que la superficie de vehículo se caliente por lo menos a la temperatura de la habitación antes de procurar de aplicar la pintura. Trate de mantener una temperatura consistente mientras está pintando.

Solución:
Remueva el exceso de pintura con rebajador de pintura y permítalo secar hasta que usted pueda lijarlo suavemente, entonces vuelva a pintar.

Hinchándose por rayones de arena

(vea la foto en la pagina 9-24)

Rayones de arena largos causados por una acción de hincharse de los solventes de pintura.

Causas:	Prevención:
1 Superficie impropiamente limpiada o preparada. Usando papel de lija demasiado tosco u omitiendo un sellador en el panel reparado exagera la hinchazón magníficamente causada por la penetración del rebajador de pintura.	1 Use el papel de lija del grado correcto para la pintura que fue aplicada.
2 Rebajador/reductor de pintura inapropiado (especialmente un rebajador/reductor de pintura seco y lento cuando el sellador se ha omitido.)	2 Aplique sellador para eliminar hinchazones por los rayones de arena. Seleccione un rebajador de pintura o reductor adecuado para las condiciones existente en el taller.
3 Bajo/reducido del rebajador de pintura incorrecto (demasiado rápido) usado en superficies de cebador que causa puente entre los rayones.	3 Use el rebajador de pintura y el reductor apropiado para las superficies cebadas.

Solución:
Lije el área afectada hasta que esté suave, entonces aplique un sellador antes de volver a pintar.

Solvente saltando

(vea la foto en la pagina 9-24)

Ampollas en las superficies pintadas causadas por solventes atrapados en la pintura o cebador de superficie - una situación que es además agravada por la fuerza de secar o calor desigual.

Causas:	Prevención:
1 Superficie impropiamente limpiada o preparada.	1 Limpie completamente todas las áreas que van a ser pintadas.
2 El rebajador de pintura o reductor incorrecto. El uso del rebajador de pintura o reductor que se secan rápidamente, especialmente cuando el material es atomizado muy seco o a una presión excesiva, puede causar que el solvente salte atrapando aire en la película.	2 Seleccione un rebajador de pintura o reductor adecuado para las condiciones del taller.
3 Espesor excesivo de la película. Tiempo insuficiente de secar entre capas y la aplicación demasiado pesada de más cebador puede atrapar solventes, causando que salten de la pintura según ellos se escapan luego.	3 No amontone cebador o pintura. Permita el suficiente tiempo para que se seque. Permita cada superficie de la capa de cebador que se seque naturalmente - no la ventile con la pistola de atomizar.

Solución:
Si el daño es extenso y severo, la pintura debe ser removida hasta el cebador o el metal, dependiendo de la profundidad de las ampollas; entonces vuelva a pintar. En casos menos severos, lije, aplique más cebador y vuelva a pintar.

Manchas de agua

(vea la foto en la página 9-24)

Perdiendo el esmalte de la pintura generalmente en áreas o masas de áreas.

Causas:	Prevención:
1 El agua evaporándose en la superficie antes de secarse completamente.	1 No le aplique agua a un trabajo de pintura fresca y trate de mantener un vehículo con una pintura nueva fuera de la lluvia. Permita suficiente tiempo antes de conducir el vehículo.
2 Lavar el vehículo en el sol.	2 Lave el vehículo en la sombra y séquelo completamente.

Solución:
Púlalo con compuesto de pulir. En casos severos, lije las áreas afectadas y vuelva a pintar.

Áreas mojadas

(vea la foto en la pagina 9-24)

Descoloración y/o secado lento de varias áreas.

Causas:	Prevención:
1 Limpiar y preparación impropia.	1 Limpie completamente todas las áreas para ser pintadas.
2 Secado inapropiado de las capas excesivas de cebador.	2 Permita tiempo apropiado para que el cebador se seque.
3 Lijando con solvente contaminado.	3 Use papel de lija mojado con agua limpia.

Solución:

Lave o lije las áreas afectadas completamente y las vuelve a pintar.

Arrugándose

(vea la foto en la pagina 9-24)

Distorsión de la superficie (o secar) eso ocurre mientras el esmalte es aplicado (o más adelante durante la etapa de secar).

Causas:	Prevención:
1 Procedimiento inapropiado de secar. Cuando una pintura frescamente aplicada es horneada o forzada a ser secada demasiado pronto, ablandamiento de los protectores inferiores puede ocurrir. Esto aumenta la penetración del solvente en la pintura e hincharse. Además, hornear o secar a fuerza causa que las capas de la superficie se sequen demasiado pronto. La combinación de estas fuerzas causan que se arrugue.	1 Permita el tiempo apropiado para los protectores inferiores y la pintura. Lea y cuidadosamente siga las instrucciones en la etiqueta.
2 Pelándose en capas pesadas o mojadas. Cuando las capas de esmalte son demasiado gruesas, las capa inferiores mojadas no son capaces de liberar los solventes y adherir al mismo tiempo como la capa de la superficie, que resulta en arrugas.	2 No amontone la pintura. Permita suficiente tiempo para que se seque.
3 Reductores inapropiados o materiales incompatibles. Un reductor de secar rápido o el uso de rebajador de pintura de laca en el esmalte pueden causar arrugas.	3 Seleccione el reductor apropiado y evite usar los materiales incompatibles tales como un reductor con productos de laca, o con el rebajador de pintura con productos de esmalte.
4 Cambio inapropiado o rápido en la temperatura del taller. Corriente de aire caliente causa que las superficies del esmalte se asienten y se encojan antes de que las capas inferiores hayan liberado los solventes, que resulta que arrugas se localicen en patrones desiguales.	4 Programe la hora de la pintura para evitar los extremos de temperatura o cambios rápidos.

Solución:

Remueva el esmalte arrugado y vuelva a pintar.

Sangrando

Problemas de la pintura

Las siguientes páginas muestran 23 de los problemas más comunes asociado con la pintura del vehículo. Las fotos son codificadas al texto en las páginas anteriores y siguientes, dando información en la causa, la prevención y la solución de cada problema específico

Fotografías contesía de
E.I. du Pont de Nemours and Company

Ampollando

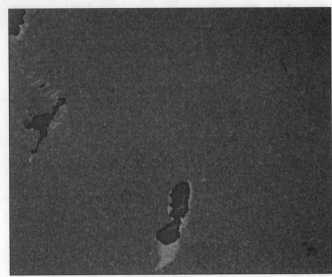

Pelando

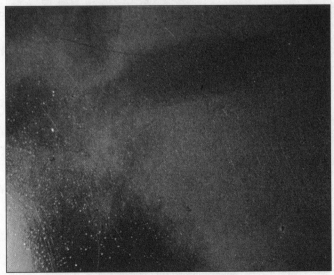

Filamento blanco y pálido

Tiza

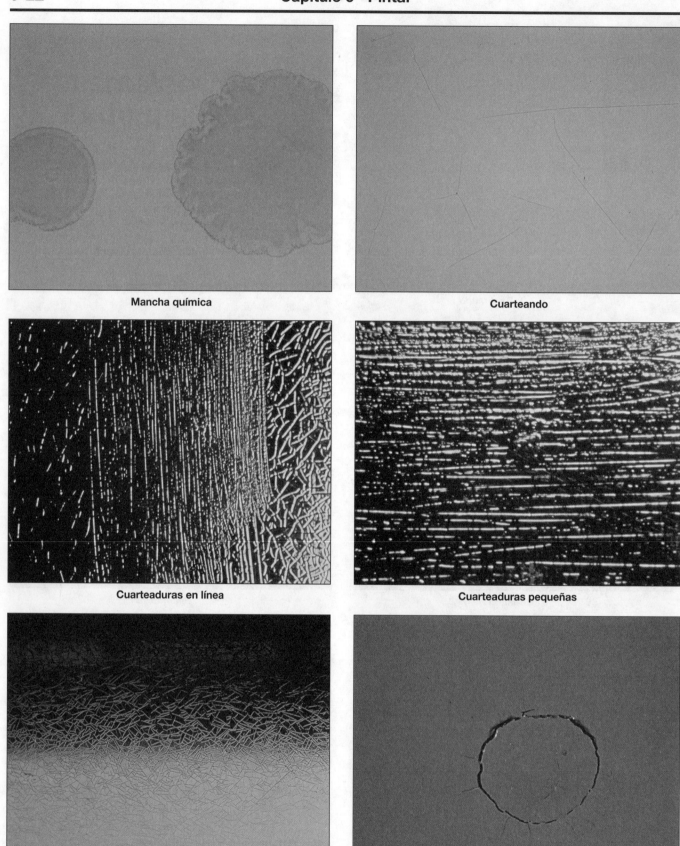

Mancha química

Cuarteando

Cuarteaduras en línea

Cuarteaduras pequeñas

Líneas o rajaduras aparecen en la pintura

Separaciones en el biselado

Fotografías contesía de E.I. du Pont de Nemours and Company

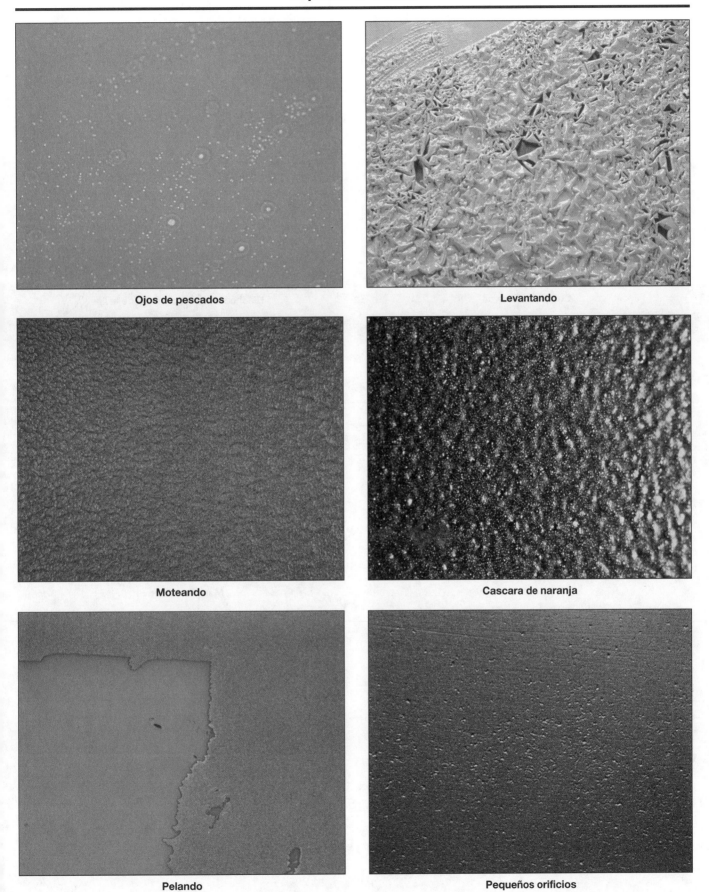

Ojos de pescados

Levantando

Moteando

Cascara de naranja

Pelando

Pequeños orificios

Fotografías contesía de E.I. du Pont de Nemours and Company

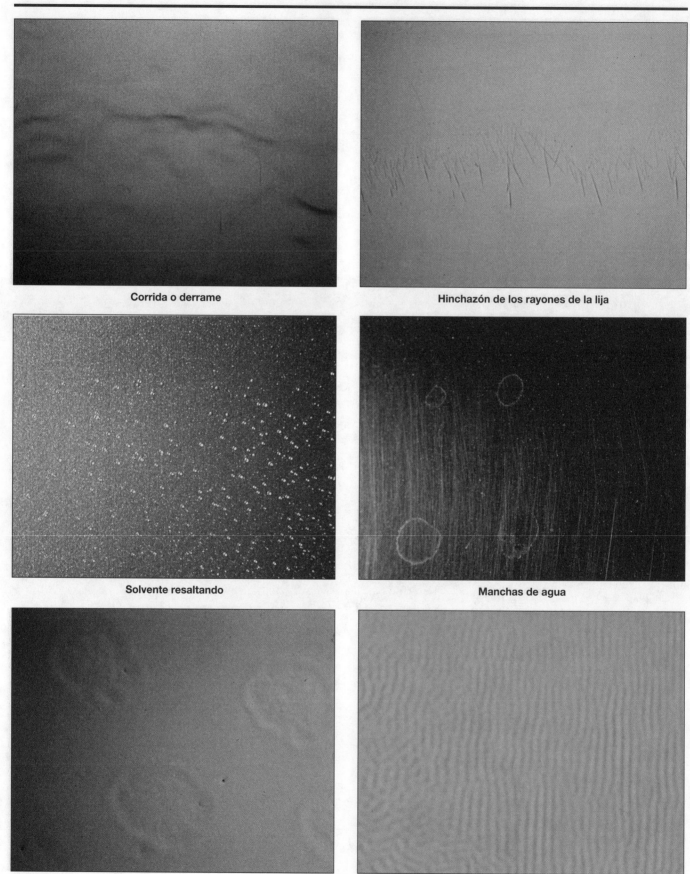

Corrida o derrame

Hinchazón de los rayones de la lija

Solvente resaltando

Manchas de agua

Áreas mojadas

Arrugado

Fotografías contesía de E.I. du Pont de Nemours and Company

Capítulo 10
Puertas y vidrios

Reemplazo de las puertas y ajuste

Reemplazo de la puerta

Porque ellas son tan susceptible al daño, las puertas son un artículo común que pueden ser reparado o ser reemplazadas durante la reparación de la carrocería. Encarando el daño a una puerta - de un choque u oxidación - el dueño del vehículo tiene esencialmente tres opciones. Si el daño es menor, la puerta original puede ser reparada usando uno de los métodos demostrado en este libro. Si el daño o la oxidación es limitado al metal laminado exterior, una nueva lámina de puerta se puede soldar en su posición en el marco de la puerta. Finalmente, un ensamblaje completamente nuevo o usado de la puerta puede ser instalado para reemplazar la puerta gravemente dañada.

Si se decidió reparar la puerta en vez de reemplazarla, refiérase al Capítulo 5 o 6 para los procedimientos apropiados a seguir. Reemplazando una lámina exterior de la puerta toma algo de habilidad con una antorcha soldador de cortar, así que puede ser mejor dejado para un profesional, aunque información adicional podría ser encontrada en los Capítulos 6, 7 y 12.

El mejor camino para el chapistero del hogar para el chapistero del hogar pueda que sea encontrar una de reemplazo e instalarla. Los concesionarios y chapisterías serán capaces de ordenar componentes nuevos y la mayoría de los rastros tiene un inventario grande de puertas completas que aguardan a su inspección.

Cuando seleccione una puerta usada, chequee muy cuidadosamente por daño y/o oxidación. Determine cuál partes (como el panel interior de la moldura, descansa brazos, el espejo, etc.) pueden ser transferidos de la puerta original a la de reemplazo si es necesario. Esté seguro de subir la ventana para inspeccionar el vidrio y chequear si el regulador de la ventana trabaja apropiadamente.

Las bisagras de la puerta varían de fabricante a fabricante y dictan exactamente cómo una puerta es removida e insta-

Las puertas y los guardafangos normalmente pueden ser encontrados en los rastros. Seleccione un reemplazo cuidadosamente, sin embargo (chequee por daño y áreas de óxido)

Cuando compre una puerta de un rastro, escoja una basada en su condición completa, envés de tratar de emparejar un cierto color de pintura o tipo de moldura

Las puertas son pesadas - estantes con trapos como almohadillas son usados aquí para apoyo. Además, un ayudante para ayudar a levantar la puerta es obligatorio para este trabajo

Cuando remueva una puerta para ser reinstalada más adelante, o ajustar una puerta para mejor ataque, ralle o trace alrededor de las bisagras de la puerta y las cabezas de los pernos antes de aflojar o remover algo (para usarlo como un punto de referencia)

lada. Algunos modelos tendrán una bisagra atornillada en donde la eliminación de los pernos permite que la puerta sea removida hacia afuera. Otros fabricantes usan una bisagra que es soldada en su posición, incorporando una clavija pivote que es empujada hacia afuera para remover la puerta (muy parecida a las puertas de una casa). La mayoría de las bisagras de las puertas tienen también algún tipo de dispositivo para detener la puerta en una posición abierta. Si la bisagra, o cualquier parte de ella, tiene un componente cargado con resorte, tenga mucho cuidado durante el proceso de remover los pedazos para que no vuelen y causen una lesión.

Antes de actualmente remover una puerta, asegúrese que todos los alambres y cables que van (para las ventanas eléctricas, los espejos remotos, etc.) han sido desconectado. Usted tendrá que remover la moldura del panel y meterlo de regreso a través de la jamba de la puerta. Mantenga también en mente que esas puertas de los vehículos pueden estar bien pesadas y difíciles de manejar. Sostenga la puerta durante el proceso de remover y tenga a un ayudante fuerte disponible para removerla hacia fuera.

Ajuste de la puerta

Debido a un accidente, o simplemente por edad, las puertas automotrices requieren ajustes para asegurar que ellas cierren firmemente en el picaporte y sellen apropiadamente contra el burlete.

Para determinar si una puerta requiere ajuste, mire cuidadosamente en las costuras por todas partes de las orillas de la puerta - donde la puerta se reúne con los guardafangos, la línea del techo y el panel inferior de la carrocería. El espacio libre alrededor de todas las partes de la puerta debe ser uniforme. Si el espacio entre la puerta y estos paneles son estrechos en algunos lugares y más anchos en otros, un ajuste de la puerta es necesario.

Igual que como se removió encima, el ajuste será dictado por el tipo de bisagra en el vehículo. Con perno en las bisagras, los pernos son aflojados levemente, la puerta es puesta en posición nuevamente y los pernos son apretados. Si bisagras soldadas son implicadas, el ajuste es difícil y en muchos casos imposibles - para estas bisagras, consulte con una chapistería para los procedimientos de ajuste que pueden requerir

aplicar calor o usar herramientas especiales para doblar las bisagras.

Antes de efectivamente aflojar cualquier perno verdaderamente para el ajuste, hay unos cuantos pasos preliminares. Primero, use un marcador o rallador para trazar alrededor de las cabezas del perno y el ensamblaje de la bisagra. Esto le dará un punto de referencia y le permitirá a usted ver cuánto, y en qué dirección, el movimiento está ocurriendo. También, planee su movimiento cuidadosamente - sepa cuál dirección usted quiere que la puerta vaya antes de aflojar los pernos.

Con un ayudante deteniendo la puerta, afloje los pernos un poco a la vez hasta que la puerta se pueda mover. Ajuste la puerta y apriete los pernos firmemente. No cierre la puerta de golpe. En vez, balancéela lentamente a una posición casi cerrada y chequee el ataque del picaporte y el cerrojo que está empernado en la jamba opuesta de la puerta. Si es necesario, el picaporte puede ser ajustado también en orden de que alinee con el precutor.

Reparación del vidrio, reemplazo y ajuste

El vidrio automotriz caerá en las categorías de plato de seguridad laminado, usado para parabrisas, o vidrio de plato sólido templado que es usado para los lados y las ventanas traseras. Los parabrisas vienen comúnmente con una banda teñida en la parte superior y algunos tienen antenas de radio también. Muchas ventanas traseras están equipadas con unos elementos que componen un sistema eléctrico de descongelar trasero para la ventana.

Para propósitos de remover e instalar, el vidrio automotriz se puede clasificar como fijo o abierto. El vidrio fijo es típicamente el parabrisas, la ventana trasera y las ventanas laterales pequeñas. Los vidrios de abertura serían las ventanas de las puertas y quizás las ventanas traseras de las puertas elevadoras encontrada en algunos modelos.

Reparación del vidrio

Astillas menores en un parabrisas, que antes significaba un reemplazo del parabrisas, ahora puede ser reparado exitosamente con juegos nuevos en el mercado. Estos juegos usan

Astillas pequeñas en el parabrisas no significan necesariamente que debe ser reemplazado. Hay muchos juegos de reparación en el mercado que, cuando se usan apropiadamente, hace que el daño desaparezca. Siga las direcciones en el paquete cuidadosamente, o busque ayuda de un taller de vidrio que haga este tipo de trabajo

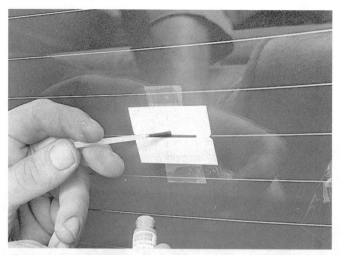

Reparación de la reja trasera eléctrica para el descongelador de la ventana puede ser hecho con un juego especial diseñado para este propósito

un fluido claro especial que llena el área dañada y, cuando es hecho apropiadamente, dejará pequeña evidencia del daño y no dañará la visión a través del vidrio. Estos juegos están comúnmente disponible en refaccionarías y algunas tiendas de vidrio han comenzado a usar el procedimiento también.

Los rayones en los vidrios de las ventanas se pueden reparar también en la mayoría de los casos. Después de usar un lápiz de grasa en el interior del vidrio para marcar las áreas con problema, una pasta cremosa hecha de óxido de cerium es usada para pulir los rayones. Un pulidor de baja velocidad o taladro con una almohadilla de pulir de fieltro de lana se deben usar con ligera presión para remover las imperfecciones.

Otro trabajo común para la reparación del vidrio implica reparar la reja eléctrica que corre en el interior de las ventanas traseras equipado como una opción. Quebraduras en estas rejas son comunes y juegos especiales de reparación están disponibles en las refaccionarías y departamentos de partes de su concesionario. La reparación puede ser hecha en casa e implica llenar la interrupción de la reja con un plástico especial de plata.

Reemplazo de los vidrios fijos

El método más común de conectar vidrios fijos es con un agente especial de urétano que sella el perímetro entero del vidrio y permanece lo suficiente flexible para resistir las vibraciones constantes de manejar. Cromo o molduras pintadas cubren el urétano y también ayuda para asegurar que el vidrio esté asegurado en su posición.

El procedimiento exacto para reemplazar el parabrisas o una ventana fija variará de vehículo a vehículo, pero hay muchas similitudes. El primer paso es de remover todos los pedazos del interior y de las molduras del exterior para exponer la orilla del vidrio.

Después, el pegamento entre el vidrio y la carrocería se debe romper. El método más común de hacer esto es de meter un pedazo de alambre de piano por debajo del vidrio en la parte inferior central de la ventana y envolver cada final del

alambre alrededor de un mango de madera. Con una persona en el exterior del vehículo y una en el interior, el alambre es trabajado de aquí para allá, completamente alrededor del vidrio. Esto cortará el urétano, permitiendo que la ventana sea removida. Después de una limpieza completa de la cavidad de la ventana, el vidrio nuevo es pegado en su posición y los pedazos de moldura de la ventana son puestos otra vez dentro de posición.

Aunque este proceso pueda parecer bastante fácil, en realidad hay bastantes dificultades para el chapistero del hogar que quiere reemplazarlo el mismo. Si usted decide hacer este procedimiento, consulte con un manual de reparación para los pasos específicos de seguir y chequee con una compañía automotriz de vidrio para los selladores especiales de urétano, cebadores y otros materiales que se pueden requerir.

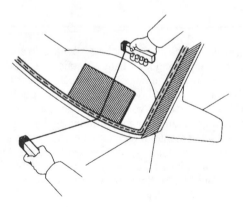

Los parabrisas y las ventanas de vidrio más modernas tienen un vidrio pegado en su posición. Una técnica común para remover requiere un alambre de piano estirado entre dos mangos. Usando un movimiento como un serrucho, corte completamente alrededor del vidrio para romper la unión

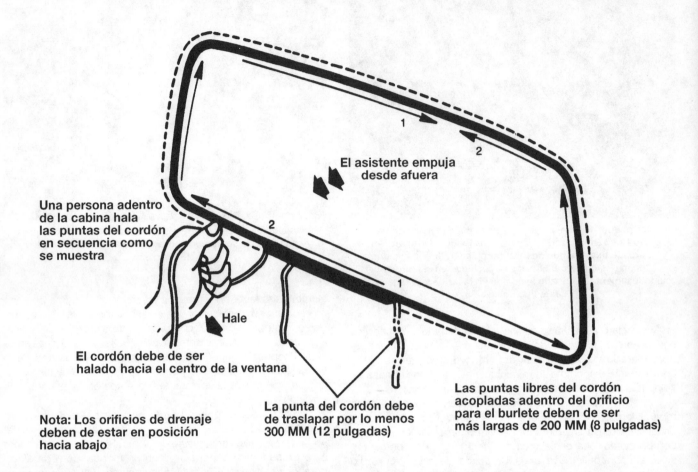

Una persona adentro de la cabina hala las puntas del cordón en secuencia como se muestra

El asistente empuja desde afuera

Hale

El cordón debe de ser halado hacia el centro de la ventana

Nota: Los orificios de drenaje deben de estar en posición hacia abajo

La punta del cordón debe de traslapar por lo menos 300 MM (12 pulgadas)

Las puntas libres del cordón acopladas adentro del orificio para el burlete deben de ser más largas de 200 MM (8 pulgadas)

Cuando un burlete de caucho se asegura al vidrio fijo a un canal en la abertura de la carrocería, un cordón de nilón es usado para poner el vidrio en su posición. Después de la instalación, el cordón es removido del burlete, forzando el labio sobre el vidrio

Algunas ventanas fijas - usado en su mayoría en camionetas y modelos más antiguos - tiene el vidrio asegurado por un burlete de caucho que va completamente alrededor de la ventana. Los ataques del burlete entran en una pestaña en la abertura de la carrocería y el vidrio, entonces se sienta dentro de una ranura en la circunferencia interior del caucho. El vidrio es removido suavemente abriéndolo con una palanca fuera de la ranura. Para la instalación, un pedazo largo de cordón es colocado en la ranura y cuando el cordón es halado hacia afuera, el labio del burlete salta hacia afuera del vidrio, sellando el vidrio en la ranura.

Reemplazo del vidrio de apertura

Reemplazo del vidrio de la puerta es algo más fácil que el vidrio de las ventanas fijas, pero dependiendo en la marca y el modelo, no es sin lucha.

Hablando generalmente, el vidrio de la puerta es atornillado o remachado a un mecanismo dentro de la puerta llamado un regulador de ventana. Este regulador tiene una serie de brazos y engranes que mueven la ventana hacia encima o hacia abajo, con un motor eléctrico pequeño que acciona el mecanismo en los modelos que vienen equipados con un motor eléctrico. Para remover el vidrio, es aflojado del regulador y removido de su lugar.

Para obtener acceso al regulador y las fijaciones de la ventana, el primer paso es de remover el panel interior de la moldura de la puerta. Una vez que el panel haya sido abierto con una palanca hacia afuera y el protector para el agua se haya pelado hacia afuera, los afianzadores del regulador de ventana deben ser accesible através de uno de los orificios grande proporcionado en el panel interior. Usted pueda que necesite levantar o bajar la ventana para remover las tuercas, o taladrar hacia afuera el remache, pero entonces baje la ventana antes de procurar bajar el vidrio del marco de la puerta. En algunos modelos pueda que sea necesario remover los retenedores del vidrio de la puerta o carril del vidrio, para remover la ventana.

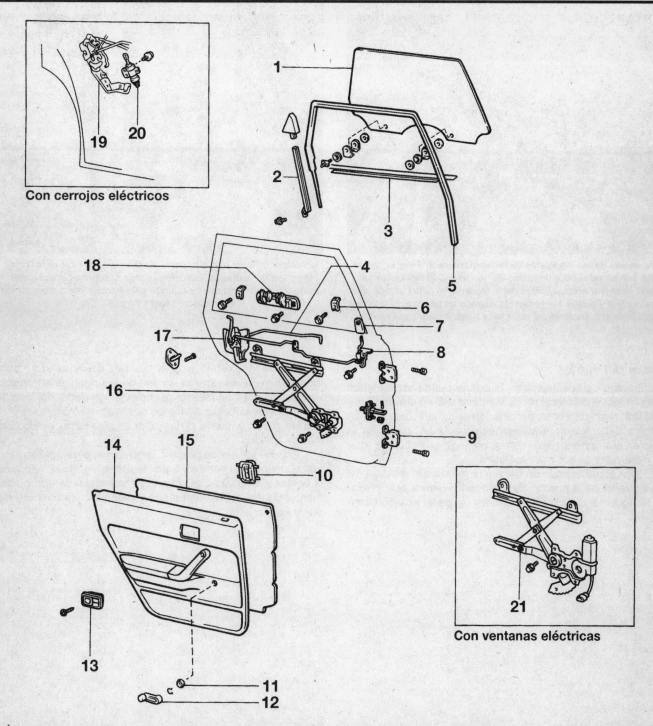

Con cerrojos eléctricos

Con ventanas eléctricas

Éstos son los componentes típicos del ensamblaje de una puerta. Debido a que la mayoría de las partes están escondidas, estudie la ilustración cuidadosamente para aprender cómo cada parte trabaja

1 Vidrio de la ventana
2 Barra divisora
3 Cinturón de la puerta trasera
4 Varilla de control para abrir la puerta
5 Carril del vidrio
6 Detenedor del vidrio de la puerta
7 Perilla para el cerrojo de la puerta
8 Varilla de control para el cerrojo interior de la puerta
9 Bisagra de la puerta
10 Interruptor para las ventanas eléctricas

11 Plato
12 Asa del regulador
13 Asa interior de la puerta
14 Moldura de la puerta
15 Cubierta para el orificio de servicio
16 Regulador de la ventana (sin ventana eléctrica)
17 Cerrojo de la puerta (sin ventana eléctrica)
18 Asa exterior
19 Cerrojo de la puerta
20 Solenoide para el cerrojo de la puerta

La mayoría de las manivelas de las ventanas son aseguradas al eje con un retenedor en forma de herradura. El retenedor se puede observar empujando la parte trasera del panel lo más que sea posible y puede ser removido usando un pedazo de tela de aquí para allá, forzando el retenedor hacia afuera de la ranura

Un destornillador o una barra ruptora se puede usar para liberar los clips de la puerta. Envuelva la hoja con cinta para prevenir daño y trabaje lentamente cuando esté haciéndole palanca a los afianzadores fuera de posición

Ajuste del vidrio

El vidrio de la ventana de la puerta puede ser ajustado para eliminar el problema de las ventanas que no cierran bien y producen ruido de viento, penetración de agua y traqueteo. La ventana debe moverse suavemente hacia encima y hacia abajo en sus carriles y sellar uniformemente en el burlete através de la parte de encima y los lados.

Para ajustar la posición del vidrio, remueva la moldura del panel interior de la puerta, exponiendo los pernos que aseguran el regulador de la ventana al metal del panel interior. Usted notará que los pernos para el montaje del regulador están localizados en las ranuras en vez de los orificios redondos. Use una pluma o un rallador para dibujar alrededor del área de referencia las cabezas de los pernos, entonces afloje los pernos levemente y mueva el regulador según sea necesario para instalar el vidrio.

Esto puede ser un proceso largo de hacer pequeños ajustes, apretando los pernos y entonces chequeando el ataque de la ventana. Una vez que la ventana sea ajustada apropiadamente, apriete todos los pernos y reemplace la moldura del panel de la puerta.

Capítulo 11
Moldura y accesorios

Introducción

Este Capítulo cubre los procedimientos básicos de remover e instalar las molduras exteriores de la carrocería, los emblemas y los accesorios como los espejos, los parachoques y los lentes para las luces.

Muchas veces, los componentes discutidos en este Capítulo son removidos del vehículo antes de realizar las reparaciones de la carrocería y/o pintar. Haciendo esto elimina la necesidad de empapelar cuidadosamente para prevenir daño y sobrerocío de la pintura que está flotando en el aire. Removiendo estos artículos simplifica también el proceso de pintar, debido a que la pintura se puede aplicar en brazadas completas y no alrededor de las partes exteriores que se pueden dirigir fácilmente a una aplicación desigual.

No deje de observar cuando reemplace muchos de los artículos discutidos en este Capítulo es la junta de reemplazo que sella el accesorio a la carrocería. Los pedazos exteriores tales como las asas de las puertas, los espejos, lentes para las luces traseras y los cilindros para la cerradura de la puerta típicamente tienen una junta para prevenir la fuga del agua. Con la edad, esta junta se deteriorará y permitirá que el agua entre en la carrocería, últimamente contribuyendo al daño por el óxido.

La parte más difícil de remover las molduras y los accesorios exteriores, es determinar cómo ellos están instalados a la carrocería. Los fabricantes han usado numerosos métodos de instalar estos artículos, desde una tuerca mariposa para el lente de las luces traseras, accesible después de remover la moldura en el panel del maletero, a molduras conectadas en un lado con cinta especial adhesiva de fuerza industrial de doble cara.

Moldura y accesorios remover e instalar

Parachoques

Los parachoques de los modelos más antiguos - antes de los diseños de "absorber energía" - fueron atornillados al chasis del vehículo para ayudar a proteger la carrocería en caso de un accidente. Estos componentes cromados y pesados de acero son a menudo removidos antes de pintar para simplificar la tarea de remover la pintura en las áreas traseras de la carrocería en los parachoques, que es a menudo visible pero casi imposible de alcanzar con la pistola de atomizar.

Algunos diseños del espejo tendrán tornillos o los pernos visibles desde afuera, para simplificar cuando se remueve y se instala

Un ejemplo típico del modelo exterior del espejo retrovisor

Durante una restauración o como un toque final a un trabajo de pintura nuevo, muchos de los dueños de vehículos instalan parachoques nuevos y brillantes de cromo de reemplazo o hacen que los originales sean nuevamente cromados en un taller local de cromo.

Remover el parachoques es generalmente bastante directo, con los parachoques conectados al chasis del vehículo o soportes del chasis con pernos y tuercas. Pernos especialmente cromados son generalmente empleados (una sección especial cuadrada atacará en una ranura cuadrada en los parachoques). Antes de remover las tuercas, accesible debajo del vehículo, puede ser una buena idea primero de empapar las roscas del perno con algún fluido penetrante para la oxidación. Estas tuercas tienen un hábito de "soldarse" a las roscas del perno debido a la oxidación y los elementos a que ellos están expuestos.

Los parachoques en los modelos más modernos son diferente en el diseño y son hechos con un compuesto de plástico

atornillados a los aisladores. Estos aisladores actúan como los amortiguadores para almohadillar los efectos de un choque de velocidad baja. Los aisladores, una vez comprimidos en un accidente, tendrán que ser reemplazados generalmente para restaurar los parachoques a su posición original.

Espejos

Los espejos montados externamente se pueden dividir generalmente en dos categorías - ésos que son cromados y ésos que son pintados para emparejar el color del vehículo (aunque muchos son pintados también con pintura mate o negra para molduras). Durante un trabajo de pintura, los espejos cromados son cubiertos o empapelados, así que ellos pueden ser pintados alrededor, o removidos antes de pintarlos. Espejos iguales que el color del vehículo se pueden pintar, si el tipo de pintura es compatible con el albergue del espejo, que es generalmente un plástico o urétano.

La instalación de los espejos externos es hecho normalmente en una de dos maneras. Los tornillos son accesible desde la parte de afuera, conectando la base del espejo a la carrocería, o el espejo tendrá espárragos roscados, que pasan através de los orificios en la puerta, y aceptan tuercas en el interior. Con el último tipo, el panel interior de la puerta es removido para obtener acceso a las tuercas.

Si los espejos son ajustables dentro del vehículo, eléctricamente o por un cable operado manualmente, el proceso para remover será complicado hasta cierto punto por la necesidad de remover los varios alambres y cables. Trabaje cuidadosamente cuando esté desconectándolos y marque cada alambre y el cable con pedazos de cinta numerada para ayudar a la instalación más tarde.

Asas de la puerta

Las asas exteriores de la puerta vienen en una variedad de tipos y estilos, pero generalmente operan de la misma manera moviendo una varilla dentro de la puerta para liberar el mecanismo de picaporte.

El asa puede ser removida de la puerta después de primero remover el panel interior de la moldura de la puerta y desconectar la varilla de operar el asa. La varilla es general-

La mayoría de los espejos exteriores en los vehículos más modernos tienen los artículos de conectar accesible solamente en el interior de la puerta (flechas) - aquí los pernos se extienden através de la puerta y adentro del espejo (el mecanismo de ajustar está en el centro)

mente sostenida en su posición con un retenedor especial que puede ser halado hacia afuera de la varilla con un desatornillador. El asa misma será conectada a la puerta con tornillos roscados en el interior de la puerta y en el asa, o por tuercas prisioneras, tal como discutido encima para los espejos. Durante la instalación, recuerde de colocar la junta(s) apropiada entre el asa y la puerta para prevenir fuga de agua en la cavidad de la puerta.

Si usted remueve el asa de la puerta para un trabajo de pintura, no cometa el error de remover las asas sin permitir primero que usted tenga acceso al interior de la otra puerta o una ventana abierta con las asas interiores todavía conectadas al mecanismo del picaporte - de otro modo usted puede encontrarse en la situación avergonzada de quedarse cerrado afuera del vehículo.

Cilindros de llave pare el cierre de la puerta

Cuando es girado por la llave desde el exterior, el cilindro de la cerradura opera el mecanismo de enclavamiento en la jamba de la puerta, efectivamente previniendo que la puerta sea abierta de cualquier otra manera. El cilindro de la cerradura opera la cerradura directamente, o vía una varilla.

El cilindro de la cerradura está generalmente conectado al interior de la puerta por un retenedor especial que simplemente hace cuñas alrededor del albergue de los cilindros. Acceso al retenedor, también como la varilla de operación y mecanismo de cierre, en el interior de la puerta es hecho después de remover la moldura del panel.

Como el asa de la puerta y el espejo, el cilindro de la llave de la cerradura tendrá una junta que debe estar en buena condición para prevenir fuga de agua en la puerta. Algunos estilos tendrán también un orificio de drenaje para drenar el agua que haya entrado en el pasaje de la llave; este orificio de drenaje debe estar mirando hacia abajo durante la instalación.

Luces exteriores, remover e instalar

Lentes para las luces exteriores

Los lentes para las luces exteriores son artículos comunes de reemplazo cuando el trabajo de chapistería es requerido debido a un accidente o como parte de una restauración de un vehículo. Estos lentes incluyen los lentes de las luces traseras y lentes del marcador lateral.

Los lentes son conectados a la carrocería por tornillos atravéz del lente, accesible desde el exterior del vehículo por tuercas en el interior del panel de la carrocería en el maletero o área de carga.

Es muy importante prevenir fugas de agua en el área de las luces traseras cuando esté removiendo e instalando los lentes de las luces traseras. Si una junta es usada, asegúrese que está en buena condición. Si ninguna junta es incorporada en el diseño, sellador (compuesto de atascamiento de carrocería o equivalente) debe ser usado.

Luces delanteras

Las luces pueden ser del tipo de diseño sellado o, en el caso de la mayoría de los modelos más modernos, del tipo halógeno. Las luces selladas son un ensamblaje completo de

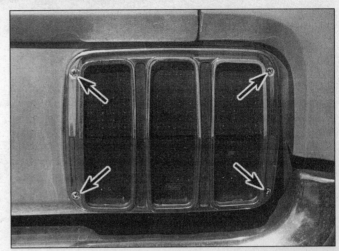

Algunos lentes de las luces exteriores tienen los tornillos que son accesibles por afuera

luz y lente, mientras que las luces de halógeno tienen una bombilla removible. Ambos diseños son instalados en la carrocería en maneras semejantes para facilitar el ajuste. El ensamblaje de la luz, así sean selladas o halógeno, son instaladas adentro de un cubo de ajuste o anillo, que es en cambio asegurado a la carrocería con resortes y tornillos de ajuste cargados. A causa de esto, es importante darse cuenta que los tornillos de ajuste no se deben perturbar durante el proceso de remover e instalar la luz.

Para remover una luz sellada convencional, comience removiendo cualquier anillos de la moldura o molduras que puedan estar alrededor del ensamblaje de la luz. Con éstos removidos, la luz puede ser removida del anillo de ajuste trasero al conector del enchufe de alambre de la luz trasera.

Las bombillas de halógeno son generalmente removidas del lado trasero del ensamblaje de la luz, así que ellas son accesible por debajo del capó. Después de remover los arneses del alambre y destornillar un retenedor, la bombilla puede ser removida del reflector de la luz. **Peligro:** *Algunos modelos están equipados con bombillas de gas de halógeno, las bombillas rellenas de gas halógeno están bajo presión y pueden quebrarse si se rasguña su superficie o se dejan caer al suelo. Use gafas protectoras y manipule las bombillas con cuidado, agarrándolas por su base siempre que sea posible. No toque la superficie de la bombilla con los dedos, pues los aceites naturales de la piel causarán puntos calientes y la bombilla fallará prematuramente. Si toca la superficie de la bombilla, límpiela con alcohol desnaturalizado.*

Ajuste de las luces delanteras

El ajuste de la dirección de la luz debe ser dejado a un profesional con el equipo apropiado para el ajuste. Sin embargo, usted puede hacer los ajustes temporarios para un sistema de iluminación que está críticamente fuera del ajuste.

Cada luz tiene dos resortes cargados con tornillos para el ajuste: uno encima para controlar el movimiento hacia encima y hacia abajo y uno en el lado para controlar el movimiento hacia la izquierda y hacia la derecha de la luz. Hay varias formas para ajustar las luces que el chapistero del hogar puede ejecutar mismo. El método más sencillo requiere una pared en

Otros diseños de luces incorporan espárragos con
roscas y tuercas en el interior de la carrocería. A
menudo las bombillas y las tuercas conectan el lente
por la parte de atrás de los paneles interiores del
maletero o secciones de la alfombra

1   *Alambrado*
2   *Tuerca y arandela*
3   *Asamblea de la luz*
4   *Espárrago*
5   *Bombilla*

Los lentes de los marcadores laterales para las luces
están asegurado de la misma manera como los lentes
para las luces traseras más modernos - aquí, la tuerca
para liberar el lente sería accesible por el interior del
área de los guardafangos

1   *Luz del marcador*
2   *Dado*
3   *Bombilla*
4   *Tuerca*
5   *Guardafango
     delantero*
6   *Alambrado*

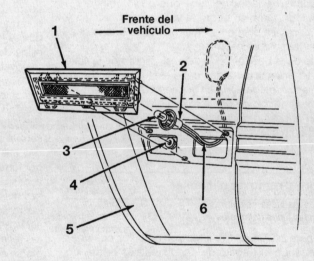

blanco de 25 pies en el frente del vehículo y una superficie a
nivel enfrente de la pared. El ajuste debe ser hecho con el tanque de combustible medio lleno y ninguna carga excepcionalmente pesada en el maletero o área de carga.

1   Estacione el vehículo en la superficie nivelada unas pocas
pulgadas separado de la pared.

2   Conecte cinta adhesiva verticalmente a la pared en referencia a la línea central del vehículo y la línea central de cada
luz.

3   Ahora posicione un pedazo largo de cinta horizontalmente
en referencia a la línea central de todas las luces.

4   Mueva el vehículo recto hacia atrás una distancia de 25
pies aparte de la pared.

5   Empézando con el ajuste de las luces bajas, gire los tornillos de ajuste hacia adentro o hacia afuera para obtener el área
más brillante de la luz dos pulgadas debajo de la línea horizontal y dos pulgadas a la derecha de la línea vertical de la luz.
Recuerde que el tornillo de encima ajusta la luz hacia arriba y
hacia abajo y el otro mueve la luz del lado izquierdo o al lado
derecho.

6   Con las luces altas prendidas, el centro del área de la luz
se debe centrar verticalmente, con el centro exacto apenas
debajo de la línea horizontal de la cinta.

7   Debido a que no sea posible posicionar la dirección de la
luz baja y alta para ambas, si un compromiso es requerido,
mantenga en mente que las luces bajas son usadas más fre-
cuente y tienen el efecto más grande en la seguridad del chó-
fer.

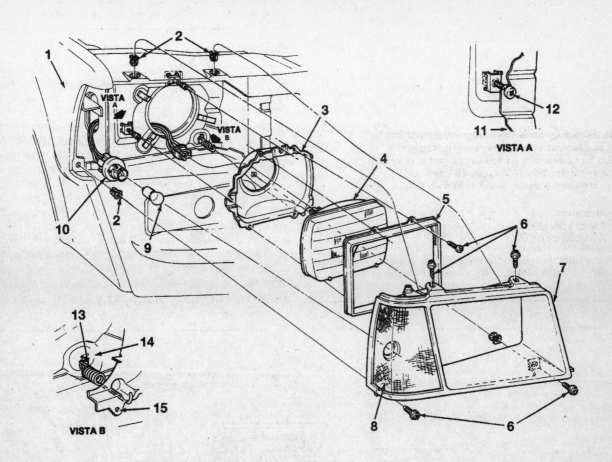

Las luces normalmente tienen algún tipo de pedazo de moldura o pedazos que se acoplan alrededor de ellos para darle una vista terminada y también ayudar a detener a ellas en posición

1	Guardafango	7	Puerta de la luz delantera	11	Anillo de ajuste
2	Tuerca	8	Lente para las luces de estacionamiento	12	Tornillo de ajuste
3	Anillo de ajuste para las luces	9	Bombilla	13	Resorte para el anillo de la luz delantera
4	Bombilla de las luces delanteras	10	Enchufe para el bombillo de la luz de estacionamiento	14	Soporte del radiador
5	Anillo para las luces delanteras			15	Anillo para el ajuste de la luz delantera
6	Tornillo				

Aquí, la moldura del bisel asegura la luz rectangular en su posición - las flechas indican los tornillos que detienen cada bisel de moldura y la luz en posición

Visible aquí están los tornillos de ajuste en la parte superior de la luz y cada lado de la luz (flechas)

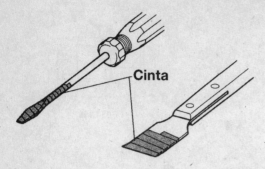

Cinta

Cuando sea necesario hacerle palanca a los emblemas o molduras de un vehículo, use un cuchillo de masilla o destornillador de hoja ancha con el final envuelto con cinta de aislar o cinta de electricista para ayudar a prevenir daño al emblema o la carrocería

Emblemas y molduras, remover e instalar

Emblemas

Los emblemas del fabricante son un artículo comúnmente removido antes del trabajo de chapistería o pintura. Aunque hay varios métodos de retención usados, la mayoría de los emblemas exteriores, logos y placas son fácilmente removidos de los varios paneles de la carrocería.

Hay tres tipos comunes de fijaciones usadas para los emblemas: espárragos roscados conectados al símbolo y sostenido en su posición con tuercas, espárragos que se empujan simplemente en los orificios de la carrocería y adhesivo en la parte trasera o cemento especial. Es importante que usted reconozca cuál método es usado antes de procurar de remover las partes.

Antes de hacer palanca para remover los símbolos, haga un chequeo completo en la parte trasera del panel por tuercas o afianzadores que los estén asegurando. Ocasionalmente, molduras de los paneles interiores, la alfombra y otros artículos decorativos deben ser removidos para inspeccionar el área

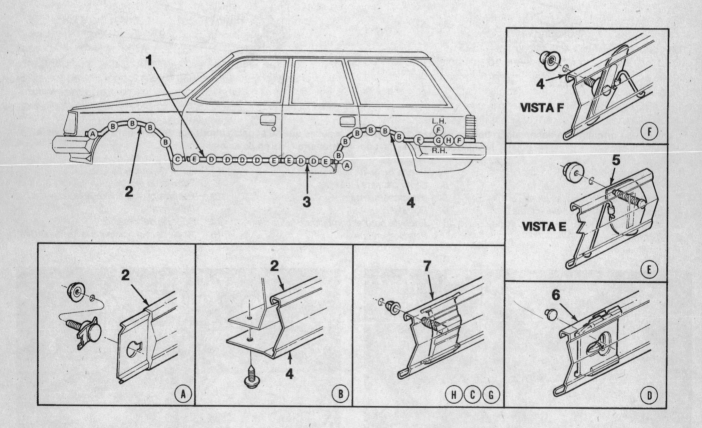

Localidad típica de las molduras laterales de la carrocería y técnicas de como se abrochan

1 Molde en el carril inferior en la parte delantera de la puerta	5 Carril del molde exterior e inferior de la puerta
2 Molde en el carril inferior en la parte delantera del guardafango	6 Carril del molde exterior e inferior de la puerta
3 Retocado del carril del molde exterior de la puerta trasera	7 Carril del molde exterior e inferior del panel trasero lateral
4 Retocado del exterior del panel trasero lateral	

inmediatamente atrás del símbolo. Solamente después que haya chequeado cuidadosamente debe de comenzar a hacerle palanca para tratar de aflojar el pedazo de la moldura de la carrocería. Hágale palanca con un cuchillo de masilla o destornillador que se haya envuelto con cinta de aislar. Esto ayudará a prevenir daño a la pintura y al cuerpo. ¡Pero, hágale palanca muy cuidadosamente!

Molduras del lado lateral de la carrocería

Las molduras del lado de la carrocería, instaladas para ayudar a prevenir golpes pequeños de la puerta y mejorar la apariencia, vienen en una variedad amplia de estilos y tamaños. Como otros pedazos de las molduras y accesorios discutidos en este Capítulo, las molduras del lado de la carrocería están conectadas por varios métodos.

Mostrado en las ilustraciones que acompañan hay ejemplos de los métodos típicos que se pueden encontrar para retener la moldura. Cuando remueva las molduras, primero se debe chequear los tornillos obvios y/o remaches que puedan estar asegurando los pedazos de la moldura. Ellos son a menudo encontrados dentro de una jamba de la puerta, a fines de una tira de moldura, o quizás en la orilla interior de un molde del guardafangos. Después, chequee atrás del panel de la carrocería por tuercas que estén conectadas a los espárragos. Pueda que sea necesario remover los paneles interiores para tener acceso a ellos. Si los afianzadores obvios no son visibles, atente de deslizar la tira de la moldura a lo largo de la carrocería, que en algunos casos liberará los clips y permitirá que la moldura sea removida. A veces una adición de vinilo o caucho en la moldura puede ser abierto con una palanca hacia afuera de un carril exterior que entonces expondrá los afianzadores a la carrocería. Un método final de la retención es con cinta o un adhesivo, requiriéndolo hacerle palanca suavemente

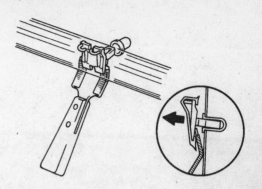

Una herramienta curvada especial para abrir con una palanca está disponible para remover los moldes y los pedazos de la moldura

a la moldura hacia fuera de la carrocería con un cuchillo de masilla envuelto con cinta de aislar.

Si los procedimientos de encima y las ilustraciones que acompañan fallan de ayudar cuando remueva las molduras, consulte con un manual de reparación para su vehículo específico o busque el consejo de una chapistería.

Colores coordinados de las molduras laterales de la carrocería son añadidos comúnmente a un vehículo después que el trabajo de la carrocería y de pintura esté completo. Ellos ayudan a proteger el cuerpo y agregan un toque final del terminado al trabajo. Estas molduras están disponibles en forma de juego en los departamentos de partes del comerciante también como en las refaccionarías. Las molduras son fáciles de instalar siguiendo las instrucciones suministradas.

Notes

Capítulo 12   Soldadura

Hay dos maneras básicas de unir los pedazos de metal - afianzadores mecánicos (remaches, pernos, etc.) y la fusión (soldadura). Soldar es un método de conectar el metal donde calor es aplicado a dos pedazos de metal, que los "derrite juntos".

Debido a que la reparación de la carrocería requiere ocasionalmente soldadura y llama para cortar, cualquier persona interesada en hacer un trabajo de carrocería debe de familiarizarse con los procesos, las herramientas y con el equipo implicado. El Capítulo 4 incluye una descripción breve del equipo y los tipos de soldadura comúnmente asociadas con el trabajo de la carrocería del vehículo.

Como cualquier habilidad manual, soldar requiere mucha práctica para llegar a ser competente - asegúrese de estar usando las técnicas apropiadas y los materiales compatibles o toda la práctica en el mundo será inútil. No atente soldar ningún pedazo en la carrocería del vehículo hasta que usted haya llegado a estar cómodo soldando pedazos de metales del mismo espesor y material. Es mejor hacer los errores en algo que se pueda desechar fácilmente. Si usted está realmente serio acerca de aprender a soldar, considere matricularse en un curso de soldadura - la mayoría de las comunidades ofrecen Educación Adulta o clases Vocacionales diseñadas para aprender tales habilidades (ellas son generalmente planificadas en las noches para que no intervengan con el horario normal de trabajo de la persona).

Esté seguro de leer la Sección de *¡Seguridad primero!* en el Capítulo 1 antes de hacer cualquier soldadura o corte con una antorcha.

Tipos de soldadura

La soldadura es dividida en tres tipos principales: *Soldadura de presión, soldadura de fusión y cobresoldadura* . . .

1   Soldadura de presión - En este tipo, el metal es calentado a un estado ablandado, presión es aplicada y los pedazos de metal son fundidos juntos. De los varios tipos de soldadura de presión, soldadura de resistencia eléctrica (soldadura localizada) es el método más común usado en la fabricación del vehículo y, a menos grado, en operaciones de reparación.

2   Soldadura de fusión - En este tipo de soldadura, los pedazos de metal son calentados al punto de fusión, unidos junto (generalmente con una varilla de relleno) y permitido que se refresque. Soldadura de arco eléctrica y soldadura de gas son los dos tipos básicos de soldadura de fusión.

3   Cobresoldadura - Comúnmente también conocida como "broncesoldadura". En este proceso, la varilla de rellenar de metal es de un punto de fusión más bajo que los pedazos de metales que van a ser unidos en la acoplación de los pedazos para ser soldado (sin derretir el metal de base). Cobresoldadura es clasificada como "suave" o "dura", dependiendo de la temperatura en que el material que se suelde se funda. Cobresoldadura suave es hecha con materiales fundentes con temperaturas debajo de 840 grados F y cobresoldadura dura es hecha con cobresoldadura de material derretido con temperaturas encima de los 840 grados F.

Cuando esté soldando una carrocería de un vehículo o camioneta, mantenga en mente esos requisitos de fuerza y durabilidad, dependiendo en la ubicación de la parte que se suelda. La fábrica decide el método más apropiado de soldar el ensamblaje, primero observando el uso destinado, las características físicas y la ubicación de las partes según es ensamblada. Es extremadamente importante que apropie los métodos de soldar, que no reducen la fuerza y la durabilidad original de la carrocería, siendo usada cuando haga las reparaciones. Esto se alcanzará si los siguientes puntos son observados:

- Trate de usar soldadura localizada o soldadura MIG

- No use cobresoldadura en cualquier componente de la carrocería solamente en esos lugares usados en la fábrica

- No use una antorcha de acetileno y oxígeno para soldar las carrocerías de los vehículos más modernos

Soldadura MIG

MIG es un acrónimo para "Gas Inerte Metálico" y es un proceso de soldadura que utiliza un electrodo metálico y un gas protector que se emite alrededor del electrodo. El gas previene que el aire haga contacto con la soldadura, que elimina la oxidación del metal y la formación de escoria. El término MIG se originó cuando los gases usados para proteger la soldadura eran inerte (helio y argón - que todavía son usados cuando se esté soldando metales no ferroso). Sin embargo, el dióxido de carbono, que no es realmente inerte, es usado para soldar la mayoría de los aceros, que es el metal predominante en las carrocerías de los vehículos. Como resultado, la mayoría de las soldaduras de MIG, cuando es relacionado a las reparaciones de la carrocería, es soldadura de arco con dióxido de carbono. Es muy sencillo de cambiar los cilindros de gases o los reguladores y cambiar de argón o helio al gas del dióxido de carbono cuando esté soldando reparaciones de la carrocería. **Caución:** *¡Si el dióxido de carbono es usado para la soldadura de MIG, y es hecho en un área donde hay una circulación de aire fuerte (cerca de un ventilador o una ventana o puerta abierta), la cantidad del dióxido de carbono (CO2) aumentará más allá de los límites aceptables - consecuentemente, soldar con CO2 siempre debe ser hecho en un área protegida!*

Este método de soldadura usa un alambre de soldar que es alimentado automáticamente, a una velocidad constante, como un electrodo. Un arco corto es originado entre la base del metal (componentes de la carrocería) y el alambre. El calor resultante del arco derrite el alambre de soldar y acopla los metales. Desde que el alambre es alimentado automáticamente a una velocidad constante, este método es llamado también soldadura de arco automática.

Soldadura de arco de dióxido de carbono usa un arco corto, que es un método único de depositar gotas fundidas de metal en la base de metal. Soldar el metal laminado delgado en los automóviles puede causar fatiga de la soldadura, hacer orificio y combar los paneles. Para prevenir estos problemas, la cantidad de calor cerca de la soldadura debe ser limitada. El método corto de arco usa varillas bien delgadas de soldar, corriente baja y voltaje bajo, así que la cantidad de calor introducido en el panel es mantenido a un mínimo y la distorsión es virtualmente eliminada.

Para resumir, las características de soldadura MIG que son ideales para los procedimientos de reparación de la carrocería incluyen . . .

- La combadura del panel y quemadura es un mínimo

- Usted no tiene que ser un soldador experto para obtener buen resultado

- La temperatura alrededor del metal fundido es baja, que permite una velocidad alta, penetración completa de la soldadura con buena maniobrabilidad

- Hay muy poco residuo generado, así que las operaciones para remover el residuo no son necesarias

Equipo de soldadura MIG (soldadura de metal al gas inerte)

Una soldadora de tipo MIG se compone de una pistola, un mecanismo de suplemento de alambre, un suministro protector para el gas y un suministro de energía de corriente. Aunque ellos sean fabricados por muchas compañías, la construcción de la soldadora MIG y su uso son relativamente común. Esté seguro de leer el folleto de las instrucciones acompañada con cualquier soldadora MIG que usted pueda estar usando - si la información con el soldador hacen conflicto con este manual, siga las instrucciones en el soldador.

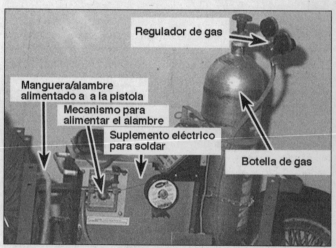

MIG (soldador de metal al gas inerte) típico

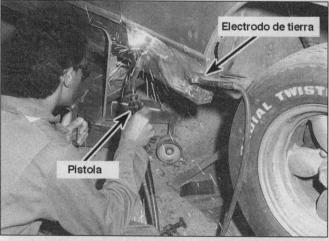

El MIG (soldador de metal al gas inerte) en operación (note la protección para los ojos que es usada)

Los factores que determinan el resultado obtenido con una MIG incluyen el voltaje de la entrada (al soldador), la corriente de la soldadura, el voltaje del arco, punta del soldador a la distancia de metal, el ángulo de la pistola, dirección de la soldadura, el volumen del flujo de gas y velocidad de la soldadura. El voltaje de entrada no es ajustable - será 110 o 220 voltios, dependiendo del diseño del soldador.

La corriente de soldar afecta la penetración del metal, la velocidad de la fusión del alambre, la estabilidad del arco y la cantidad de la salpicadura producida. Según la corriente es aumentada, la penetración, la altura de la soldadura y la anchura de la soldadura también aumenta. El mejor ajuste para la corriente de la soldadura depende del diámetro del alambre y el espesor del panel que se va a soldar - los ajustes específicos de la corriente deben ser listado en el soldador o incluido en el folleto para las instrucciones del soldador.

El voltaje de arco influye la longitud del arco. Cuando es apropiadamente ajustado, un silbido suave y continuo o un sonido como chispas se oirán previniendo de la punta de la pistola del soldador. Si el voltaje es demasiado alto, el arco será demasiado largo y una gran cantidad de salpicadura resultará. También, la costura será ancha, plana y no penetrará el metal muy profundo. Si es demasiado bajo, el arco puede desaparecer o un sonido de chisporroteo se puede oír. La costura será estrecha y formada en tipo de domo y la penetración será profunda. **Nota:** *La longitud del arco es afectada no sólo por el voltaje, pero también por la velocidad del suplemento del alambre. La longitud del arco llegará a ser constante cuando la fusión del alambre y la velocidad de suplemento son la misma. Si la velocidad de suplemento es lenta, el arco será demasiado largo - si es rápida, el arco será demasiado corto.*

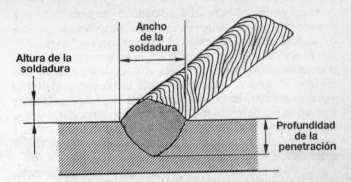

La corriente de la soldadura afecta la penetración, la altura de la costura y la anchura - idealmente, penetración buena, con una costura relativamente corta es lo que usted está buscando

La distancia que la punta de la pistola es sostenida de la soldadura es muy importante - la distancia estándar es de 5/16 a 19/32 de pulgada para la mayoría de las soldadoras. Si es demasiado, el alambre que sale de la pistola llega a ser precalentado y es derretido más rápido. También, el efecto del protector de gas en la soldadura es disminuido. Si la distancia de la punta es demasiado corta, la soldadura será escondida por la pistola y el progreso será difícil de observar.

Si la pistola es sostenida para que la punta esté apuntando en la dirección del movimiento, es llamado "método hacia adelante". Opuestamente, si está apuntando hacia fuera de la dirección del movimiento, es llamado "método inverso". Con el método hacia adelante, la costura es plana y la penetración es superficial. Con el método inverso, una gran cantidad

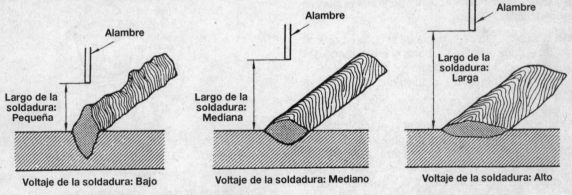

El voltaje del arco y la longitud afectan la forma de la costura y la penetración de la soldadura

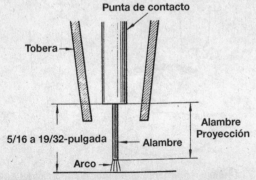

La distancia entre la punta al metal es muy importante - toma práctica aprender a cómo mantenerlo

La inclinación de la punta de la pistola y la dirección de la soldadura puede ser cambiada para emparejar las condiciones diferentes de soldar

de metal es depositado en la soldadura y la penetración es profunda. La pistola debe ser sostenida en un ángulo de 10 a 30 grados, a pesar de la dirección de la soldadura.

El flujo preciso del gas es esencial para una buena soldadura. Si es demasiado alto o bajo, el efecto del protector disminuirá. El flujo es basado desde la punta del soldador al metal, la corriente de la soldadura, la velocidad de la soldadura y la calma del aire circundante. El volumen estándar del flujo es de 0.35 a 0.53 CFM (pies cúbicos por minuto), pero esté seguro de leer las instrucciones que acompañan el soldador antes de hacer cualquier ajuste.

La velocidad de la soldadura es determinada por el espesor de panel y voltaje de la máquina - los factores que no pueden ser ajustados. Si la velocidad es demasiado alta, penetración y anchura disminuirá y la costura será formada de tipo domo. Si es demasiado lenta, orificios pueden ser quemados en el panel. El soldador debe tener una etiqueta con la velocidad recomendada para soldar (en pulgadas por minuto) para paneles de varios espesores.

Operación del MIG (soldadura de metal al gas inerte)

Para soldar exitosamente con una MIG, el equipo se debe manejar apropiadamente. Siguiendo hay algunos puntos generales de mantener en mente . . .

- Para poner en marcha un arco, detenga la punta de la pistola cerca del panel, entonces active el interruptor. El alambre y el protector de gas se alimentará a la pistola. Traiga el final del alambre en contacto con el metal y haga un arco. Si el final del alambre forma una bola grande, el arco será difícil de asestar, así que tenga la punta fuera de su cara y corte rápidamente la punta del alambre con un cortador de ángulo.

- Remueva la salpicadura de la punta de la boca en cuanto se forme. Si se pega al final de la boca, el protector de gas se interrumpirá y una mala soldadura resultará. Si la salpicadura se acumula, prevendrá también que el alambre se mueva libremente. Si el alambre es obstruido y el interruptor de suplemento es activado, el alambre se torcerá dentro del soldador. Después de remover la acumulación de la salpicadura, asegúrese que el alambre es suplementado suavemente. Compuesto de atomizar especial que previene que se adhiera la salpicadura están disponible de las casas de suministro de soldadura - atomícelo en la tobera.

- Para asegurar un arco fijo, reemplace la punta si se ha desgastado. También, asegúrese que está apretada (las puntas tienen partes planas para aceptar una herramienta para apretarlas).

Técnicas del soldador MIG (soldadura de metal al gas inerte)

Soldando con MIG es a menudo usado para acoplar dos paneles juntos con un tipo de soldadura de tapón. Proceda como sigue . . .

1   Haga un orificio en el panel superior con un taladro, segueta de metal redonda o cortador de tipo orificio. Entre más ancho que sea el material, lo más grande que el orificio debe ser.

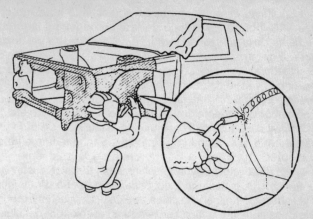

El soldador MIG (soldadura de metal al gas inerte) se puede usar para acoplar paneles, especialmente formados en impares, juntos con soldadura de punto

2   Sostenga los paneles juntos con alicates autobloqueante o abrazaderas de tipo C. Los dos paneles deben instalarse apretadamente juntos.

3   Detenga la pistola verticalmente (en un ángulo correcto a los paneles) y suelde através del orificio en el pedazo superior hasta que el orificio esté lleno completamente con metal. Mueva la pistola lentamente alrededor de la orilla del orificio para llenar la cavidad; para orificios pequeños, apunte al centro del orificio y mantenga la pistola inmóvil. Una costura plana con una pequeña inclinación es fuerte y mantiene las operaciones de esmerilar a un mínimo.

Cuando esté formando una soldadura de punto, detenga la pistola a un ángulo de 90 grados del panel. . .

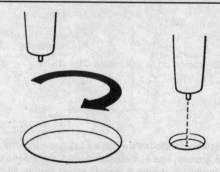

. . . y la mueve lentamente alrededor de la orilla del orificio para llenar la cavidad con metal de soldadura - si los orificios son pequeños (derecho), no mueva la pistola

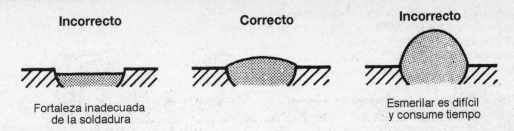

Incorrecto **Correcto** **Incorrecto**

Fortaleza inadecuada
de la soldadura

Esmerilar es difícil
y consume tiempo

Trate de formar una costura que sea levantada levemente y suavemente inclinada hacia afuera del centro de la soldadura de punto

Soldando con MIG (soldadura de metal al gas inerte) se puede usar para acoplar paneles grandes con soldadura de punto

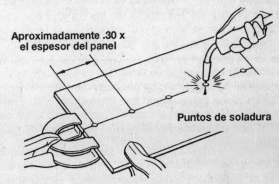

Aproximadamente .30 x el espesor del panel

Puntos de soldadura

Para prevenir cambio y alabeo, sostenga los paneles grandes con "soldadura de punto" en intervalos regulares antes de soldar la coyuntura entera

Soldadura de empalme (donde dos paneles son soldados juntos en una costura continua) pueden ser también hecho con el soldador MIG. Es usado donde los paneles son reemplazados en secciones (por ejemplo, donde la parte de un panel lateral trasero es soldado a la sección del frente para formar un panel continuo). Para paneles gruesos tales como miembros laterales y rieles de chasis, proceda como sigue . . .

1 Suelde con punto de soldadura las secciones de los paneles juntos. Esto los mantiene en posición y previenen la combadura. Espacie los puntos de soldadura una distancia igual a la cantidad de 30 veces el espesor del panel (por ejemplo, si el

panel es de 1/16 de pulgada de grueso, espacie los puntos de soldadura acerca de 2 pulgadas de separación).

2 Con la pistola sostenida firmemente para que no se tambalee, muévala hacia abajo de la costura, usando el método "hacia adelante", en una velocidad constante. Mantenga la antorcha en un ángulo de 10 a 15 grados y mire frecuentemente en la costura que se está formando.

3 Observe el panel y el alambre para observar como ellos se derriten y asegúrese que el alambre no anda vagando hacia fuera de la acoplación. Cuando se esté deteniendo y comenzando, genere el arco una distancia corta adelante del final de la soldadura, entonces mueva el alambre otra vez dentro de la costura. La anchura de la costura y la altura deben ser uniformes.

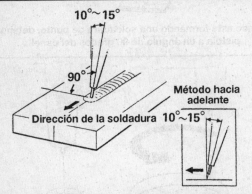

Cuando esté soldando las puntas de los paneles o pedazos relativamente grueso, use el método de soldadura de la dirección "hacia adelante" y detenga la pistola en un ángulo de 10 a 15 grados - mueva la pistola a una velocidad constante y observe la costura como se forma

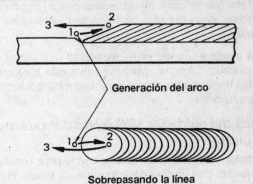

Generación del arco

Sobrepasando la línea

Genere el arco en un punto levemente adelante de la soldadura (1), entonces mueva el alambre otra vez dentro de la costura (2) y continúe moviendo la pistola hacia adelante para hacer una costura continua (3)

Incorrecto

Correcto

Incorrecto

Insuficiente penetración.
La fortaleza de la soldadura
es pobre y el panel debe de
ser separado cuando es
terminado con una esmeriladora

Buena penetración
y fácil de esmerilar

Hay buena penetración
pero el esmerilado final
será difícil y consumirá
tiempo

Así es como la costura terminada se debe mirar (como la del centro)

4   Si la costura no se está formando correctamente, la punta a la distancia del metal pueda que no sea correcta. Trate de detener la punta en varias distancias hacia afuera hasta que el resultado deseado sea obtenido.

5   Moviendo la pistola demasiado rápido o demasiado lento es también malo, aunque la velocidad de suplemento del alambre sea constante. Si la velocidad de la pistola es lenta,

usted hará orificios en el metal. Si es demasiado rápida, penetración superficial y soldadura pobre será el resultado.

6   Para evitar la combadura del panel, comience la soldadura en el centro del panel y cambie la ubicación de operación de la soldadura frecuentemente. Muévase a la porción más fría de la coyuntura y aplique una costura corta cada vez.

El método de encima no puede ser usado en los paneles delgados de metal laminado. Soldadura de empalme de paneles delgados requiere una técnica especial. Si una costura continua es corrida en un panel de menos de 0.030 pulgada de espesor, orificios serán quemados en el material. Para evitar que se queme, la soldadura se debe hacer intermitentemente o en ciclos de calor para que la acumulación de calor sea mantenido a un mínimo. Use el "método inverso" de soldar para que la costura sea más fácil de ser observada y esperar que la costura se refresque antes de comenzar el próximo ciclo de soldar.

Los problemas típicos de soldar con MIG, y las soluciones para cada uno de ellos, están descrito en el diagrama que acompaña.

Correcto

En paneles grandes, la combadura es un problema, así que forme la costura en secciones pequeñas - muévase a la parte más fresca del panel cuando cambie de lugar

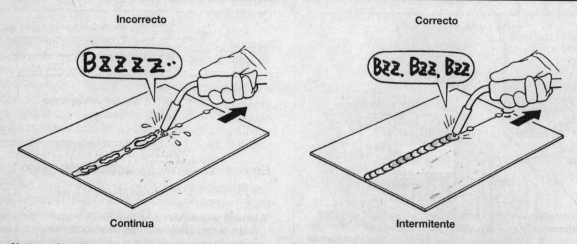

Incorrecto

Correcto

BZZZZ..

Bzz, Bzz, Bzz

Continua

Intermitente

No trate de soldar una costura continua larga en paneles delgados (encima) - interrumpa la soldadura a menudo y permita que el metal se enfríe (debajo)

DEFECTO	CONDICIÓN DEL DEFECTO	CAUSA PRINCIPAL
Poros/orificios	Orificio Poro	Hay oxidación o tierra en el metal.
		Hay oxidación o humedad adhiriéndose al alambre.
		Ación impropia de protección. (La tobera está bloqueada, viento o el flujo de gas está muy bajo)
		La soldadura se está enfriando demasiado rápido.
		La longitud del arco es demasiado largo.
CORTE INFERIOR		La longitud del arco es demasiado largo.
		El ángulo de la pistola es inapropiado.
		La velocidad de la soldadura es demasiado rápida.
TRASLAPAR		La velocidad de la soldadura es demasiado lenta.
		La longitud del arco es demasiado corto.
INSUFICIENTE PENETRACIÓN		La corriente de soldar es demasiado bajo.
		La longitud del arco es demasiado largo.
		La punta del alambre no está alineado con la porción de los paneles.
EXCESO DE SOLDADURA SALPICADA		La longitud del arco es demasiado largo.
		Oxidación en el metal.
		El ángulo de la pistola es demasiado severo.
COSTURA NO ESTÁNDAR		El orificio de la punta de contacto está desgastado o deformado y el alambre está oscilando según sale de la punta.
		La pistola no está estabilizada durante la soldadura.
QUEMADO QUE TRASPASA		La corriente de soldar está demasiado alta.
		El espacio libre entre el metal es demasiado ancho.
		La velocidad de la pistola es demasiado lenta.
		La distancia entre la pistola y el metal es demasiado corto.

Problemas típicos de soldar con MIG (soldadura de metal al gas inerte) y soluciones

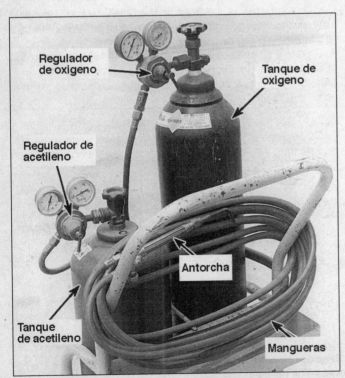

Equipo de soldadura de acetileno y oxígeno

Soldadura con oxígeno y acetileno

Soldando con acetileno y oxígeno es un tipo de soldadura de fusión. El acetileno y el oxígeno son mezclados en la cámara de la antorcha, prendido a fines de la punta de la antorcha y usados como una fuente alta de calor (aproximadamente 5,400 grados F) para fundirse y unir la varilla de soldar y los metales juntos.

Desde que es difícil de concentrar el calor en una área, afecta las áreas circundantes y reduce la fuerza de los paneles de acero. *A causa de éste hecho, los fabricantes de automóviles no usan soldadura de acetileno y de oxigeno en las líneas de ensamblaje o recomiendan su uso en la mayoría de los procedimientos de reparación de la carrocería.* Este método de soldadura es usado en varias operaciones donde calentar es requerido para reparar los daños de los accidentes de las carrocerías (cobresoldadura, cortar con llama y remover la pintura).

Equipo de soldar de acetileno y oxígeno

El equipo de soldadura de acetileno y de oxígeno se compone de una antorcha, los reguladores, el tanque de acetileno, el tanque de oxígeno y las mangueras.

Un tanque de acero es lleno con oxígeno a una presión aproximadamente de 2,133 psi (libras por pulgadas cuadradas) a 95 grados F. El tanque es pintado generalmente verde para identificarlo como un recipiente de oxígeno.

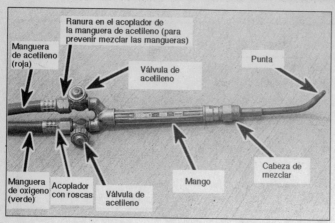

Componentes de la antorcha de soldar

La antorcha de cortar se compone de un tubo de oxígeno y una válvula para conducir oxígeno de alta presión conectado a la antorcha. La salida de la llama tiene un orificio pequeño de oxígeno localizado en el centro de la punta, que es rodeado por orificios arreglado en un patrón esférico. Los orificios exteriores son usados para la pre calefacción.

Tipo de llamas de oxígeno y acetileno

Cuando el acetileno y el oxígeno son mezclados y quemados en el aire, la condición de la llama varía, dependiendo del volumen de oxígeno y acetileno. Hay tres tipos de llamas de acetileno y oxígeno: *Neutral, carburando* y *oxidar*. La llama es determinada por la proporción de oxígeno y acetileno.

Llama neutral

La llama estándar es dicho que es una "llama neutral". Acetileno y oxígeno mezclado en una proporción de uno a uno por productos de volumen, hacen una llama neutral. Este tipo de llama tiene un centro blanco brillante rodeado por una llama exterior, azul y clara. La llama neutral es la llama más deseable para soldar la mayoría de los materiales.

Llama de Carburación

La llama de carburación es llamada también una llama sobrante o de reducción y es producida mezclando levemente más acetileno que oxígeno. Ésta llama difiere de la llama neutral en que tiene tres partes. El centro y las llamas exteriores son las mismas que las llamas neutrales, pero entre ellas hay un intermedio, una luz de color envuelve el cono de acetileno en el centro. La longitud del cono de acetileno varía según la cantidad de acetileno excede en la mezcla del gas. Para una llama sobrante doble, la proporción de acetileno y oxígeno es acerca de 1 a 1.4 (por volumen). Una llama de carburación es usada para soldar aluminio, níquel y otras aleaciones.

Llama oxida

La llama que se oxida es obtenida mezclando levemente más oxígeno que acetileno. La llama que se oxida se parece a la llama neutral en apariencia, pero el centro de acetileno es más corto y su color es un poquito más violeta comparado con la llama neutral. La llama exterior es más corta y borrosa en el final. Comúnmente, ésta llama oxida el metal fundido, así que no es usada para soldar.

Ajuste para la llama de la antorcha de soldar

Como fue expresado al principio de este Capítulo, la soldadura de acetileno y de oxígeno no se usa extensamente en

Un segundo tanque de acero es empacado con calcio carburo, carbón, lana de piedra u otra substancia porosa que se sature con acetileno disuelto en acetona y fluido bajo con una presión de 220 psi (libras por pulgadas cuadradas) a 59 grados F o menos. El tanque es pintado amarillo para identificarlo que contiene gas de acetileno.

El regulador reduce la presión que viene del tanques al nivel deseado y mantiene un flujo constante. La presión del oxígeno es generalmente mantenida entre 14 y 71 psi (libras por pulgadas cuadradas), mientras que la presión del acetileno es generalmente sostenida a una presión más inferior, entre 1.4 y 4.3 psi (libras por pulgadas cuadradas).

El cuerpo de la antorcha mezcla el oxígeno y el acetileno de los tanques en las proporciones apropiadas y produce una llama capaz de derretir el acero. Hay dos tipos principales de antorchas: *Antorchas de soldar y antorchas de cortar*.

La antorcha de soldar se compone generalmente de una manija, una cabeza que mezcla y una punta intercambiable, aunque algunos fabricantes combinen la cabeza que mezcla y la punta en un componente. La manija de la antorcha tiene copillas roscadas para conectar las mangueras de oxígeno, acetileno y válvulas para ajustar la llama y apagar los gases completamente. Las antorchas se deben manejar con cuidado - debido a que ellas son hechas de bronce, ellas pueden ser fácilmente dañadas. No sobre apriete las válvulas cuando apague el gas y tenga mucho cuidado cuando cambie las puntas - no melle o de otro modo dañe las superficies de acoplamiento donde la punta se conecta a la cámara de mezcla o manija.

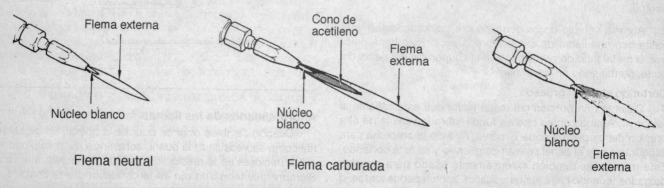

Características de la llama de la antorcha de acetileno y oxígeno

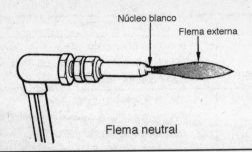

Núcleo blanco

Flema externa

Flema neutral

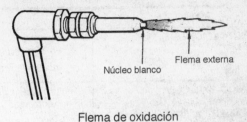

Núcleo blanco

Flema externa

Flema de oxidación

las carrocerías de los vehículos modernos, pero es usada para quemar la pintura y soldar ciertos paneles de costuras soldadas en la fábrica.

1 Conecte la punta apropiada al final de la antorcha. Use la punta estándar para el metal laminado (cada fabricante de antorcha tiene un sistema diferente para medir el tamaño del orificio en la punta).

2 Ajuste los reguladores de oxígeno y acetileno a la presión recomendada (14 a 71 psi (libras por pulgadas cuadradas) para el oxígeno; 1.4 a 4.3 psi para el acetileno).

3 Abra la válvula de acetileno acerca de 1/2 vuelta y prenda el gas. Continúe abriendo la válvula hasta que el humo negro desaparezca y una llama amarilla rojiza aparezca. Abra lentamente la válvula de oxígeno hasta que el cono central llegue a ser agudo y bien definido. Este tipo de llama es llamada una llama neutral y es usada para soldar acero.

4 Si acetileno es añadido a la llama u oxígeno es removido de la llama, una llama de carburación resultará.

5 Si oxígeno es añadido a la llama o acetileno es removido de la llama, una llama de oxidación resultará.

Nota: *Otra manera de prender el gas es de abrir ambas válvulas de oxígeno y acetileno levemente (acerca de 1/4 de vuelta), entonces prenda la mezcla. Un poquito de práctica es necesario, pero este método genera mucho menos humo. Sin embargo, si ambas válvulas son abiertas para prender el gas inmediatamente, un sonido como una explosión ocurrirá cuando la mezcla sea finalmente prendida.*

Ajuste de la llama para la antorcha de cortar

La antorcha de cortar es a veces usada en reparación de carrocería para cortar ásperamente paneles dañados. Para ajustar la llama . . .

1 Ajuste las válvulas de oxígeno y acetileno para una llama neutral.

2 Abra la válvula de oxígeno de pre calentar lentamente hasta que una llama de oxidación aparezca. Esto hace difícil que el metal fundido permanezca en la superficie del panel del corte, permitiendo orillas limpias.

Cortando el panel grueso

3 Caliente una porción del metal hasta que esté caliente al rojo vivo. Apenas antes que se funda, abra la válvula de alta presión del oxígeno y corte el panel. Avance la antorcha para asegurarse que el panel se está derritiendo y se esté cortando. Este método es también extensamente usado para paneles delgados, cuando haya varios pedazos sobrelapados juntos, o para un miembro lateral, hasta cuando haya un refuerzo interno.

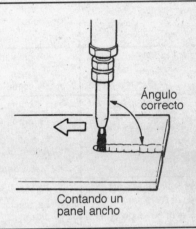

Ángulo correcto

Contando un panel ancho

Cortando el panel delgado

4 Caliente un lugar pequeño en el metal hasta que esté caliente al rojo vivo. Apenas antes que se funda, abra la válvula de presión alta de oxígeno e incline la antorcha hasta que esté apuntando en la dirección que está moviendo para cortar el panel. Cuando esté cortando material fino, inclinando la punta de la antorcha asegura que el corte sea limpio y rápido (esto previene combadura del panel).

Nota: *Tan pronto la operación de cortar se haya completado, apague rápidamente el flujo de la presión alta de oxígeno usado para cortar y hale la antorcha hacia afuera del metal. Esto prevendrá que chispas entren en la punta y prendan el oxígeno/mezcla de acetileno en la manija de la antorcha (en los casos extremos el fuego podría derretir la manija de la antorcha).*

Inclinación

Contando un panel estrecho

Anormalidades de las llamas

Cuando cambios ocurren durante la operación de soldar (tal como sobrecalentar la punta, adherencia de la salpicadura o fluctuaciones en la presión del gas), la llama será afectada. Siempre mantenga un ojo en la condición de la llama. Las anormalidades y sus causas son mostradas en el diagrama que acompaña

SÍNTOMA	CAUSA	REMEDIO
FLUCTUACIONES DE LA LLAMA	• Humedad en el gas, condensación en la manguera. • Insuficiente suministro de acetileno.	• Remueva la humedad de la manguera. • Ajuste la presión de acetileno. • Haga que llenen el tanque.
SONIDO EXPLOSIVO MIENTRAS TRATA DE PRENDER LA ANTORCHA	• La presión del oxígeno o acetileno es incorrecta. • Remoción de la mezcla en los gases es incompleta. • El orificio de la punta es demasiado grande. • El orificio de la punta está sucio.	• Ajuste la presión. • Remueva el aire dentro de la antorcha. • Reemplace la punta. • Limpie el orificio en la punta.
CORTE DE LA FLEMA	• La presión del oxígeno es demasiado alta. • La salida de la llama está obstruida.	• Ajuste la presión del oxígeno. • Limpie la punta.
RUIDOS DE EXPLOSIONES DURANTE LA OPERACIÓN	• La punta está sobre calentada. • La punta está obstruida. • El ajuste de la presión del gas está incorrecto. • Metal depositado en la punta.	• Enfríe la salida de la llama (mientras permite un flujo pequeño de oxígeno). • Limpie la punta. • Ajuste la presión de gas.
EL FLUJO DEL OXIGENO ES INVERTIDO El oxígeno está fluyendo en el paso del acetileno	• La punta está obstruida. • La presión del oxígeno es demasiado alta. • La antorcha está defectuosa (la punta o la válvula está floja). • Hay contacto con la punta y el deposito de metal.	• Limpie la punta. • Ajuste la presión del oxígeno. • Repare o reemplace la antorcha. • Limpie el orificio.
EXPLOSIÓN Hay un ruido como un silbido y el mango de la antorcha se calienta. La flema es absorbida adentro de la antorcha.	• La punta está obstruida o sucia. • La presión del oxígeno está demasiado baja. • La punta está sobre calentada. • El orificio de la punta está ampliado o alongado. • Una chispa del metal entra en la antorcha causando una ignición del gas adentro de la antorcha. • La cantidad de acetileno fluyendo atraves de la antorcha es muy poquito.	• Limpie la punta. • Ajuste la presión del oxígeno. • Enfríe la punta con agua (permitiendo un flujo pequeño de oxígeno). • Reemplace la punta. • Apague inmediatamente ambas válvulas de la antorcha. • Permita que antorcha se enfríe. • Ajuste el flujo.
Anormalidades y remedios para las flemas de soldar con acetileno y oxígeno		

Cobresoldadura

El término cobresoldadura se refiere al uso de una materia de llenar, con un punto de fusión inferior al metal, que es derretido y fluye adentro de los espacios estrechos entre los pedazos de metal por la acción capilar. Hay dos tipos de cobresoldadura - cobresoldadura suave (comúnmente conocida como soldadura de plata) y soldadura dura (usando bronce o varillas de llenar de níquel). Comúnmente, el término cobresoldadura se refiere a la soldadura dura.

Debido a que los pedazos de metal están unidos junto a una temperatura relativamente baja, donde el metal no es derretido, hay menos distorsión y fatiga (menos combadura en el panel). Cobresoldadura en el metal tiene características excelentes de flujo, penetra bien en los espacios libres estrechos y es conveniente para llenar los espacios libres en las costuras de la carrocería. Debido a que el metal no se derrite, es posible unir metales que de otro modos son incompatibles. Sin embargo, debido a que no hay penetración, y el metal es unido solamente en la superficie, no es muy fuerte y no resistirá cargas repetidas ni un impacto. A causa de estas características, la cobresoldadura es una habilidad relativamente fácil de dominar.

Las plantas para el ensamblaje del vehículo usan cobresoldadura de arco para unir el techo y los paneles laterales traseros juntos. Cobresoldadura de arco usa los mismos principios como la soldadora MIG (soldadora de metal al gas inerte), sin embargo, cobresoldadura de metal es usada en vez de alambre de soldar. Debido a que la cantidad de calor aplicado al metal es bajo, el sobrecalentamiento es aminorado y, como mencionado antes, hay pequeña distorsión o combadura del metal.

Después que el metal esté suficientemente caliente para derretir la varilla de material de cobresoldadura, toca el final de la varilla de metal y permítala que fluya adentro de la acoplación

En orden de producir material de cobresoldadura con buenas calidades, tal como características de flujo, temperatura de fusión, compatible con los metales y fuerza, es hecho de dos o más metales. Hay muchos tipos de metales para la cobresoldadura, pero el bronce es generalmente el más común (cobre y zinc son los ingredientes principal de las varillas de cobresoldadura usadas para las reparaciones de las carrocerías).

Hablando generalmente, la superficie de metal expuesta al aire es cubierta con una película de la oxidación, que se espesa cuando calor es aplicado. Una materia especial llamada "fúndente" usada para remover la oxidación (el fúndente no sólo remueve la oxidación, previene también la formación de oxidación nueva y aumenta la habilidad de pegar entre el metal y el material de cobresoldadura).

Si el material de cobresoldadura es fundido en una superficie oxidada, el material de cobresoldadura no se pegará adecuadamente a la tensión del metal y la tensión en la superficie causará que el material de la cobresoldadura se forme en bolas pequeñas. La oxidación debe ser removida aplicando fúndente a la superficie del metal y entonces aplicándole calor hasta que se vuelva un líquido. Después que la oxidación haya sido removida, el material de la cobresoldadura se adherirá al metal y la coyuntura de la cobresoldadura será mucho más fuerte.

Debido a que la fuerza del material de la cobresoldadura es inferior que el metal, las coyunturas de la cobresoldadura se deben solapar lo más que sea posible (la fuerza de la conjunta es dependiente del área de la superficie de los pedazos que se van a unir). Todavía cuando los pedazos son hecho del mismo material, la coyuntura de la superficie del área con la cobresoldadura debe ser más grande que una coyuntura soldada. Como una regla general, la porción que se solapa debe ser tres veces o más ancho que el espesor del panel.

Una operación típica de cobresoldadura se lleva a cabo como sigue . . .

1   Limpie el metal. Como es mencionado encima, si hay oxidación, aceite, pintura o tierra en la superficie del metal, el material de la cobresoldadura no fluirá apropiadamente. Los contaminantes, si los permite permanecer en la superficie, pueden causar un fracaso a la acoplación eventualmente. Aunque los actos fúndente para remover la oxidación y la mayoría de los otros contaminantes, no es lo suficientemente fuerte para completamente removerlo todo, así que limpie primero la superficie con una brocha de alambre.

2   Después que el metal sea limpio, aplique fúndente uniformemente a la superficie de la coyuntura de la cobresoldadura (si una varilla con fúndente para cobresoldadura es usada, este paso no es necesario).

3   Caliente el área anexa al metal a una temperatura estándar capaz de derretir el material de fusión de la varilla de cobresoldadura. **Nota:** *Ajuste la antorcha para producir una llama de carburación.*

4   Cuando el metal esté lo suficiente caliente, derrita la varilla de cobresoldadura en el, permitiéndolo que fluya naturalmente. Deténgase de calentar el área cuando el material de la cobresoldadura haya fluido adentro de los espacios libres entre los pedazos para ser acoplados. Desde que los materiales de cobresoldadura fácilmente fluyen en una superficie calentada, es importante calentar el área entera a una temperatura uniforme. No funda el material de la cobresoldadura antes de calentar el metal (el material de cobresoldadura no adherirá si usted lo hace). Si la temperatura de la superficie del metal se pone demasiado alta, el fúndente no limpiará el metal - el resultado es una acoplación pobre y una coyuntura inferior.

5   Una vez que la coyuntura soldada se haya refrescado, limpie el sedimento fúndente que queda con agua y restriegue la superficie con una brocha de alambre tieso. El fúndente horneado y ennegrecido puede ser removido con una lijadora o una herramienta aguda.

Notas

Glosario

A

Abrasivo - Una substancia arenosa usada para lijar, rectificar o cortar

Acrílico - Un compuesto químico claro usado para la producción de resinas usadas en la laca y pinturas de esmalte que proporciona un color excelente, durabilidad y brillo

Adherencia - La habilidad de una pintura de pegarse a la superficie que es pintada

Aditivos - Productos químicos agregados para pintar, en cantidades impartidas relativamente pequeñas o mejorar las propiedades deseables

Aglutinador - El portador de ingrediente sin color en una pintura que es usada para suspender las partículas del pigmento

Agrietado - La formación de grietas en una capa de pintura

Ampollándose - Un defecto en la pintura donde burbujas pequeñas se forman en la capa de la pintura nueva

Áreas mojadas - Descoloración, donde la pintura falla de secarse y adherirse uniformemente, causado por grasa o huellas digitales

Arrugándose - La distorsión de la superficie de la capa de pintura (secándose o pelándose) eso ocurre en una capa de esmalte gruesa antes de que la capa inferior se haya secado apropiadamente

Asentándose - Las partículas del pigmento que se asientan fuera del aglutinador en la copa de la pistola de atomizar

Astillar - Escamas pequeñas de la pintura separándose del substrato (generalmente causado por piedras que golpean la carrocería)

Atomización seca - Un defecto de la pintura donde el pigmento de la pintura no es sostenido apropiadamente por el aglutinador, ni donde el aglutinador se evapora antes de que la pintura llegue a la superficie

Atomizar - El proceso de separar la pintura en una niebla fina adentro de la pistola de atomizar

B

Bisel - El marco o anillo que rodean una luz o la abertura en la carrocería

Bloque de lijar - Un bloque duro y flexible usado para proporcionar una superficie lisa y sólida de apoyo para el papel cuando se esté lijando a mano

Brillante - La habilidad de una pintura de brillar o reflejar la luz

C

Cabezal - El miembro estructural entre la orilla delantera del techo y la orilla superior del parabrisas

Cacerola - El piso de la carrocería, especialmente en vehículos de construcción de unibody (unidad compuesta de carrocería/chasis) donde la "cacerola" sirve también como el miembro estructural principal

Cáncer - Orificios oxidados en la carrocería

Capa (doble) - Dos capas sencillas de cebador o pintura aplicada con una pequeña cantidad de tiempo o entre ellas

Capa (sencilla) - Una capa de cebador o pintura producida por dos pasos de la pistola de atomizar con un paso que solapa el otro en medio paso

Capa blanca - Una capa de superficie blanca que aparece en las superficies pintadas según se queda a la intemperie

Capa de conversión - El proceso del tratamiento del metal que mejora la adherencia de la pintura y resistencia a la corrosión

Capa de niebla - Derramar una capa fina de pintura en una superficie de pintura vieja para proporcionar una mejor superficie para que las siguientes capas de pintura se adhieran

Capa de niebla - La capa final de la pintura, se aplica con una pintura que se ha adelgazado con removedor de pintura con una evaporación bien despacia

Capa inferior - El material aplicado antes de que la pintura sea aplicada (cebador, cebador de superficie, sellador, etc.)

Capa pegajosa - La primera capa de pintura de esmalte secada al punto donde se puede tocar sin sentirse pegajosa

Capa superior - La capa terminada final de un "sistema" de pintura

Cáscara de naranja - Una falla en la pintura donde una superficie áspera se puede sentir debido a que las capas de las pinturas no se quedan pegadas

Cebador - La pintura de superficie que es aplicada entre el metal expuesto o pintura vieja y la pintura nueva. Usada para otorgarle a la pintura nueva una superficie más lisa y más limpia para adherir

Chequeo - Un defecto de pintura similar a las cuarteaduras superficiales, pero más severo, donde líneas finas o cuarteaduras aparecen en la pintura

Cobertura - El área de la superficie que una cantidad dada de pintura cubrirá adecuadamente

Compuesto - Un abrasivo muy fino, generalmente en forma de pasta o fluido, usado para darle brillo a las imperfecciones en la pintura

Compuesto de frotar - Un abrasivo templado que suaviza y otorga brillo a la pintura

Condicionador de metal - Un limpiador basado en ácido para metal que remueve la oxidación y la corrosión del metal expuesto, se pega para mejor adherencia y forma una película resistente a la corrosión

Corrosión - El deterioro del metal causado por una reacción química (la oxidación es la forma más común)

Cuarteaduras superficiales - Un defecto de la pintura donde líneas pequeñas, finas o cuarteaduras aparecen en la capa superior de la pintura

Curando - El secando final de una capa de pintura, donde llega al endurecimiento máximo

D

Depósito - El espesor de la película de pintura depositada en la carrocería durante el proceso de atomizar (medido en milésimas)

Desengrasar - Limpiar la grasa de una superficie que va a ser pintada

Dos tonos - Dos colores diferentes en un solo trabajo de pintura

Durabilidad - La vida esperada de una película de pintura

E

Endurecedor - Una sustancia química añadida a alguna pintura de esmalte para promover que se endurezca

Esconder - El grado a que una pintura oscurece totalmente la superficie donde se está aplicando

Esmalte - Un tipo de pintura que no sólo seca por evaporación de solventes, pero cura también a través de un cambio químico

Evaporación - Los solventes secándose afuera de la pintura

F

Filete - Una superficie curvada usada para mezclar dos intercepciones planas juntas

Flujo - La habilidad de las góticas de pintura de unirse para formar una película lisa, película igual

H

Haciendo puente - Una característica de los protectores inferiores que ocurre cuando un rayón u otra imperfección en la superficie no son llenados completamente. Generalmente debido a reducir el cebador mucho o usando un solvente que es demasiado rápido

Hinchazón por rayones de arena - La hinchazón de rayones en la capa inferior causados por solventes en la capa de la pintura

I

Invernadero - El techo de un vehículo

L

Laca - Un tipo de pintura en donde el aglutinador es hecho de sólidos y en el cual una película es formada para la evaporación sin una reacción química

Levantando - La distorsión de la capa superficial de la pintura que se está aplicando o secando

Línea central - Una línea que pasa en el centro de la luz delantera, la rueda o el mismo vehículo

M

Mancha química - Manchas de decoloración en la pintura causada por contaminación en el aire en áreas industriales

Mancha vidriada - Llenando imperfecciones y rayones menores en la pintura con el atascamiento de vidriado

Manchas de agua - Un problema de la pintura causado por la evaporación del agua en una capa de pintura, antes de que seque completamente, que resulta en la perdida brillante del esmalte de la pintura en diferentes áreas

Máquina de enderezar - Una máquina portátil para enderezar el chasis

Molde de tipo labio - La moldura que conecta el borde de afuera del guardafango al panel interior del guardafango

Moldura curvada - La moldura de metal curvada alrededor de la orilla del techo que dirige el agua hacia afuera de la ventana lateral

Moldura de guarnición - La moldura de encima del panel de una puerta, usada para retener la moldura del panel a la asamblea de la puerta

Mostrar através - Rayones de arena en la capa transparente visible de la pintura

Moteando - Pintura metálica removida simulado manchas o causada por las escamas que fluyen juntas

O

OEM - Equipo original del fabricante

Ojos de pez - Una imperfección en la capa final de la pintura donde pequeños agujeros se forman, por lo general causado por una superficie insuficientemente limpia

Orificio pequeño - Orificios que se forman en la capa inferior o la pintura

Orificios - La formación de orificios en la capa de la pintura debido a contaminantes en la superficie

Orilla del biselado - Para lijar la orilla de una capa de pintura para que se acople a la superficie del metal, dejando ningún borde ni orilla

Oxidación (1) - La combinación de oxígeno con las superficies pintadas para producir una superficie como polvo de tiza y sin brillo en el final de la pintura

Oxidación (2) - La combinación de oxígeno con esmalte, que seca y cura la pintura

Óxido de aluminio - El abrasivo más popular para hacer papel de lija y discos de lijar

P

Panel lateral inferior - La sección inferior lateral de la carrocería en la parte de abajo de cada puerta

Panel para ocultar - Un panel o la parte usada para esconder otra parte

Pelando - La formación de una película en una capa grueso de pintura antes de que los solventes en la capa inferior se hayan evaporado

Pelar - La pérdida de la adherencia entre la pintura y el substrato que resulta en que la pintura se separe

Persianas - El pedazo de metal que es por lo general removible entre la parte de abajo del limpia parabrisas y la parte trasera del capó

Pestaña - Una ranura o borde usada para proporcionar fuerza a un panel o un medio de retención para otro panel

Pigmento - Las partículas finas de color suspendidas que les dan a la pintura su color

Pilar B - El pilar entre la línea de la carrocería y el techo entre el frente y las puertas traseras en los modelos de cuatro puertas y furgonetas

Pilar de cierre - La parte trasera de la puerta donde se encuentra el cierre de la puerta

Pintura completa - Un tipo de trabajo de pintura que implica el vehículo completo

Pintura metálica - Una pintura que contiene pigmentos y láminas metálicas pequeñas en suspención

Poliuretano - Una sustancia química usada en la producción de resinas para la pintura de esmalte

Poste A - El poste del parabrisas

Poste C - El pilar conectando al techo en el panel lateral trasero

Punto de inflamación - El punto inicial donde comienza a secarse la capa de la pintura, donde la mayor parte del solvente de la pintura se evapora

R

Rebajador de pintura - El solvente usado para afinar o diluir pinturas de laca

Reductor - El solvente usado para adelgazar pinturas de esmalte

Regulador - El mecanismo usado para levantar y bajar la ventana de vidrio, manual o eléctrica. También, el dispositivo usado para ajustar la presión de un gas que sale de un cilindro (especialmente gas de soldar)

Reparación localizada - Un tipo de reparación/trabajo de pintar nuevamente una sección más pequeña de un vehículo que un panel implicado (a menudo llamado reparación de abolladura y golpe)

Resistir - La habilidad de una superficie de mantener la capa superior de la pintura para que no se hunda hacia adentro o sea absorbida

Respirador - Un dispositivo protector usado sobre la boca y la nariz para filtrar las partículas y vapores en el aire que van a ser respirado

Retardador - Un aditivo de solvente muy rico y lento de secar que demora la evaporación de la pintura

Ruborizar - Una falla de la pintura donde un filamento blanco y pálido se forma en la capa de la pintura nueva

S

Sangrando - Un defecto de la pintura donde la capa de la pintura vieja "supura" atravéz de la capa nueva superior

Secado por fuerza - La aceleración de secar la pintura por calor o movimiento de aire

Sellador - Una capa transparente especial aplicada entre el cebador, superficie del cebador, superficie vieja y la capa de la pintura nueva para darle una adherencia máxima, resistencia y para prevenir hinchazones por rayones de arena

Sellador cebador - Una capa inferior que mejora la adherencia de la pintura y sella las superficies de las pinturas viejas que se han lijado

Siliconas - Un ingrediente muy común en ceras y pulidores que hace que ellos sean suave; también la causa primaria de los ojos de pez en la pintura

Sobrerocío - Pintura que está flotando en el aire, la pintura que se ha soplado a áreas que no tenían la intensión de ser pintadas

Sólidos - Los pigmentos y aglutinadores que permanecen en las superficies pintadas después que los solventes se evaporan

Solvente saltando - Ampollas que se forman en el filamento de la pintura, causada por solventes atrapados

Solventes - Los "rebajadores" usados para disolver o diluir otro fluido

Substrato - La superficie que va ser pintada

Superficie seca - Una imperfección de la pintura donde la primera capa de la pintura se seca mientras la capa inferior retiene fluido

T

Trapo pegajoso - Un trapo que viene saturado con un

barniz especial usado para remover polvo y las partículas de lijar de una superficie antes de ser pintada

Traslapar - El patrón de atomizar que pone cada capa de pintura sucesivamente en la capa previa

V

Vehículo - Los componentes de la pintura menos el pigmento

Ventilador - El patrón producido por una pistola de atomizar

Ventilar - El uso de presión de aire através de una pistola para apresurar el tiempo de que se seca la pintura de base o la pintura - ¡esto no es recomendado!

Vidriado - Usar compuesto de pulir para llenar los rayones menores en una superficie pintada

Viscosidad - El grado del espesor de un liquido

Notas

Índice

A

B

C

D

E

F

G

Manuales automotrices Haynes

NOTA: Manuales nuevos son agregados a esta lista en una base periódica. Si usted no puede encontrar su vehículo en esta lista, consulte con su distribuidor Haynes, para información de la producción más moderna.

ACURA
12020 Integra '86 thru '89 & Legend '86 thru '90
12021 Integra '90 thru '93 & Legend '91 thru '95

AMC
Jeep CJ - see JEEP (50020)
14020 Concord/Hornet/Gremlin/Spirit '70 thru '83
14025 (Renault) Alliance & Encore '83 thru '87

AUDI
15020 4000 all models '80 thru '87
15025 5000 all models '77 thru '83
15026 5000 all models '84 thru '88

AUSTIN
Healey Sprite - see MG Midget (66015)

BMW
*18020 3/5 Series '82 thru '92
*18021 3 Series including Z3 models '92 thru '98
18025 320i all 4 cyl models '75 thru '83
18050 1500 thru 2002 except Turbo '59 thru '77

BUICK
Century (FWD) - see GM (38005)
*19020 Buick, Oldsmobile & Pontiac Full-size
(Front wheel drive) '85 thru '00
19025 Buick Oldsmobile & Pontiac Full-size
(Rear wheel drive) '70 thru '90
19030 Mid-size Regal & Century '74 thru '87
Regal - see GENERAL MOTORS (38010)
Skyhawk - see GM (38030)
Skylark - see GM (38020, 38025)
Somerset - see GENERAL MOTORS (38025)

CADILLAC
21030 Cadillac Rear Wheel Drive '70 thru '93
Cimarron, Eldorado & Seville - see
GM (38015, 38030, 38031)

CHEVROLET
10305 Chevrolet Engine Overhaul Manual
*24010 Astro & GMC Safari Mini-vans '85 thru '98
24015 Camaro V8 all models '70 thru '81
24016 Camaro all models '82 thru '92
Cavalier - see GM (38015)
Celebrity - see GM (38005)
*24017 Camaro & Firebird '93 thru '00
24020 Chevelle, Malibu, El Camino '69 thru '87
24024 Chevette & Pontiac T1000 '76 thru '87
Citation - see GENERAL MOTORS (38020)
24032 Corsica/Beretta all models '87 thru '96
24040 Corvette all V8 models '68 thru '82
*24041 Corvette all models '84 thru '96
24045 Full-size Sedans Caprice, Impala,
Biscayne, Bel Air & Wagons '69 thru '90
24046 Impala SS & Caprice and
Buick Roadmaster '91 thru '96
Lumina '90 thru '94 - see GM (38010)
*24048 Lumina & Monte Carlo '95 thru '01
Lumina APV - see GM (38035)
24050 Luv Pick-up all 2WD & 4WD '72 thru '82
Malibu - see GM (38026)
24055 Monte Carlo all models '70 thru '88
Monte Carlo '95 thru '01 - see LUMINA
24059 Nova all V8 models '69 thru '79
24060 Nova/Geo Prizm '85 thru '92
24064 Pick-ups '67 thru '87 - Chevrolet & GMC,
all V8 & in-line 6 cyl, 2WD & 4WD '67 thru '87;
Suburbans, Blazers & Jimmys '67 thru '91
24065 Pick-ups '88 thru '98 - Chevrolet & GMC,
all full-size models '88 thru '98;
C/K Classic '99 & '00; Blazer &
Jimmy '92 thru '94; Suburban '92 thru '99;
Tahoe & Yukon '95 thru '99
*24066 Pick-ups '99 thru '01 - Chevrolet
Silverado & GMC Sierra '99 thru '01;
Suburban/Tahoe/Yukon/Yukon XL '00 & '01
24070 S-10 & GMC S-15 Pick-ups '82 thru '93
*24071 S-10, Gmc S-15 & Jimmy '94 thru '01
*24075 Sprint & Geo Metro '85 thru '94
*24080 Vans - Chevrolet & GMC '68 thru '96

CHRYSLER
10310 Chrysler Engine Overhaul Manual
25015 Chrysler Cirrus, Dodge Stratus,
Plymouth Breeze, '95 thru '98
25020 Full-size Front-Wheel Drive '88 thru '93
K-Cars - see DODGE Aries (30008)
Laser - see DODGE Daytona (30030)
25025 Chrysler LHS, Concorde & New Yorker,
Dodge Intrepid, Eagle Vision, '93 thru '97
*25026 Chrysler LHS, Concorde, 300M,
Dodge Intrepid '98 thru '01
25030 Chrysler/Plym. Mid-size '82 thru '95
Rear-wheel Drive - see DODGE (30050)
*25040 Chrysler Sebring/Dodge Avenger '95 thru '02

DATSUN
28005 200SX all models '80 thru '83
28007 B-210 all models '73 thru '78
28009 210 all models '78 thru '82
28012 240Z, 260Z & 280Z Coupe '70 thru '78
28014 280ZX Coupe & 2+2 '79 thru '83
300ZX - see NISSAN (72010)
28016 310 all models '78 thru '82
28018 510 & PL521 Pick-up '68 thru '73
28020 510 all models '78 thru '81
28022 620 Series Pick-up all models '73 thru '79
720 Series Pick-up - NISSAN (72030)
28025 810/Maxima all gas models, '77 thru '84

DODGE
400 & 600 - see CHRYSLER (25030)
30008 Aries & Plymouth Reliant '81 thru '89
30010 Caravan & Ply. Voyager '84 thru '95

*30011 Caravan & Ply. Voyager '96 thru '99
30012 Challenger/Plymouth Saporro '78 thru '83
Challenger '67-'76 - see DART (30025)
30016 Colt/Plymouth Champ '78 thru '87
30020 Dakota Pick-ups all models '87 thru '96
*30021 Durango '98 & '99, Dakota '97 thru '99
30025 Dart, Challenger/Plymouth Barracuda
& Valiant 6 cyl models '67 thru '76
30030 Daytona & Chrysler Laser '84 thru '89
Intrepid - see Chrysler (25025, 25026)
*30034 Dodge & Plymouth Neon '95 thru '99
*30035 Omni & Plymouth Horizon '78 thru '90
30040 Pick-ups all full-size models '74 thru '93
*30041 Pick-ups all full-size models '94 thru '01
*30045 Ram 50/D50 Pick-ups & Raider and
Plymouth Arrow Pick-ups '79 thru '93
30050 Dodge/Ply./Chrysler RWD '71 thru '89
30055 Shadow/Plymouth Sundance '87 thru '94
30060 Spirit & Plymouth Acclaim '89 thru '95
*30065 Vans - Dodge & Plymouth '71 thru '99

EAGLE
Talon - see MITSUBISHI (68030, 68031)
Vision - see CHRYSLER (25025)

FIAT
34010 124 Sport Coupe & Spider '68 thru '78
34025 X1/9 all models '74 thru '80

FORD
10355 Ford Automatic Transmission Overhaul
10320 Ford Engine Overhaul Manual
36004 Aerostar Mini-vans '86 thru '97
Aspire - see FORD Festiva (36030)
36006 Contour/Mercury Mystique '95 thru '00
36008 Courier Pick-up all models '72 thru '82
*36012 Crown Victoria & Mercury
Grand Marquis '88 thru '00
36016 Escort/Mercury Lynx '81 thru '90
36020 Escort/Mercury Tracer '91 thru '00
Expedition - see FORD Pick-up (36059)
*36024 Explorer & Mazda Navajo '91 thru '01
36028 Fairmont & Mercury Zephyr '78 thru '83
36030 Festiva & Aspire '88 thru '97
36032 Fiesta all models '77 thru '80
36034 Focus all models '00 and '01
36036 Ford & Mercury Full-size '75 thru '87
36040 Granada & Mercury Monarch '75 thru '80
36044 Ford & Mercury Mid-size '75 thru '86
36048 Mustang V8 all models '64-1/2 thru '73
36049 Mustang II 4 cyl, V6 & V8 '74 thru '78
36050 Mustang & Mercury Capri '79 thru '86
*36051 Mustang all models '94 thru '00
36054 Pick-ups and Bronco '73 thru '79
36058 Pick-ups and Bronco '80 thru '96
*36059 Pick-ups, Expedition &
Lincoln Navigator '97 thru '99
*36060 Super Duty Pick-ups, Excursion '97 thru '02
36062 Pinto & Mercury Bobcat '75 thru '80
36066 Probe all models '89 thru '92
36070 Ranger/Bronco II gas models '83 thru '92
*36071 Ford Ranger '93 thru '00 &
Mazda Pick-ups '94 thru '00
36074 Taurus & Mercury Sable '86 thru '95
*36075 Taurus & Mercury Sable '96 thru '01
36078 Tempo & Mercury Topaz '84 thru '94
36082 Thunderbird/Mercury Cougar '83 thru '88
36086 Thunderbird/Mercury Cougar '89 thru '97
36090 Vans all V8 Econoline models '69 thru '91
*36094 Vans full size '92 thru '01
*36097 Windstar Mini-van '95 thru '01

GENERAL MOTORS
10360 GM Automatic Transmission Overhaul
38005 Buick Century, Chevrolet Celebrity,
Olds Cutlass Ciera & Pontiac 6000 '82 thru '96
*38010 Buick Regal, Chevrolet Lumina,
Oldsmobile Cutlass Supreme & Pontiac
Grand Prix front wheel drive '88 thru '99
38015 Buick Skyhawk, Cadillac Cimarron,
Chevrolet Cavalier, Oldsmobile Firenza
Pontiac J-2000 & Sunbird '82 thru '94
*38016 Chevrolet Cavalier/Pontiac Sunfire '95 thru '00
38020 Buick Skylark, Chevrolet Citation,
Olds Omega, Pontiac Phoenix '80 thru '85
38025 Buick Skylark & Somerset, Olds Achieva,
Calais & Pontiac Grand Am '85 thru '98
*38026 Chevrolet Malibu, Olds Alero & Cutlass,
Pontiac Grand Am '97 thru '00
38030 Cadillac Eldorado & Oldsmobile
Toronado '71 thru '85, Seville '80 thru '85,
Buick Riviera '79 thru '85
*38031 Cadillac Eldorado & Seville '86 thru '91,
Deville & Buick Riviera '86 thru '93,
Fleetwood & Olds Toronado '86 thru '92
*38035 Chevrolet Lumina APV, Oldsmobile
Silhouette & Pontiac Trans Sport '90 thru '95
*38036 Chevrolet Venture, Olds Silhouette,
Pontiac Trans Sport & Montana '97 thru '01
General Motors Full-size
Rear-wheel Drive - see BUICK (19025)

GEO
Metro - see CHEVROLET Sprint (24075)
Prizm - see CHEVROLET (24060) or
TOYOTA (92036)
40030 Storm all models '90 thru '93
Tracker - see SUZUKI Samurai (90010)

GMC
Vans & Pick-ups - see CHEVROLET

HONDA
42010 Accord CVCC all models '76 thru '83
42011 Accord all models '84 thru '89
42012 Accord all models '90 thru '93

42013 Accord all models '94 thru '97
*42014 Accord all models '98 and '99
42020 Civic 1200 all models '73 thru '79
42021 Civic 1300 & 1500 CVCC '80 thru '83
42022 Civic 1500 CVCC all models '75 thru '79
42023 Civic all models '84 thru '91
42024 Civic & del Sol '92 thru '95
*42025 Civic '96 thru '00, CR-V '97 thru '00,
Acura Integra '94 thru '00
Passport - see ISUZU Rodeo (47017)
*42040 Prelude CVCC all models '79 thru '89

HYUNDAI
*43010 Elantra all models '96 thru '01
43015 Excel & Accent all models '86 thru '98

ISUZU
Hombre - see CHEVROLET S-10 (24071)
*47017 Rodeo '91 thru '97, Amigo '89 thru '94,
Honda Passport '95 thru '97
47020 Trooper '84 thru '91, Pick-up '81 thru '93

JAGUAR
49010 XJ6 all 6 cyl models '68 thru '86
49011 XJ6 all models '88 thru '94
49015 XJ12 & XJS all 12 cyl models '72 thru '85

JEEP
50010 Cherokee, Comanche & Wagoneer
Limited all models '84 thru '00
50020 CJ all models '49 thru '86
*50025 Grand Cherokee all models '93 thru '00
*50029 Grand Wagoneer & Pick-up '72 thru '91
*50030 Wrangler all models '87 thru '00

LEXUS
ES 300 - see TOYOTA Camry (92007)

LINCOLN
Navigator - see FORD Pick-up (36059)
*59010 Rear Wheel Drive all models '70 thru '01

MAZDA
61010 GLC (rear wheel drive) '77 thru '83
61011 GLC (front wheel drive) '81 thru '85
*61015 323 & Protegé '90 thru '00
*61016 MX-5 Miata '90 thru '97
61020 MPV all models '89 thru '94
Navajo - see FORD Explorer (36024)
61030 Pick-ups '72 thru '93
Pick-ups '94 on - see Ford (36071)
61035 RX-7 all models '79 thru '85
61036 RX-7 all models '86 thru '91
61040 626 (rear wheel drive) '79 thru '82
*61041 626 & MX-6 (front wheel drive) '83 thru '91
*61042 626 '93 thru '01, & MX-6/Ford Probe '93 thru '97

MERCEDES-BENZ
63012 123 Series Diesel '76 thru '85
63015 190 Series 4-cyl gas models, '84 thru '88
63020 230, 250 & 280 6 cyl sohc '68 thru '72
63025 280 123 Series gas models '77 thru '81
63030 350 & 450 all models '71 thru '80

MERCURY
64200 Villager & Nissan Quest '93 thru '01
All other titles, see FORD listing.

MG
66010 MGB Roadster & GT Coupe '62 thru '80
66015 MG Midget & Austin Healey Sprite
Roadster '58 thru '80

MITSUBISHI
68020 Cordia, Tredia, Galant, Precis &
Mirage '83 thru '93
68030 Eclipse, Eagle Talon &
Plymouth Laser '90 thru '94
*68031 Eclipse '95 thru '01, Eagle Talon '95 thru '98
68040 Pick-up '83 thru '96, Montero '83 thru '93

NISSAN
72010 300ZX all models incl. Turbo '84 thru '89
72015 Altima all models '93 thru '01
72020 Maxima all models '85 thru '92
*72021 Maxima all models '93 thru '01
72030 Pick-ups '80 thru '97, Pathfinder '87 thru '95
*72031 Frontier Pick-up '98 thru '01, Xterra '00 & '01,
Pathfinder '96 thru '01
72040 Pulsar all models '83 thru '86
72050 Sentra all models '82 thru '94
72051 Sentra & 200SX all models '95 thru '99
72060 Stanza all models '82 thru '90

OLDSMOBILE
*73015 Cutlass '74 thru '88
For other OLDSMOBILE titles, see
BUICK, CHEVROLET or GM listings.

PLYMOUTH
For PLYMOUTH titles, see DODGE.

PONTIAC
79008 Fiero all models '84 thru '88
79018 Firebird V8 models except Turbo '70 thru '81
79019 Firebird all models '82 thru '92
79040 Mid-size Rear-wheel Drive '70 thru '87
For other PONTIAC titles, see
BUICK, CHEVROLET or GM listings.

PORSCHE
80020 911 Coupe & Targa models '65 thru '89
80025 914 all 4 cyl models '69 thru '76
80030 924 all models incl. Turbo '76 thru '82
80035 944 all models incl. Turbo '83 thru '89

RENAULT
Alliance, Encore - see AMC (14020)

SAAB
*84010 900 including Turbo '79 thru '88

SATURN
*87010 Saturn all models '91 thru '99

SUBARU
89002 1100, 1300, 1400 & 1600 '71 thru '79
89003 1600 & 1800 2WD & 4WD '80 thru '94

SUZUKI
*90010 Samurai/Sidekick/Geo Tracker '86 thru '01

TOYOTA
92005 Camry all models '83 thru '91
92006 Camry all models '92 thru '96
*92007 Camry/Avalon/Solara/Lexus ES 300 '97 thru '01
92015 Celica Rear Wheel Drive '71 thru '85
92020 Celica Front Wheel Drive '86 thru '99
92025 Celica Supra all models '79 thru '92
92030 Corolla all models '75 thru '79
92032 Corolla rear wheel drive models '80 thru '87
92035 Corolla front wheel drive '84 thru '92
*92036 Corolla & Geo Prizm '93 thru '01
92040 Corolla Tercel all models '80 thru '82
92045 Corona all models '74 thru '82
92050 Cressida all models '78 thru '82
92055 Land Cruiser FJ40/43/45/55 '68 thru '82
*92056 Land Cruiser FJ60/62/80/FZJ80 '80 thru '96
92065 MR2 all models '85 thru '87
92070 Pick-up all models '69 thru '78
92075 Pick-up all models '79 thru '95
*92076 Tacoma '95 thru '00,
4Runner '96 thru '00, T100 '93 thru '98
92080 Previa all models '91 thru '95
*92082 RAV4 all models '96 thru '02
92085 Tercel all models '87 thru '94

TRIUMPH
94007 Spitfire all models '62 thru '81
94010 TR7 all models '75 thru '81

VW
96008 Beetle & Karmann Ghia '54 thru '79
*96009 New Beetle '98 thru '00
96016 Rabbit, Jetta, Scirocco, & Pick-up gas
models '74 thru '91 & Convertible '80 thru '92
96017 Golf & Jetta '93 thru '97
*96018 Golf & Jetta '98 thru '01
96020 Rabbit, Jetta, Pick-up diesel '77 thru '84
*96023 Passat '98 thru '01, Audi A4 '96 thru '01
96030 Transporter 1600 all models '68 thru '79
96035 Transporter 1700, 1800, 2000 '72 thru '79
96040 Type 3 1500 & 1600 '63 thru '73
96045 Vanagon air-cooled models '80 thru '83

VOLVO
97010 120, 130 Series & 1800 Sports '61 thru '73
97015 140 Series all models '66 thru '74
97020 240 Series all models '76 thru '93
97025 260 Series all models '75 thru '82
97040 740 & 760 Series all models '82 thru '88

TECHBOOK MANUALS
10205 Automotive Computer Codes
10210 Automotive Emissions Control Manual
10215 Fuel Injection Manual, 1978 thru 1985
10220 Fuel Injection Manual, 1986 thru 1999
10225 Holley Carburetor Manual
10230 Rochester Carburetor Manual
10240 Weber/Zenith/Stromberg/SU Carburetor
10305 Chevrolet Engine Overhaul Manual
10310 Chrysler Engine Overhaul Manual
10320 Ford Engine Overhaul Manual
10330 GM and Ford Diesel Engine Repair
10340 Small Engine Repair Manual
10345 Suspension, Steering & Driveline
10355 Ford Automatic Transmission Overhaul
10360 GM Automatic Transmission Overhaul
10405 Automotive Body Repair & Painting
10410 Automotive Brake Manual
10415 Automotive Detailing Manual
10420 Automotive Eelectrical Manual
10425 Automotive Heating & Air Conditioning
10430 Automotive Reference Dictionary
10435 Automotive Tools Manual
10440 Used Car Buying Guide
10445 Welding Manual
10450 ATV Basics

SPANISH MANUALS
98903 Reparación de Carrocería & Pintura
98905 Códigos Automotrices de la Computadora
98910 Frenos Automotriz
98915 Inyección de Combustible 1986 al 1999
99040 Chevrolet & GMC Camionetas '67 al '87
99041 Chevrolet & GMC Camionetas '88 al '98
99042 Chevrolet Camionetas Cerradas '68 al '95
99055 Dodge Caravan/Ply. Voyager '84 al '95
99075 Ford Camionetas y Bronco '80 al '94
99077 Ford Camionetas Cerradas '69 al '91
99083 Ford Modelos de Tamaño Grande '75 al '87
99088 Ford Modelos de Tamaño Mediano '75 al '86
99091 Ford Taurus & Mercury Sable '86 al '95
99095 GM Modelos de Tamaño Grande '70 al '90
99100 GM Modelos de Tamaño Mediano '70 al '88
99110 Nissan Camionetas '80 al '96,
Pathfinder '87 al '95
99118 Nissan Sentra '82 al '94
99125 Toyota Camionetas y 4-Runner '79 al '95

Los modelos que muestran un (*) indican los modelos cubiertos en el momento de esta impresión. Estos títulos serán periódicamente cambiados para incluir modelos de años más modernos - consulte con distribuidor Haynes para mayor información.

Sobre 100 manuales de motocicletas también están incluidos.

7-02

Haynes North America, Inc., 861 Lawrence Drive, Newbury Park, CA 91320 • (805) 498-6703